Judaísmo

O selo DIALÓGICA da Editora InterSaberes faz referência às publicações que privilegiam uma linguagem na qual o autor dialoga com o leitor por meio de recursos textuais e visuais, o que torna o conteúdo muito mais dinâmico. São livros que criam um ambiente de interação com o leitor – seu universo cultural, social e de elaboração de conhecimentos –, possibilitando um real processo de interlocução para que a comunicação se efetive.

Judaísmo

Emílio Sarde Neto

EDITORA intersaberes
Rua Clara Vendramin, 58 | Mossunguê | CEP 81200-170 | Curitiba | PR | Brasil
Fone: (41) 2106-4170 | www.intersaberes.com | editora@editoraintersaberes.com.br

Conselho editorial Dr. Ivo José Both (presidente) | Drª Elena Godoy | Dr. Neri dos Santos | Dr. Ulf Gregor Baranow ‖ *Editora-chefe* Lindsay Azambuja ‖ *Supervisora editorial* Ariadne Nunes Wenger ‖ *Analista editorial* Ariel Martins ‖ *Preparação de originais* Belaprosa Comunicação Corporativa e Educação ‖ *Edição de texto* Olívia Lucena | Arte e Texto Edição e Revisão de Textos ‖ *Capa e projeto gráfico* Sílvio Gabriel Spannenberg (*design*) | Inspiring e Wonderful Nature/Shutterstock (imagens) ‖ *Diagramação* Débora Cristina Gipiela Kochani ‖ *Equipe de design* Débora Cristina Gipiela Kochani | Sílvio Gabriel Spannenberg ‖ *Iconografia* Sandra Lopis da Silveira | Regina Claudia Cruz Prestes

Dados Internacionais de Catalogação na Publicação (CIP)
(Câmara Brasileira do Livro, SP, Brasil)

Sarde Neto, Emílio
   Judaísmo/Emílio Sarde Neto. Curitiba: InterSaberes, 2019. (Série Panorama das Ciências da Religião)

   Bibliografia.
   ISBN 978-85-227-0160-5

1. Cultura judaica 2. Judaísmo – Estudo e ensino 3. Judaísmo – História 4. Judeus – História I. Título. II. Série.

19-29867   CDD-296.09

Índices para catálogo sistemático:
1. Judaísmo: História   296.09

Maria Paula C. Riyuzo – Bibliotecária – CRB-8/7639

1ª edição, 2019.

Foi feito o depósito legal.

Informamos que é de inteira responsabilidade do autor a emissão de conceitos.

Nenhuma parte desta publicação poderá ser reproduzida por qualquer meio ou forma sem a prévia autorização da Editora InterSaberes.

A violação dos direitos autorais é crime estabelecido na Lei n. 9.610/1998 e punido pelo art. 184 do Código Penal.

SUMÁRIO

8 | Apresentação
11 | Como aproveitar ao máximo este livro

14 | **1 História dos hebreus e a Torá Escrita**
15 | 1.1 A geografia e a história do Antigo Oriente Médio
18 | 1.2 A Gênesis judaica
39 | 1.3 Êxodo
47 | 1.4 Levítico
53 | 1.5 Números
58 | 1.6 Deuteronômio

70 | **2 Os Livros dos Profetas**
71 | 2.1 Josué e Juízes
79 | 2.2 I Samuel e II Samuel; I Reis e II Reis
82 | 2.3 Últimos Profetas: Isaías, Jeremias e Ezequiel
89 | 2.4 Amós, Oseias, Joel, Obadias e Jonas
94 | 2.5 Miqueias, Naum, Habacuque e Sofonias
97 | 2.6 Ageu, Zacarias e Malaquias

107 | **3 Os Escritos e o Talmude**
107 | 3.1 Os três livros poéticos: Salmos, Provérbios e Jó
119 | 3.2 Os Cinco Rolos: Rute, Lamentação, Eclesiastes, Ester e Cântico dos Cânticos
130 | 3.3 Esdras-Neemias, Crônicas e Daniel
136 | 3.4 Talmude: *Mishnah* e *Guemará*
141 | 3.5 Moshe Ben Maimônides e Yoseph Ben Efraym Karo
146 | 3.6 O conjunto das leis

154 | **4 Ordenamentos e o ciclo da vida judaica**
154 | 4.1 Sábado, *kashrut* e filactérios
160 | 4.2 Justiça, imersão e oração
166 | 4.3 Sinagogas, bênçãos e atos de bondade
168 | 4.4 Casamento, gravidez e nascimento
172 | 4.5 Pacto da circuncisão
173 | 4.6 Carreira e sucesso; envelhecimento, falecimento e luto

182 | **5 As comemorações judaicas**
183 | 5.1 Cabeça do Ano e Dia da Expiação
186 | 5.2 Festa das Cabanas e Alegria da Torá
188 | 5.3 *Hanukah* e 10 de Tevet
190 | 5.4 15 de Shevat e *Purim*
192 | 5.5 Páscoa, Segunda Páscoa, *Shavuot, Lag baÔmer* e *Sefirat haÔmer*
197 | 5.6 9 de *Av* e 15 de *Av*

206 | **6 A diáspora judaica e os novos costumes**
207 | 6.1 A história da diáspora
211 | 6.2 Os judeus sefarditas
216 | 6.3 Os judeus asquenazes
219 | 6.4 Outros grupos judaicos e costumes
224 | 6.5 Judeus *anussim* – forçados, marranos e criptojudeus
229 | 6.6 Movimentos hassídicos

241 | Considerações finais
243 | Glossário
245 | Referências
248 | Bibliografia comentada
250 | Apêndice
251 | Respostas
252 | Sobre o autor

APRESENTAÇÃO

O judaísmo é a primeira religião monoteísta do mundo. Sua trajetória é mundialmente conhecida e contada no livro mais lido e divulgado de todos os tempos, a Bíblia. Essa história está atrelada ao povo hebreu e é conhecida por meio do Velho Testamento; porém, ao término dessa parte bíblica, os judeus, como depois ficaram conhecidos, tiveram seu recorte histórico no Ocidente com o aparecimento do cristianismo.

Este livro objetiva esclarecer aos leigos em judaísmo os principais pontos que marcam a cultura do povo judeu e sua religiosidade, sem conjecturas acerca do seu modo de ver o mundo. Também não objetivamos elaborar críticas sobre a veracidade de suas crenças ou tentar argumentar, com explicações científicas e arcabouços teóricos, sobre os fenômenos descritos na tradição da narrativa judaica.

É importante ressaltar que esta obra, de maneira alguma, se destina ao ensinamento de uma "doutrina judaica". O judaísmo não é uma religião de prosélitos, pois se trata da cultura de um povo em que a religiosidade está intrínseca à própria formação histórica, não sendo possível separá-la de sua origem étnica.

Assim, só são considerados judeus para a lei judaica aqueles que advêm de mães judias ou que são aceitos na comunidade por ter ascendência étnica judaica comprovada e prática cotidiana das ordenanças. Além disso, precisam passar por procedimentos específicos de conversão (*guiur*) que garantam o reconhecimento dentro da comunidade judaica mundial. Por isso, para ser judeu não basta querer ou autointitular-se, deve ser aceito.

Não pretendemos, em hipótese alguma, convencer você de que os conhecimentos aqui disponibilizados constituem verdades absolutas, mas simplesmente é a visão de um povo sobre si mesmo, que tem como principal protagonista da história deles seu Deus, conhecido por vários nomes: *Yahvéh*, *Adonai*, *El*, *Eterno*, *Criador* e *Senhor*, entre outras denominações.

O Deus judaico não é como um agente interno à crença religiosa, divisível ou coadjuvante, mas indivisível e a causa de todas as coisas. É Único e responsável pelos eventos que influenciam os destinos das criaturas. A criação é resultado da Sua vontade. Desse modo, nesta obra aparecerão, diversas vezes, suas denominações em constante atuação com os personagens da história hebraica.

O estudo da Torá constitui-se como a maior das práticas do judaísmo, e a execução das suas *mitzvot* é o grande elo com a tradição hebraica. Suas práticas ainda continuam fiéis às orientações dadas naqueles primeiros tempos da formação do povo hebreu, por isso não conviria escrever toda uma obra fazendo relações do passado com o presente, considerando as poucas diferenças na atualidade. No entanto, vale mencionar que as adaptações se deram em virtude de circunstâncias históricas, como a interrupção dos holocaustos pela ausência do Templo e alguns poucos hábitos adquiridos pela convivência entre outros povos.

Dividimos esta obra em seis capítulos, nos quais procuramos, de maneira simples e didática, apresentar os pontos fundamentais do imaginário da formação sócio-histórica e cultural do judaísmo.

O Capítulo 1 trata de dados históricos e geográficos do Crescente Fértil, oferece informações sobre os primeiros semitas que migravam naquela região e refaz a história dos hebreus nos momentos iniciais da formação no deserto. Além disso, esclarece a explicação judaica sobre a criação, contida no livro de Gênesis (*Bereshit*), e sintetiza os demais livros da Torá Escrita para melhor compreensão de todo o universo hebreu.

No Capítulo 2, dispusemos de forma condensada os pontos mais importantes dos Livros dos Profetas (*Nevyym*), visando mostrar a continuidade da saga hebraica, guiados pelo D-us[1] de Israel.

---

1 Para referir-se ao Criador, em alguns momentos optamos pela abreviação judaica *D-us*, tendo em vista o fato de a tradição hebraica não utilizar na transliteração o modo convencional.

Também nessa narrativa aparece a atuação dos juízes que buscaram orientar o povo, o aparecimento do Reino de Israel, as pregações dos profetas, os motivos da cisão da casa de Davi e as profecias das invasões e da destruição do templo de Salomão.

No Capítulo 3, ordenamos os Três Livros Poéticos: Salmos (*Tehillim*), Provébios (*Mishlei*) e Jó (*Yyob*); os conhecidos Cinco Rolos: Rute (*Rute*), Lamentações (*Echah*), Eclesiastes (*Kohelet*), Ester (*Ester*) e Cântico dos Cânticos (*Shir haShirim*); e os livros históricos: Esdras-Neemias (*Ezra*), Crônicas (*Dyvrey haYamym*) e Daniel (*Daniel*). Nesse capítulo também constam explicações sobre o Talmude e sua origem, e sobre dois grandes personagens da tradição judaica, como Maimonides e Yoseph Karo. Finalizamos essa parte da obra com a explanação do conjunto da lei judaica, a *halachah*.

No Capítulo 4, trabalhamos os ordenamentos – *mitzvot*[*2] –, entendidos como a prática religiosa. Também abordamos o ciclo da vida judaica, entre outros costumes da tradição, como o banho ritual, o ato de guardar o sábado, a circuncisão etc.

No Capítulo 5, descrevemos as principais celebrações do calendário judaico, como a festa do começo de ano, *Rosh Hashanah*, a Páscoa judaica, a Festa das Luzes etc. Mostramos as origens históricas, práticas e a importância delas para a continuidade da cultura e da sociedade judaica em todo o mundo.

Por fim, no Capítulo 6, apresentamos um panorama geral da história da diáspora dos judeus no mundo, identificando as características advindas do isolamento geográfico e da convivência com outros povos. Mencionamos os judeus sefarditas e asquenazes, além de abordar aspectos de alguns grupos de judeus diaspóricos, como os *anussim* e os hebraicos da Amazônia.

Esperamos que o conteúdo aqui proposto seja de grande valia e estimule você a buscar novos conhecimentos e saberes a respeito do judaísmo. Bons estudos e boa leitura!

---

2 As palavras marcadas com asterisco indicam palavras ou expressões que têm suas definições e demais esclarecimentos no glossário, ao final da obra.

COMO APROVEITAR AO MÁXIMO ESTE LIVRO

Empregamos nesta obra recursos que visam enriquecer seu aprendizado, facilitar a compreensão dos conteúdos e tornar a leitura mais dinâmica. Conheça a seguir cada uma dessas ferramentas e saiba como elas estão distribuídas no decorrer deste livro para bem aproveitá-las.

Introdução do capítulo
Logo na abertura do capítulo, informamos os temas de estudo e os objetivos de aprendizagem que serão nele abrangidos, fazendo considerações preliminares sobre as temáticas em foco.

Síntese
Ao final de cada capítulo, relacionamos as principais informações nele abordadas a fim de que você avalie as conclusões a que chegou, confirmando-as ou redefinindo-as.

Talmude, suas divisões e a maneira de estudar e const...
mento por meio da *Mishnah*, além dos principais manua...
derivados dos estudos dos grandes sábios da história...
Também apresentamos os mais influentes gran...
da *halachah*, Moshe Ben Maimônides e Yoseph Ben E...
Completamos o capítulo com uma explanação do c...
principais e mais utilizadas obras de *halachot* no judaí...
por outros mestres.

INDICAÇÕES CULTURAIS

Ester: a rainha da Pérsia, cujo título original é *Esther*, co...
um filme lançado em 1999. Foi produzido na Alemar...
Unidos e Itália e dirigido por Raffaele Mertes. Ele con...
dos hebreus no Império Persa e narra os acontecimen...
na *meguilah Ester*.

ESTER: a rainha da Pérsia. Direção: Raffaele Mertes. Aleman...
1999. 90 min.

Indicações culturais
Para ampliar seu repertório, indicamos conteúdos de diferentes naturezas que ensejam a reflexão sobre os assuntos estudados e contribuem para seu processo de aprendizagem.

ATIVIDADES DE AUTOAVALIAÇÃO
1. Os livros poéticos têm como exposição principal para a vida diária. Podemos afirmar que são utilizad... dade em várias partes do mundo e por outras cultur... Sobre isso, analise as afirmações a seguir.
   I. Os Salmos foram escritos por Davi nos moment... e alegria e também para acalmar o espírito de... um tipo de salmo para cada situação da vida c...
   II. Os Provérbios têm caráter educativo e visam... precaver os seres humanos de erros futuros; ass... pessoas que estudam em sua vida diária os con... neles contidos estarão salvas.
   III. O livro de Jó demonstra que o verdadeiro serv... confia na providência divina tanto nos moment... quanto nos de angústia.

Assinale a alternativa que apresenta a resposta co...

Atividades de autoavaliação
Apresentamos estas questões objetivas para que você verifique o grau de assimilação dos conceitos examinados, motivando-se a progredir em seus estudos.

ATIVIDADES DE APRENDIZAGEM

Questões para reflexão
Leia o texto a seguir que descreve os 13 princípios da... escritos por Moshe Ben Maimônides.

Ao formular os Treze Princípios da Fé, Maimônides p... literatura judaica sagrada, estabelecendo os princip... de afirmação e crença no D-us único e em Sua revelaç... [Moisés], o líder [...] [do] povo [judeu].

1. Creio com plena fé que D-us é o Criador de todas a... e as dirige. Só Ele fez, faz e fará tudo.
2. Creio com plena fé que o Criador é Único. Não há unic... à d'Ele. Só Ele é nosso D-us; Ele sempre existiu, exist...
3. Creio com plena fé que o Criador não é corpo. Conce... não se aplicam a Ele. Não há nada que se assemelh...
4. Creio com plena fé que o Criador é o primeiro e o ú...
5. Creio com plena fé que é adequado orar somente...

Atividades de aprendizagem
Aqui apresentamos questões que aproximam conhecimentos teóricos e práticos a fim de que você analise criticamente determinado assunto.

Bibliografia comentada

Nesta seção, comentamos algumas obras de referência para o estudo dos temas examinados ao longo do livro.

BIBLIOGRAFIA COMENTADA

FRIDLIN, J.; GORODOVITS, D. **Bíblia Hebraica**. Sêfer, 2012.

A Bíblia Hebraica é uma tradução para o português que os textos em hebraico. Apresenta o entendimento d judeus sobre os conhecimentos bíblicos, com uma vi ciada em algumas passagens tendo em vista ser a int do judaísmo.

A Bíblia Hebraica é reconhecida pela sua comple giosa, abrangendo os principais escritos que compõe judaica. Está constituída da Torá e seus cinco livros: Gê Levítico, Números e Deuteronômio. A obra também o *Neviim* (Profetas): Josué, Juízes, Samuel, Reis, Isaía

1
HISTÓRIA DOS HEBREUS E A TORÁ ESCRITA

Para a tradição judaica, Deus criou o mundo por meio da *Torah* (Torá*). Aqui na Terra, ela é a própria materialização da vontade divina. Isso explica por que os judeus são conhecidos como o *Povo do Livro* e reputado como o primeiro a cultuar um Deus único; são os primeiros monoteístas da história. Os registros arqueológicos testificam com veemência a própria formação sócio-histórica dos hebreus e a sua contribuição para a constituição da sociedade moderna.

Este capítulo trata de alguns aspectos da história e da geografia do Oriente Médio, iniciando com a compilação de dados históricos utilizados pela ciência para remontar o período anterior ao aparecimento do patriarca Abraão. Também é o mais extenso do livro, pois dispomos dos aspectos específicos da cultura judaica imbricados nas narrativas dos textos que constituem o pentateuco hebraico.

Apresentamos de maneira sintetizada os conteúdos dos cinco livros da Torá, cuja autoria é atribuída ao profeta *Moshe* (Moisés); segundo a tradição hebraica, foram escritos sob inspiração divina. Para nos familiarizarmos com a origem da tradição judaica, torna-se fundamental passar pela explicação dos livros que constituem a versão judaica da Bíblia. Começaremos por *Bereshit* (Gênesis), seguido pelo *Shemot* (Êxodo), destacando a importância do livro *Vayikrá* (Levítico) para a formação dos costumes da tradição e trabalhando os livros *Bamidbar* (Números), no entendimento do judaísmo, e *Devarim* (Deuteronômio).

1.1 A geografia e a história do Antigo Oriente Médio

A localização geográfica do Oriente Médio compreende o sudoeste do continente asiático e o nordeste do continente africano. Desde a Antiguidade até os dias de hoje, a região tem sido palco de várias disputas territoriais. Sua composição político-geográfica na atualidade compreende Turquia, Líbano, Síria, Chipre, Israel, Jordânia, Iraque, Irã, Arábia Saudita, Kuwait, Barein, Catar, Emirados Árabes, Iêmen e Omã.

O *Crescente Fértil*, região propícia para agricultura e onde floresceram as primeiras civilizações da humanidade, recebeu esse nome porque, ao ser analisado em projeções cartográficas, ocupa uma área cujo formato lembra uma lua crescente. Já era habitada por seres humanos havia mais de 40 mil anos, e em todos os países que compõem tal região foram encontrados esqueletos pré-históricos e instrumentos derivados dos períodos da Idade da Pedra Lascada e da Pedra Polida.

Os primeiros núcleos civilizatórios apareceram entre 6000 e 4000 a.e.v.*, e as cidades, em torno de 3000 a.e.v. Entre esses períodos, os dados arqueológicos indicam que as primeiras tribos nômades de origem semítica já circulavam pelas terras da atual Turquia, do Crescente Fértil e da Península Arábica. A tradição oral e as escrituras antigas contidas nas compilações dos relatos bíblicos demonstram andanças cíclicas por vastas localidades de permanências provisórias que serviam de entreposto para tribos da mesma origem étnica e com ancestrais em comum. Essas tribos tinham o mesmo mito fundador e as mesmas caracterizações; no entanto, as divisões familiares redundaram em formas de praticar os cultos aos ancestrais de maneira diversificada.

A região do Crescente Fértil era propícia para a agricultura e o pastoreio, e, nos momentos de seca ou convulsões políticas entre as lideranças das principais tribos da região, os grupos mais fracos eram obrigados a se deslocar. Os ciclos migratórios entre as tribos duravam vários anos, com andanças direcionadas a áreas mais verdes, locais de oásis, onde aqueles que tinham a mesma origem ancestral se encontravam e viviam períodos de sedentarismo. Assim mantinham relações de parentesco, comercializando entre si e com grupos estrangeiros nômades.

Geograficamente, as tribos permaneceram em locais estratégicos, como oásis e rotas comerciais, durante muitos séculos. Desenvolviam uma cultura seminômade, baseada no pastoreio com grandes criações de caprinos, e sepultavam seus mortos em lugares considerados sagrados, dado seu conteúdo. Também fundavam locais de reverência e culto aos ancestrais, os quais, eventualmente, vinham a ser transformados em territórios de sacralidade e de importância como referência de cultura.

Sobre a língua hebraica, alguns historiadores e linguistas supõem que sua origem provém de grupos cananeus e, graças às inscrições históricas que narram a epopeia dos hebreus, seus ascendentes e descendentes, o idioma prevaleceu. A esse respeito destaca Hadas-Lebel (2008, tradução nossa)[1]: "Se ele [Moisés] não tivesse produzido esse considerável monumento literário e religioso que chamamos de 'a Bíblia', o hebraico teria permanecido como um dialeto cananeu como qualquer outro. Mas 'o livro' é na verdade uma biblioteca construída ao curso de vários séculos".

---

1   Original: "S'il n'avait pas produit ce monument littéraire et religieux considérable que nous appelons 'la Bible', l'hébreu serait resté un dialecte cananéen comme un autre. Mais 'le Livre' est en réalité une bibliothèque constituée au cours de plusieurs siècles".

Mesmo com a ausência de unanimidade (McClellan, 2012), para a tradição acadêmica hebraica alguns desses semitas ascendentes dos hebreus, familiares da tribo dos parentes do patriarca *Abraham* (Abraão), vindos da Península Arábica, migraram e permaneceram nas cidades e em entrepostos comerciais das cidades de Ur e Uruk, entre os rios Tigre e Eufrates, por volta de 2700 a.e.v.

Nos encontros das rotas comerciais surgiram centros com numerosos grupos de mercadores. Esses lugares se tornaram cidades, as quais faziam parte da região agora chamada *Mesopotâmia*. Além de comercializar utensílios, objetos manufaturados, alimentos e especiarias, também se dedicavam à exploração de artefatos e relíquias artesanais utilizados para práticas religiosas. Entre esses grupos estava a família de Abrãao (ca.2100-1900 a.e.v.) e outros parentes, que se uniram em atividades que se distinguiam nas práticas comerciais e no culto aos ancestrais. A atividade econômica tradicional era o pastoreio e seus derivados.

Em um período de escassez, a família migrou de Ur, na Caldeia, rumo a Canaã, refazendo o ciclo de andanças das antigas tribos dos seus ancestrais, retornando para a região do Crescente Fértil mais próxima do litoral do Mar Mediterrâneo.

Nessa época, entre as grandes civilizações, podemos destacar o reino dos hititas, ou heteus, no centro da atual Turquia, cuja ocupação se estendia até as margens do Rio Orontes, nas limitações da Síria. Eles fundaram as importantes cidades de Alalakh, Karatepe e Hamath, as quais tinham os hurritas e os mitânios a leste, o Reino de Urartu nas proximidades das montanhas do Cáucaso, atual Armênia, e os arameus e os cananeus à noroeste, nas cidades de Mari e Harran. Na Mesopotâmia, os assírios estavam localizados ao norte e a cidade da Babilônia, ao sul, no Reino de Akkad (Izecksohn, 1974).

A planície marítima costeira daquela região é pouco propícia a atividades portuárias. Por conta das dificuldades para atracar embarcações, somente duas localidades desenvolveram essa perícia, originando as cidades-Estados de Sidon e Tiro, localizadas mais ao norte, e Gaza, ao sul. Esta última se destacou, entre os séculos XII e VII a.e.v., como entreposto comercial marítimo, área habitada pelos fenícios, filistinos ou filisteus*.

Como principais pontos de referência geográfica para Israel podemos mencionar o Monte Carmelo e a terra ao longo da costa pela qual se estendem as planícies de Acor e de Saram. Os locais de maior destaque são as cidades de Samaria, Gaza, Laquis, Debir, Libna, Siquém, o Lago *Kineret* (Mar da Galileia), o deserto de Judá, as colinas da Judeia que se expandem até Betel, o Vale de Jizreel, o Rio Orantes, o Vale do Jordão, o Planalto Oriental, as colinas de Golã e o Mar Morto – Mar de Sal ou *Yam haMelach*.

1.2 A Gênesis judaica

O primeiro livro da tradição judaica é conhecido como *Bereshit* (בראשית), palavra traduzida para a língua portuguesa como "no princípio". Ele está dividido em três partes e doze *parashah** destacados da seguinte maneira: *Bereshit, Nôach, Lech Lechá, Vaierá, Chaiê Sará, Toledot, Vaietsê, Vayishlach, Vaieshev, Mikêts, Vayigásh e Vaichi.*

Para os judeus, *Bereshit* trata especificamente da criação do universo e do mundo em que vivemos, das origens da vida na Terra, do aparecimento da espécie humana e do início da história do povo hebreu. As três partes se referem respectivamente ao princípio de toda a criação (capítulos 1-12), à história da vida dos patriarcas do povo hebreu (12-36) e à história hebraica (36-50).

Para o cristianismo, essa parte é conhecida como Gênesis*. A palavra *gênesis* seria traduzida para o hebraico como *toledot* (gerações). *Bereshit*, por sua vez, tem inúmeros contextos sobre os quais poderiam se escrever muitos livros.

No original da Torá, a primeira palavra é *Bereshit* (בראשית) – "no princípio" –, e cada letra tem sua individualidade. *Beith* (ב) é a segunda letra do alfabeto hebraico e a iniciar toda a obra bíblica, pois *aleph* (א), a primeira do alfabeto hebraico, é a própria representação de D-us, o número 1, o início de todas as coisas. Em *Bereshit*, o mundo foi criado pela palavra de D-us.

Na tradição judaica, o Eterno criou o mundo para os seres humanos, logo cada um deles é especial e tem um objetivo específico a alcançar na criação. Para que o propósito da criação seja atingido, são requeridas condições adequadas à sua execução – no caso humano, a inteligência e a força são necessárias para cumprir a vontade do Criador. Por isso, em certa medida, o ser humano foi criado à imagem e semelhança de D-us, que em sua grande misericórdia decidiu deixar algumas coisas na criação em estado que requer melhoramento, a fim de dar à humanidade a oportunidade de completar. Entre essas complementações está o próprio ato de dar nome às coisas.

No primeiro versículo da primeira seção da Torá, *Bereshit* (1:1)[2], constam os Seis Dias da Criação, em que todos os entes que compõem o mundo (rios, montanhas, vegetais, animais e, por último, os seres humanos) são finalizados. As pessoas são o objetivo final, são os entes capazes de elevar, por meio de suas palavras e orações, tudo o que foi criado aos níveis superiores – isso inclui também os próprios anjos no céu. Os seres humanos foram criados como espíritos com faculdade de falar.

Além disso, são a imagem e semelhança de D-us. Essa imagem é a irradiação de luminosidade composta da denominada *energia cósmica*, que reveste, recobre todos os entes. Sem essa vestimenta

---

[2] Os trechos bíblicos apresentados nesta obra são retirados de *A Lei de Moisés e as haftarót* (Torá, 1962), exceto quando for indicada outra referência e nas citações diretas de outros autores. Para verificar a edição da Torá utilizada nas citações diretas, favor consultar as obras originais de cada autor constantes na seção "Referências".

não se pode existir, pois ela é característica de D-us, força energética que cobre toda a criação.

> Essa energia é a luminosidade emitida do alto para toda a criação, ou seja, são as *sefirot**. Estas, por sua vez, também necessitam estar recobertas por outra energia para poder existir. Nada pode existir sem a vestimenta de irradiação de luz advinda do próprio Criador. Segundo o judaísmo, o Eterno é único e indivisível, Ser supremo que pode criar todas as coisas, imagens, anjos, presença divina, *sefirot*; enfim, todos os aspectos do universo são derivados das suas energias criadoras.

O ser humano é, entre as criaturas, a mais inteligente de todas. O ser que andava a atrair para a Árvore, a *Nachash* (Serpente), é uma analogia à inteligência do próprio ser humano. Essa serpente falou com a *Ishah* (Mulher), que seduziu *Adan* (Adão). Nesse contexto, vemos que Adão é a própria alma que deriva de D-us, é o intelecto superior que vem do Criador; a Serpente simboliza o intelecto natural; e a Mulher é a carne, o sentimento na alma. O intelecto natural começa a dialogar com o sentimento, que, por meio da curiosidade natural, busca realizar algo. O intelecto natural – a Serpente – inicia sua conversa com o sentimento – a Mulher – e não com Adão, pois o intelecto natural está longe do intelecto divino, espiritual da pessoa. Por isso, não pode convencer Adão do pecado, mas consegue convencer os sentimentos sobre os supostos benefícios da transgressão.

No original hebraico, o Eterno proíbe Adão de "comer a árvore", e não o fruto da árvore. Depois, a Mulher diz à serpente: "do fruto da árvore que existe no meio do jardim, disse D-us que não comamos" (*Bereshit* 2:17). A Mulher se equivoca, pois o Eterno proíbe comer a árvore, mas o fruto não é mencionado.

A árvore simboliza a atitude do ser humano perante a vida: se ele come o fruto de determinada maneira, ela é considerada a

Árvore da Vida, e, se come de outra forma, converte-se em Árvore do Conhecimento. Para a crença judaica, a Árvore da Vida simboliza a Torá, e a do Conhecimento significa a sabedoria em geral ou os estudos seculares, que normalmente provocam a morte. No entanto, tudo depende da intenção do estudo: uns escolhem o estudo da Torá para se conectar com o Eterno, conhecendo seu mundo; outros desejam estudar simplesmente tentando descobrir segredos do mundo material, afastando-se das coisas do espírito.

Nesse sentido, tudo depende do enfoque dado pelo judeu sobre os conhecimentos adquiridos. Os estudos seculares e seus conteúdos também estão diretamente relacionados à maneira como são aproveitados, se estiverem destinados às causas superiores. Assim, mesmo com a ciência, aquele que estuda os conhecimentos mundanos e neles procura o amor e o temor de D-us está servindo aos desígnios do Alto.

Toda a Torá é o nome do Eterno. Todas as boas qualidades, os bons caminhos éticos e as sabedorias estão conectados com ela – tudo depende do nível da pessoa. Assim será Árvore da Vida, dependendo de cada ser humano: o nível de consciência é diferente em cada indivíduo.

Segundo a tradição hebraica, Adão e a Mulher degustaram não somente a fruta, mas também a própria Árvore do Conhecimento. Depois disso, o Eterno também proibiu comer a Árvore da Vida, porque Adão tinha agora dentro de si o mal. Portanto, caso comesse a Árvore da Vida, o mal iria viver eternamente.

Adão morreu em decorrência da desobediência, e a morte é interpretada como o nascimento na tradição judaica. Isto é porque as almas estão no mundo superior, onde existe mais vida, e, ao nascer, descem para o mundo, onde existe menos vida. Nascer neste mundo equivale a morrer para que o mal desapareça de dentro dos seres humanos.

Dando seguimento à história da criação, a Serpente disse à Mulher que eles não morreriam, pois a árvore era boa para ser comida, prazerosa para os olhos e boa para pensar; assim, ela tomou do fruto, deu-o ao seu homem e o comeu. Boa para comer porque proporciona vida, é um alimento físico; é um prazer para os olhos, pois é um prazer sentimental, estético. A Mulher deu a Adão o fruto, mas ele comeu a árvore, transgredindo. O Eterno não proibiu comer o fruto, o homem baixou para o mundo físico e a mulher permaneceu nos mundos espirituais.

O Eterno, então, afirma que Adão tornara-se um ente que tinha conhecimento do mal, assim como o Criador e suas outras emanações. Agora o homem poderia escolher entre o bem e o mal. O mundo é o lugar onde se desfaz o mal, local de trabalho para se refinar. Dessa forma, quando se nasce para o mundo material, se morre para o espiritual, onde se pode comer da Árvore da Vida para destruir o mal.

O *Gan Éden* (Jardim do Éden), onde viviam o primeiro homem e a primeira mulher, não é deste mundo. Na fronteira, na entrada para a outra esfera, o Eterno colocou anjos – criaturas que também se expressam no mundo material para guardar a Árvore da Vida, que se encontra no Éden.

A Mulher, *Chavá* (Eva), é entendida como a mãe de todos os vivos. Ela e Adão tiveram *Kain* (Caim) e depois *Hébel* (Abel) – o mais velho dedicou-se à agricultura, e o mais novo, ao pastoreio. Na tradição hebraica, Caim é o conquistador de terras, aquele que toma coisas – representa o materialismo e o ego. Já Abel é o sábio, o suspiro, a humildade e a espiritualidade, aquele que aconselha o irmão. Ainda segundo a tradição judaica, Caim nasceu com uma irmã gêmea e Abel nasceu com duas irmãs gêmeas – vale dizer que esse foi um dos motivos da contenda entre eles, findando no assassinato. Abel foi aquele que nasceu depois, que sobrou; por essa razão, ele e suas irmãs eram considerados por Caim como simples agregados e os desprezava.

A Torá ensina sobre a história da humanidade: essa passagem, por sua vez, vem demonstrar a luta entre pastores nômades e agricultores sedentários. No princípio, todos os seres humanos se constituíam povos nômades e, na luta pela sobrevivência, por meio de guerras e conquistas de terras, os povos sedentários se sobressaíram e venceram. Caim matou o irmão porque dependia disso sua própria existência – Abel estava ocupando importantes lugares com seus rebanhos.

Caim foi amaldiçoado, a terra já não era mais próspera, e assim foi obrigado a migrar. Ao encontrar um lugar propício, fixou-se novamente, encontrou uma mulher e fundou uma cidade. Dessa civilização nasceram outras que posteriormente passaram a adorar o Eterno, visto que tinham os mesmos ancestrais. Os primeiros humanos geraram outros mais, e o que se segue a partir de *Bereshit* (5:1) é o relato das gerações e as idades que teriam vivido esses primeiros humanos, dos quais descendem os hebreus, até a geração de *Nôach* (Noé), encerrando a *parashah Bereshit*.

A história de Noé deu início a uma nova *parashah* (נח), momento em que os arqueólogos bíblicos supõem a data provável de 5000 a.e.v. A Terra estava corrompida de maldade e, entre os seres humanos, o Eterno gostou de Noé e lhe disse: "Faz para você uma *tevah* (arca)" (*Bereshit* 6:14). Noé demorou 120 anos na construção dela para ver se as pessoas perguntariam o motivo da edificação, ao que sempre respondia sobre a vinda do *hamabul* (dilúvio). Depois de finalizada, o Eterno recomendou a Noé que entrasse com toda sua casa na arca. Além disso, deveriam embarcar sete pares (macho e fêmea) de animais puros, dois pares de animais impuros e sete pares de aves para que sobrevivessem após o dilúvio.

A Torá aponta que Noé e sua casa passaram um ano dentro da arca, salvando-se do dilúvio. Após esse tempo, ele enviou um corvo para se certificar de que a Terra havia secado; depois uma pomba, e viu que estava seca. O Eterno, então, disse que poderiam deixar a arca, e aquela família voltou a povoar o mundo. Após a saída, o Eterno deu ordenanças aos filhos de Noé, os conhecidos *Sete Preceitos para os Descendentes de Noé* (שבע מצוות בני נח). É importante ressaltar que as leis da Torá ainda não haviam sido reveladas.

> Os Sete Preceitos, segundo a Torá, devem ser praticados por todas as pessoas, pois são descendentes de Noé, conforme a interpretação de Rashi (*Bereshit* 9:4): "praticar a equidade, não blasfemar, não praticar a idolatria, não praticar imoralidades, assassinatos e roubos, e não tirar e comer as partes de um animal estando ele vivo. Uma outra proibição é o suicídio".

Como havia corrupção e maldade nas pessoas, D-us enviou o dilúvio de maneira apropriada e, com isso, salvaram-se os justos, os quais voltaram a edificar a terra. A arca também é entendida como palavra da Torá. O pacto para recordação do dilúvio é o arco-íris que aparece no céu, a fim de que as futuras gerações saibam e não se esqueçam de que quem comanda a natureza é o Eterno.

Os filhos de *Nôach* são *Shem* (Sem), *Ham* (Cam) e *Yafet* (Jafé), os quais povoaram a terra. Seus descendentes foram os fundadores das civilizações da Antiguidade. Mesmo com a disseminação dos descendentes, ainda era de uso comum o mesmo idioma dos antepassados. Tempos depois, estabelecidos no Oriente, encontraram terreno propício para erigir uma grande cidade e uma torre para simbolizar a grandeza daquela geração, com vistas a que as posteriores lembrassem e não se espalhassem pela face da Terra.

O objetivo do Eterno era povoar toda a terra, mas os construtores da *Migdal haFlagah* (Torre de Babel) pretendiam permanecer na região, ignorando o desejo de D-us. Foi assim que essa geração foi privada do entendimento entre si e obrigada a se espalhar pela face da Terra, como desejava o Criador, abandonando a construção da cidade e a torre. Esse momento histórico, segundo os arqueologistas bíblicos, deu-se aproximadamente em 2500 a.e.v.

A *parashah* segue mencionando os descendentes de Sem e os anos que viveram, até chegar *Terach*, pai de *Abram* (Abrão), *Nachor* e *Haran*. Por volta de 2000 a.e.v., *Terach* saiu de Ur dos Caldeus com os filhos e noras para a terra de Canaã, finalizando a *parashah Nôach*.

A próxima porção da Torá é *Lech Lech*á (לך לר), que significa "vai por ti", que seria a ordenança do Eterno a Abrão para uma terra que seria indicada pelo próprio Criador. Saíram da cidade de Charan, onde haviam se fixado com *Terach* às margens do Rio Balik, afluente da margem esquerda do Rio Eufrates. Abrão é considerado o primeiro dos patriarcas do povo hebreu e dele se iniciou uma série de tradições que perduram até a atualidade.

Abrão e seus familiares saíram de Charan rumo a Canaã, ao sudoeste, e ergueram altares em Shechem e *Beit-El* ("Betel" ou "Casa de D-us"). Continuaram vagueando com seus rebanhos para o sul de Canaã em busca de melhores pastos. Com o tempo veio uma grande seca, e ele e sua tribo se viram obrigados a mudar a trajetória em direção ao Reino do *Mitzraim* (Egito) (Figura 1.1), onde as cheias do Rio Nilo mantinham as terras férteis e possibilitavam às pessoas daquele reino cultivarem grande quantidade de cereais. Ali, pela inteligência e graça de D-us, conseguiram não somente fugir da seca, mas também fazer com que as riquezas da tribo crescessem.

FIGURA 1.1 – As viagens dos patriarcas Abraão, Isaque e Jacó

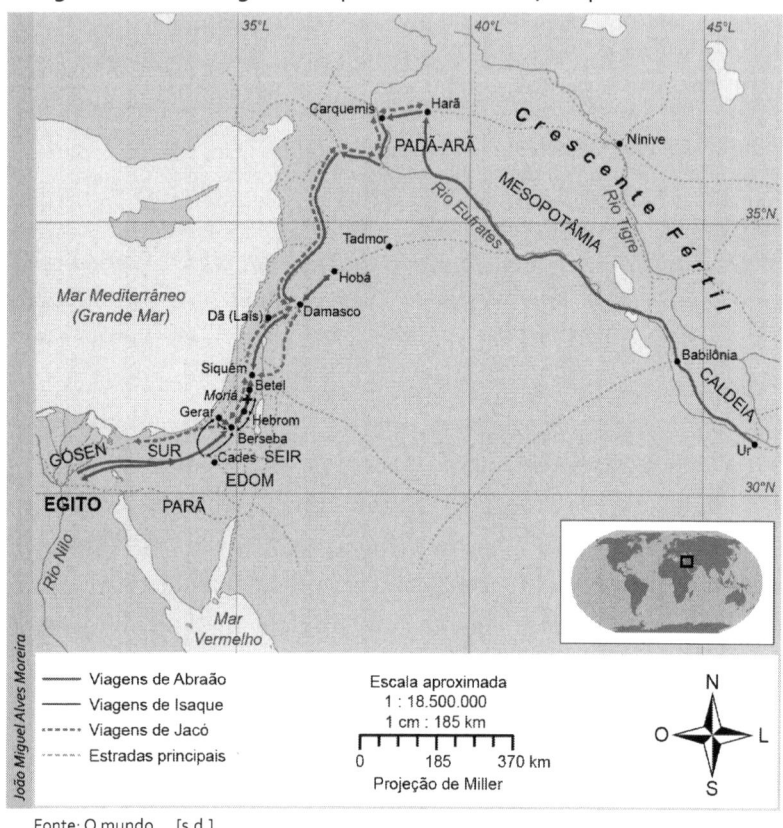

Fonte: O mundo..., [s.d.].

Ao retornarem para Canaã, com suas riquezas aumentadas e grandes rebanhos, começaram disputas internas entre os pastores de Abrão e *Lot* (Ló), seu sobrinho. Para evitar maiores problemas, resolveram separar a tribo, indo Ló rumo à Planície do Jordão, fixando-se nas proximidades da cidade de Sodoma, ao sul do Mar Morto. Já Abrão habitou na terra de Canaã e, ali, criou uma nova religiosidade baseada no monoteísmo (crença em uma única divindade). Assim consideramos porque há estudos que indicam que seus parentes tanto de Charan quanto de Canaã seguiam o tradicional politeísmo (crença em vários deuses). Seus familiares adoravam os mesmos deuses da Caldeia representados por imagens de ouro, pedra e madeira, entre outras coisas.

O D-us único havia se revelado a ele, e este não poderia ser representado por imagens materiais por tratar-se de um ente superior a todas as coisas existentes, a divindade espiritual criadora de todas as coisas. Nas revelações a Abrão, prometeu a terra de Canaã aos seus descendentes se observassem com fidelidade os preceitos conhecidos da inspiração divina.

A tribo do seu sobrinho Ló foi conquistada pelos reis que habitavam as regiões do Vale do Jordão. Ló teve suas riquezas e rebanhos saqueados; seus trabalhadores foram massacrados, e os sobreviventes levados como cativos. Segundo a Torá, Abrão resgatou os familiares e seus bens das mãos dos reis saqueadores, pois havia sido abençoado pelo Eterno, que entregou os inimigos em suas mãos.

De acordo com a tradição judaica, D-us prometeu a Abrão um herdeiro para gozar dos benefícios do Altíssimo e da terra de Canaã. Fez também revelações futuras sobre a linhagem do caldeu, como a ocupação das terras desde o Rio do Egito até o Rio Eufrates por seus descendentes.

Até aquele momento, Abrão e sua esposa, Sarai, não tinham tido filhos. Por ideia dela, Abrão se deitou com a serva Hagar, visando à gestação de uma criança por herdeiro. Eis que Hagar se envaideceu e passou a desprezar sua senhora, por isso foi castigada e fugiu; todavia, depois, por ordem de um anjo, retornou para casa da senhora. O Eterno, então, manifestou-se à Sarai e prometeu vida e uma grande descendência ao seu filho que ainda nasceria. Sua serva Hagar deu à luz Ismael quando o patriarca Abrão tinha 86 anos de idade (*Bereshit* 16:16).

Na narrativa hebraica, o Eterno apareceu a Abrão e selou o pacto da circuncisão: *Brit Milá* (ברית מילה) – nessa época ele estava com 99 anos. Esse pacto afirmativo devia ser executado nos varões com oito dias de vida e, em nenhuma ocasião, poderia ser maculado, pois representava a proibição de adorar deuses estranhos.

Após essa revelação divina, Abrão passou a se chamar *Abraham* (Abraão), que significa "pai de muitas nações", e sua esposa, *Sarah* (Sara). Ela geraria um filho varão que se chamaria *Isaque* e, com ele, o Eterno estabeleceria a aliança. Ismael tinha treze anos, mas não ficaria desconsolado, porque o Senhor faria entre seus descendentes doze príncipes e uma grande nação. Todos os varões da casa de Abraão foram circuncidados, finalizando a *parashah Lech Lechá*.

Em *Vaierá*, capítulo seguinte, Abraão estava sentado em frente de sua tenda fazendo suas preces[3] ao Eterno quando o dia começava a esquentar. Ainda se recuperando da circuncisão, avistou três homens – na verdade, o Eterno havia enviado três anjos – que vinham a fim de entregar a mensagem da gestação de Sara. Mesmo sem saber que eram anjos, o patriarca demonstrou grande bondade ao hospedar[4] os estranhos, ainda que desconhecesse as intenções deles. Após revelarem a boa nova da gravidez, os anjos rumaram para as cidades de Sodoma e Gomorra, que seriam destruídas por causa da maldade que naqueles lugares imperava.

O Eterno prometeu salvar o sobrinho de Abraão que habitava em Sodoma com sua família. Após serem retirados da cidade, a mulher de Ló virou um bloco de sal ao visualizar a fúria que caía dos céus sobre a cidade, e suas filhas, acreditando no fim do mundo, embebedaram o pai e deitaram-se com ele, gerando, cada uma, um filho.

Abraão partiu do lugar onde se encontrava e chegou às terras da cidade de Guerar, regida por Abimeleque, o qual sequestrou Sara. Assim como ocorrido no Egito, a peste se abateu sobre o rei e sua casa e, repreendido pelo Senhor, devolveu todos os pertences de Abraão, sua esposa e trabalhadores, presenteou-os e foi curado pelas orações do patriarca. Abraão e Abimeleque pactuaram a paz entre seus povos e chamaram o lugar onde selaram o acordo de *Berer-Shéba*.

---

3 Na tradição judaica era manhã, momento da primeira reza no judaísmo, conhecida como *Shacharit*, dedicada ao primeiro patriarca, Abraão. O assunto que será tratado mais adiante.
4 Desse epísódito, tornou-se tradição entre os judeus a hospedagem de viajantes.

Como dito, o Eterno fez Sara engravidar e nasceu *Ytzhaak* (Isaque). Ao mesmo tempo, o filho mais velho de Abraão, Ismael, se tornou uma ameaça, pois Hagar novamente desdenhou de Sara. Abraão percebeu uma ameaça a Isaque e, relutante – mas crente nas orientações dadas pelo Eterno de ouvir sua mulher Sara –, expulsou a egípcia e seu filho, consolado pela promessa de bem-estar de Hagar e de Ismael.

Abraão foi testado em sua fé no Eterno, o qual pediu a vida de Isaque em holocausto. Obediente e temeroso de D-us, Abraão caminhou para cumprir as ordens quando, no instante mais doloroso, eis que o Eterno enviou um anjo que impediu o sacrifício. Este explicou e abençoou o patriarca pela prova de fidelidade.

A *parashah Chaiê Sará* narra a busca de Abraão por um lugar digno do sepultamento de sua companheira Sara, que viveu por 127 anos. Também é um chamado à introspecção, à lei da natureza, à velhice: Abraão era uma pessoa idosa e soube aproveitar cada dia da vida, dedicando-se ao máximo às coisas de D-us e sempre buscando fazer a bondade para si e para o mundo. O capítulo aponta para a ideia de que a vida é definida não pelas experiências do corpo físico, mas da alma, e todos os momentos devem ser usados para o bem.

No esforço de descobrir um lugar para o sepultamento, o patriarca se encontrou com Efrom, um importante membro do povo chiteu que vivia em Canaã. Efrom reconhecia Abraão como "príncipe de D-us" entre eles e deu-lhe um pedaço de terra em Mearat Hamachpela[5], na atual cidade de Hebrom. No entanto, o patriarca recusou-se a receber a terra de graça e propôs um pagamento justo pelo lugar (*Bereshit* 23:19).

Isaque, filho de Abraão com Sara, necessitava de uma companheira, por isso Abraão enviou seu amigo e trabalhador Eliezer em busca de uma esposa na cidade de Aram Naharaim, na Mesopotâmia,

---

5   *Macpela* ou *Caful* (duplo), que significa "a gruta dos duplos", porque ali se enterravam em duplas.

onde viviam membros da família de Abraão. Eliezer rogou aos céus sabedoria para conseguir encontrar a melhor esposa e, com a ajuda do Eterno, elaborou um plano.

Ao chegar à cidade, parou em um poço no qual as filhas dos homens do local retiravam água destinada aos serviços domésticos. Eis que uma moça apareceu para encher o cântaro de água, e Eliezer, indo ao seu encontro, pediu-lhe água para beber, e ela a deu a ele e também a seus camelos. A moça demonstrou ser de grande bondade e caráter. Encantado, Eliezer deu-lhe de presente joias de ouro e perguntou quem eram seus genitores e se em sua casa havia lugar para pernoitar.

Rebeca, como era chamada, disse ser filha de Betuel, que era filho de Milcá, a qual era mulher de Nachor, irmão de Abraão. Ela conduziu o viajante e seus camelos à casa de seu pai. Ali, Eliezer contou a história a respeito das bênçãos de D-us sobre Abraão e o objetivo da viagem: encontrar a mulher ideal, aquela que tivesse bondade, recato e generosidade. Falou que o D-us do céu o fizera chegar até Rebeca e pediu à moça que retornasse com ele para Canaã a fim de esposar Isaque.

Rebeca aceitou esposar Isaque e, abençoada pela sua família, rumou com a caravana em direção à Canaã. Isaque vivia no Neguev e estava no campo nas horas da tarde rezando[6] quando avistou os camelos e foi ao encontro de Rebeca, a qual tomou o véu e se cobriu. Após ouvir Eliezer, Isaque levou Rebeca à tenda de Sara, sua mãe, tomou-a como esposa e, dessa forma, consolou-se Isaque da morte de sua mãe.

Após a passagem da herança de Abraão para Isaque, a *parashah* termina com a narração das outras gerações de Abraão que vieram em decorrência da sua outra esposa, Keturá. Quando faleceu, o patriarca foi enterrado pelos filhos mais velhos, Ismael e Isaque,

---

6   Na tradição judaica, o segundo momento de reza é dedicado ao segundo patriarca, *Ytzhaak*, denominada de *Mincha*; ela é realizada no período da tarde.

ao lado da sepultura de Sara em Mearat Hamachpela, na cidade de Hebrom.

A *parashah* seguinte é a de *Toledot*. Ela narra que, após 20 anos sem ter filhos, Isaque e Rebeca não perderam a fé em D-us e tiveram as preces atendidas com a gestação de gêmeos, que "lutavam no seu ventre" (*Bereshit* 25:22). Na hora do nascimento, o primeiro saiu peludo e ruivo e o segundo nasceu segurando o calcanhar do irmão (*Bereshit* 25:26). O primeiro se chamou *Esáv* (Esaú), que significa "peludo", mas, como também era muito ruivo, ficou conhecido como *Edom* ("vermelho"); o segundo se chamou *Yakob* (Jacó), que significa "suplantador", por segurar o calcanhar do seu irmão. O primeiro se dedicava à caça e ao campo e o segundo era íntegro e habitava em tendas.

Nessa porção do *Bereshit*, Jacó, por uma boa causa, enganou seu pai Isaque. Na história, Isaque amava mais Esaú, pois comia de sua caça e acreditava seu filho como um homem estudioso e de paz. No entanto, Rebeca sabia que o filho era manipulador, rude e violento: enganava o pai e outras pessoas, era assassino, amava a imoralidade e não temia o Senhor. Por isso, ela não queria que Esaú fosse o herdeiro e recebesse a bendição do pai.

Ela acreditava que Jacó deveria receber a bendição e o direito de progenitura. Temia que a bênção para o povo eleito recaísse sobre Esaú, um homem mau, e defendia que a herança do Eterno deveria ser para os homens de bondade como Jacó.

Certo dia, Jacó havia preparado um guisado, e chegou Esaú muito cansado do campo. Como de costume, gostava de se aproveitar das situações e pediu para que o irmão o alimentasse; no entanto, Jacó, em troca, pediu o direito de primogenitura de Esaú, que lhe respondeu: "eis que caminho para a morte, e para que quero a primogenitura?" (*Bereshit* 25:33). Jurou, vendendo sua primogenitura a Jacó, desprezando-a.

Depois desse acontecimento, Rebeca orientou Jacó a se disfarçar de Esaú a fim de se apresentar ao pai, que estava cego, no lugar do irmão, que havia saído para caçar e preparar manjares para Isaque, como o patriarca havia pedido. Assim, Jacó seguiu as recomendações da mãe, colocou peles de cabras em seus braços e pescoço para parecer peludo como o irmão caso o pai resolvesse apalpá-lo, levou os manjares feitos por sua mãe e, dessa maneira, recebeu a bendição.

Ao chegar Esaú com a caça e os manjares que havia preparado, Isaque estremeceu, pois havia abençoado Jacó. Esaú pediu a bênção também, o que afirmou Isaque que esta já havia sido dada ao irmão menor, no que exclamou Esaú: "Por isso se chamou Jacó, pois enganou duas vezes tomando sua primogenitura e agora a bênção" (*Bereshit* 27:36).

Jacó estava com o Eterno, por isso iria prevalecer. Rebeca estava preocupada, pois Esaú queria matar o próprio irmão. Diante disso, convenceu Isaque a enviar Jacó à terra dos seus pais para buscar esposa até que a ira do irmão apaziguasse. Antes da partida, Isaque confirmou a bendição do Eterno a Abraão e sua semente para seu filho Jacó.

A *parashah Toledot* se encerra com a viagem de exílio de Jacó a *Padam-Aram*, para lá esposar uma mulher. O outro filho, Esaú, sabendo que as mulheres de Canaã eram más aos olhos dos seus pais, foi até Ismael, filho de Abraão, e tomou sua filha Machalat como esposa, juntando-a com as mulheres hititas.

Em *Vaietsê, parashah* seguinte, Jacó viajou em fuga de Ber-Shevá a Charam onde permaneceu com Labão, irmão de Rebeca. No caminho, pernoitou em rochedos e, em sonho, o Eterno apareceu no topo de uma escada na qual desciam e subiam anjos. De cima, D-us reafirmou a Jacó o direito de herança de seus descendentes sobre a terra de Canaã.

No lugar de pernoite, Jacó, muito impressionado, pegou a pedra que lhe serviu de travesseiro e a untou com azeite. Assim, batizou o lugar de *Bet-El* (Betel), prometendo a D-us que ali seria erigido um templo. Seguiu viagem até a cidade de Charam, onde encontrou pastores que lhe apontaram Raquel, filha de Labão, que o levou até o encontro do pai dela. Jacó e Raquel se encantaram um pelo outro, mas, para casar com Raquel, Labão exigiu em troca sete anos de trabalho. Eis que após o tempo decorrido, chegou o dia do casamento e Jacó foi enganado por Labão, que colocou sua filha mais velha, Lea, no lugar da mais nova no dia do casamento.

Jacó e Raquel queriam estar juntos, mas, para isso, ele deveria trabalhar mais sete anos para seu tio e sogro Labão. Casou-se com Raquel uma semana depois, mas passou a trabalhar duro para cumprir o acordo. Nos anos que seguiram, Lea deu à luz seis filhos e uma filha, e as criadas de Lea e de Raquel tiveram, cada uma, dois filhos com Jacó. Raquel continuava estéril e sofria muito por ter sido a escolhida do marido mas justamente a que não gerava filhos. Mais tarde, o Eterno escutou as preces de Raquel e abriu-lhe o ventre, dando à luz José.

Agraciado por D-us, Jacó, mesmo nos 20 anos que passou trabalhando para o sogro e sendo constantemente enganado por ele, conseguiu acumular grande riqueza, muitos trabalhadores e um grande rebanho de ovelhas, jumentos e camelos. Foi então que D-us apareceu-lhe num sonho e o orientou que partisse dali. Com o apoio das suas esposas, resolveram retirar-se dos domínios do sogro e seguir em viagem para a terra onde nascera, como indicado por D-us em seu sonho.

Sabendo que Labão não os deixaria partir, saíram sem despedidas. Raquel, aproveitando-se de que seu pai não estava, resolveu pegar os ídolos dele para impedi-lo de adorá-los. Transtornado com Jacó, Labão o acusou de roubar seus ídolos e juntou seus irmãos para persegui-los. Jacó e os seus foram alcançados, mas, antes que uma tragédia ocorresse, o Eterno apareceu a Labão, repreendendo-o.

Após revistar o acampamento de Jacó, o sogro nada encontrou e, então, ergueram um monumento como testemunha e selaram um pacto de paz aos olhos de D-us. Labão retornou ao seu lugar e Jacó e sua casa continuaram o caminho.

Na *parashah Vayishlach*, o texto sagrado relata que Jacó chegou a Canaã e enviou um mensageiro ao seu irmão Esaú para avisar-lhe sobre seu retorno e contar-lhe as bênçãos que havia alcançado. O mensageiro retornou e comunicou a seu líder que Esaú viria ao encontro dele com 400 soldados. Temeroso, Jacó dividiu sua casa em dois acampamentos para que, em caso de ataque, uma delas se salvasse. Após orar ao Eterno, Jacó adormeceu e, no dia seguinte, dividiu seus rebanhos em presentes para seu irmão, enviando-os a sua frente para que, quando se encontrassem, a ira de Esaú dimuísse.

No outro dia, atravessou com sua família um rio e, em seguida, foi ficar só. Eis que um homem desconhecido apareceu, e iniciaram uma luta sem trégua noite adentro, até que o homem o feriu, desconjuntando a juntura de sua coxa[7]. Ao romper a aurora, o homem pediu trégua, mas Jacó disse que só o deixaria partir na condição de ser abençoado por ele. O homem então lhe perguntou o nome; após obter a resposta, exclamou que, a partir daquele momento, não se chamaria mais *Jacó*, mas *Israel*, pois lutou com o anjo de D-us e com os homens e saiu vencedor (*Bereshit* 32:29).

Ao longe, Israel avistou seu irmão Esaú acompanhado de 400 homens. Esaú se aproximou da casa de Israel, que se prostrou. Então, eles se abraçaram, se beijaram e choraram com um novo amor fraternal que os envolveu naquele momento. Seguiram juntos até certo ponto, onde se separaram, dados os pequenos passos das crianças que acompanhavam o comboio e que deixavam a caminhada mais lenta. Esaú rumou para Seir, e Jacó e sua

---

[7] Este é o motivo porque, na tradição judaica, não se é permitido comer a parte traseira dos animais. O assunto será tratado mais adiante.

casa seguiram para um lugar propício para construírem *sucot* (cabanas). Jacó foi até Shechem, na terra de Canaã, acampou em frente à cidade e adquiriu, por 100 moedas, a terra dos filhos de Chamor, pai de Shechem, e ali ergueu um altar denominando-o *El* (D-us) de Israel.

Estava em paz a casa de Israel quando se abateu sobre eles uma nova crise: *Dinah* (Diná), sua única filha, foi sequestrada e violentada pelo príncipe de Shechem, que se afeiçoou a ela e desejou-a como mulher. O príncipe pediu ao seu pai que negociasse com Jacó. Logo, o rei de Shechem foi até Israel, que soube da profanação da filha. Os filhos de Jacó se sentiram humilhados pelo ocorrido com a única irmã e, com astúcia, negaram-se a dar Diná a um homem que não fosse circuncidado.

O rei e o príncipe de Shechem aceitaram a circuncisão de todos os homens da sua cidade para se juntar a Israel, e assim foi feito. No terceiro dia, quando todos os homens da cidade estavam doloridos e enfraquecidos, dois dos filhos de Jacó, Simão e Levi, com espadas em punho, aproveitaram que a cidade estava pacata e atacaram todos os homens, mataram-nos e levaram Diná. Saquearam a cidade porque estupraram a irmã deles.

Israel repreendeu os filhos e, com medo da guerra com cananeus e periseus – que somavam maior número –, ordenou que todos os despojos do saque fossem abandonados. Rumaram para Betel, lugar onde o Eterno reafirmou a Jacó seu novo nome, *Israel*. Ali, deu-lhe as terras prometidas aos descendentes de Abraão e Isaque.

Partiram de Betel para Efrat e, no caminho, Raquel deu à luz um menino que se chamou *Benjamin*. Por causa da demora no parto, ela morreu aos 36 anos e foi sepultada em *Bet-Léchem* (Belém). Jacó voltou para perto do seu pai Isaque, que morreu com 180 anos, sendo sepultado pelos filhos.

A *parashah Vaieshev* conta a história de *Yossef* (José), o primeiro filho de Raquel com Jacó. José apascentava as ovelhas com seus irmãos, mas contava ao pai as coisas reprováveis que via no campo.

Israel tinha predileção pelo filho mais moço, e isso provocava ciúme nos outros irmãos, que passaram a odiá-lo. A ira deles aumentou quando José lhes contou dois sonhos que havia tido em que toda a casa de Israel lhe seria subserviente.

Um dia, Jacó enviou José para observar seus irmãos que apascentavam as ovelhas; estes, ao avistarem-no ao longe, tramaram assassiná-lo. Rubem, um dos irmãos, convenceu os outros a não ferirem José com a morte; no entanto, concordaram em vendê-lo aos mercadores ismaelitas que passavam por ali. Disseram, então, ao pai que ele havia sido comido por um animal selvagem. José chegou ao Egito como escravo e foi vendido a Potifar, oficial da corte do faraó.

Na continuação da *parashah*, o texto conta que *Yhudah* (Judá), filho de Jacó, perdeu seus filhos e ficou viúvo. Por isso, sua nora Tamar, que também se tornou viúva, voltou para a casa do pai. Ao saber que seu sogro havia ido para Timná para tosquiar as ovelhas, tirou as roupas da viuvez e postou-se com o rosto coberto na encruzilhada onde ele passava. Ele, pensando que era meretriz, foi com ela e prometeu-lhe em pagamento um cabrito do rebanho. Como penhor, Tamar pediu seu anel-selo, seu cajado e seu manto. Eis que, ao voltar e requerir seus pertences, Judá não mais a encontrou. Após três meses, Tamar apareceu gestante e, ao ser acusada de adultério, mostrou os pertences do sogro, o que naquele contexto não era considerado transgressão das regras sociais. Mais tarde, concebeu gêmeos.

No Egito, tudo o que José tocava prosperava. Por isso, ganhou graça aos olhos do seu amo, que tudo entregou em suas mãos. José era formoso e, por causa disso, a mulher do seu senhor, que era volúvel, levantou os olhos sobre ele e o assediou. Ao ser recusada, tomou com violência as roupas de José, saiu gritando e acusando-o de tentativa de estupro.

Não tendo o que fazer, Potifar o encarcerou junto com outros presos. Com o tempo, graças ao Eterno, José ganhou confiança do chefe do cárcere, que o deixou responsável por todos os presos. Dez anos se passaram, quando chegaram ao cárcere dois homens servos do palácio – o copeiro e o padeiro – e José ficou encarregado de servi-los.

Dias depois, ambos os presos tiveram sonhos estranhos e estavam muito tristes. Quando percebeu os semblantes, José perguntou-lhes o motivo e, de pronto, responderam sobre os sonhos que não conseguiam interpretar. Contaram-lhe, e ele, com a ajuda de D-us, interpretou-os com exatidão. Tendo tudo ocorrido como previsto na interpretação de José, o copeiro foi libertado e o padeiro, condenado à morte.

A próxima porção, *Mikêts*, trata do sonho do faraó e da continuação da história de José. Passados dois anos do ocorrido na prisão, o rei de todo o Egito sonhou com sete vacas gordas que eram devoradas por sete vacas magras; dormiu novamente e tornou a sonhar com espigas de trigo robustas que foram devoradas por espigas miúdas. Não havia na corte do rei quem conseguisse interpretar os sonhos. Foi então que o copeiro lembrou de José e o indicou ao faraó.

Fora da prisão, na presença do rei, José desvendou os sonhos com a ajuda do Eterno. Falou que sete anos de abundância seriam seguidos de sete anos de profunda escassez na terra do Egito. Impressionado com José e sua interpretação, o faraó imediatamente o colocou como mestre de todo o país, tendo somente como seu superior o próprio faraó. José, então, iniciou seu trabalho e organizou o acúmulo de alimentos nos sete anos de fartura; nesse tempo, casou-se e sua mulher deu à luz dois filhos, *Menashe* (Manassés) e Efraim.

Assim como previsto, após sete anos de abundância, chegaram os tempos de escassez e toda a terra ficou seca. Caravanas de todos os lugares rumavam para o Egito, lugar onde havia alimentos. Israel enviou os dez filhos mais velhos para comprar alimentos no Egito, mas não permitiu que Benjamim fosse, temendo por outro desastre.

José era o governador e responsável por todo o alimento. Ao reconhecer seus irmãos, vindos da terra de Canaã, colocou em prática um plano para saber se eles tinham se arrependido de vendê-lo como escravo. Acusando-os de espiões, prendeu a todos por três dias e, depois, libertou-os – com exceção de Simão, aquele que o atirou no poço. Testou a verdade de todos dizendo que trouxessem o irmão mais novo e que após testificar suas histórias libertaria o aprisionado.

Retornaram a Canaã com alimento e contaram a história a Israel, que, com muita relutância e sem opção, enviou Benjamim junto com os irmãos. No Egito, foram ainda mais testados por José e, com muito medo, se prostraram em terra aos pés do mestre de todo o Egito. Ele os levou à sua casa e os ofereceu um banquete, mas seu irmão Benjamim foi visivelmente tratado com distinção. Comeram, beberam e se embriagaram com José. No dia seguinte, como parte do plano, foi colocada uma taça valiosa na sacola de Benjamim, a mando de José, para incriminá-lo. A *parashah* termina com a ameaça da permanência de Benjamim no Egito e os irmãos se prostrando em terra pedindo clemência a José.

A porção *Vayigásh* começa com o pedido desesperado de Judá para que seu irmão mais novo não fosse punido, porque assim seu pai morreria de tristeza. Não aguentando de emoção, José se revelou aos irmãos e os perdoou, pois sua ida para o Egito foi realizada pela vontade de D-us. Voltaram a Canaã a fim de contar de José e levar toda a casa de Israel àquelas terras para que a pobreza e a fome não se abatessem sobre eles. Israel se alegrou e foi habitar com toda sua casa nas terras do Egito com José; no caminho, parou em *Beer-Sheba* e fez sacrifícios ao Eterno.

Os hebreus foram acolhidos pelo faraó. José aumentou as riquezas do Egito e Israel abençoou os filhos de José, Manassés e Efraim. A parte final do capítulo prossegue em profecias sobre os doze filhos de Israel e este dá as últimas orientações para seu sepultamento junto aos seus pais, Abraão e Isaque, na cova no campo de Macpela, na terra de Canaã. Conclui-se a *parashah* com a morte de José aos 110 anos.

1.3 Êxodo

O segundo livro da Torá se chama *Shemot* (שמות), que significa "saída" e é traduzido para o grego como *Êxodo*. O tema principal da narrativa desse livro é a saída dos descendentes de Israel do Egito. O livro abrange os seguimentos históricos e as leis morais, civis e religiosas do povo hebreu.

Podemos dividir o livro em onze capítulos (ou porções): *Shemot, Vaerá, Bô, Beshalach, Ytró, Mishpatim, Terumah, Tetsavê, Ki Tissá, Vayak'hel* e *Pecudê*.

Na primeira porção, *Shemot*, toda a geração de José tinha morrido, os descendentes de Israel haviam se multiplicado na terra do Egito e se tornaram muito fortes. Os novos reis não conheciam os feitos de José e temeram pelo grande número de hebreus que viviam ali, pois acreditavam que poderiam se rebelar e tomar o poder político. Então, passaram a explorar cada vez mais a população com impostos e trabalhos pesados, visando enfraquecê-los. Entretanto, a população hebraica continuava crescendo.

Então, o faraó ordenou às parteiras que assassinassem todos os varões recém-nascidos. Como não teve as ordens cumpridas, exigiu que todos os egípcios jogassem ao rio os recém-nascidos hebreus de sexo masculino. Da casa dos descendentes de Levi, nasceu um menino que ficou escondido durante três meses pela mãe. Ao perceber que não conseguiria mais escondê-lo, ela fez uma arca de junco com betume e piche, resistente às águas, colocou a criança dentro e deixou-a na margem do rio, entre a vegetação.

Uma princesa egípcia descobriu a arca que continha o menino e o criou como seu filho, dando-lhe o nome de *Moshe* (Moisés), que significa "tirado das águas". Quando ficou mais velho, em uma visita à área dos hebreus, Moisés presenciou um egípcio maltratando um trabalhador e o matou por causa de seu maltrato. O caso ficou conhecido do faraó que passou a persegui-lo, querendo sua morte. Por isso, Moisés fugiu para a terra de Midiã. Ali, salvou as filhas de Jetro dos pastores e deu de beber ao rebanho; foi convidado a comer e passou a viver junto deles, esposando *Tzipora* (Zípora).

Certo dia, quando apascentava o rebanho, foi até o Monte Horeb, onde um anjo de D-us apareceu-lhe em fogo no meio de um arbusto e ordenou-lhe que voltasse ao Egito para libertar o povo de Israel e guiá-lo à terra que emana leite e mel.

Assim, Moisés, sua esposa e seus filhos foram até o Egito. Ele foi sem medo, pois seus perseguidores já haviam morrido e o Eterno estaria com ele. Então, falou D-us a Aarão, irmão de *Moshe*, que fosse ao seu encontro no deserto. Eles seguiram até os anciãos de Israel e todo o povo acreditou. A porção termina quando foram ao encontro do faraó e exigiram que o povo fosse libertado. Não acreditando nas palavras de Moisés e Aarão, o faraó aumentou ainda mais a carga de trabalho sobre os hebreus e infligiu sobre eles grande violência. Então, o Eterno afirmou que tiraria Israel do Egito com mão forte.

A próxima *parashah*, *Vaerá*, trata dos milagres que teriam sido enviados por D-us ao Egito a fim de convencer o faraó a libertar o povo hebreu e o deixasse partir para Canaã, a terra prometida aos patriarcas Abraão, Isaque e Jacó. O Eterno orientou Moisés e Aarão sobre como proceder com o faraó. Por isso, chegaram até ele, foram questionados e, então, Aarão jogou diante dele seu cajado, que se transformou em uma víbora. O rei chamou seus bruxos, que também transformaram suas varas em serpentes; no entanto, estas foram comidas pela víbora de Aarão. Isso fez aumentar a cólera do faraó, que não deixou o povo hebreu partir.

Na vez seguinte, foram ao encontro do faraó nas águas do Nilo e fizeram como ordenou o Senhor: toda a água do Egito virou sangue. Os peixes morreram, a água apodreceu e cheirou mal, a sede se abateu sobre a população e, mesmo assim, o faraó não permitiu que o povo saísse.

Para convencer o rei do Egito da partida do povo de Israel, fez subir sobre toda aquela terra uma praga de batráquios que encheu as habitações e os prédios importantes dos egípcios. Então, o faraó pediu a Moisés que rogasse ao seu D-us para que os libertasse da praga das rãs e, em troca, deixaria que o povo retornasse à terra dos seus patriarcas. Assim, Moisés orou e a praga cessou, mas o rei voltou atrás com suas palavras e proibiu a libertação do povo hebreu.

Mais uma vez, o castigo se abateu sobre o Egito: uma grande praga de piolhos infestou toda a população e seus animais. Ordenou D-us que Aarão e Moisés se encontrassem com o faraó nas águas, e eles novamente o advertiram sobre outra praga, dessa vez de animais daninhos. Esta caiu sobre todo o reino e a casa do faraó, prejudicando toda a população. E de novo o rei pediu que se retirasse a praga, mas não cumpriu sua palavra, mantendo o povo escravizado.

Novamente foram ao faraó, dizendo que recairia grande e nova pestilência sobre os rebanhos dos egípcios. Ela mataria toda a sua cria, mas nenhum animal pertencente aos hebreus sofreria com essa praga. Não foram ouvidos, por isso, no dia seguinte se abateu a doença sobre os rebanhos e todos morreram, mas nenhum dos pertencentes aos filhos de Israel. Ao verificar o ocorrido, o faraó permaneceu renitente e não libertou o povo.

Em seguida, o Eterno ordenou a Moisés e Aarão que tomassem fuligem da fornalha e jogassem para o céu em frente ao faraó, espalhando-a pelo vento e caindo sobre os egípcios, convertendo-se em coceiras e sarnas que se transformavam em úlceras. Mesmo assim, a casa de Israel não foi libertada.

E D-us ordenou mais uma vez a Moisés que advertisse o faraó de que outro castigo se abateria sobre ele e seus servos caso não libertasse o povo hebreu: faria cair uma chuva de pedras de tal maneira que tudo o que estivesse fora do abrigo morreria. O faraó não considerou o aviso, então Moisés ergueu as mãos para os céus e uma chuva de pedras com fogo caiu sobre toda a terra do Egito e tudo o que não estava protegido pereceu. Mesmo assim, o faraó não libertou os filhos de Israel.

Na *parashah Bô*, mais uma vez o Senhor mandou Moisés e Aarão ao faraó para repreendê-lo e avisá-lo que, se não libertasse os hebreus, os gafanhotos tomariam o Egito, comeriam tudo o que havia sobrado nos campos e invadiriam as casas. Como novamente o faraó se negou a liberá-los, tudo foi tomado pelos insetos. Do que havia restado da chuva de pedras nada ficou, tudo foi devorado pelas nuvens. O faraó então pediu a Moisés que rogasse ao seu D-us para retirar da terra aquela praga. Logo, sopraram os ventos e levaram as gafanhotadas. Mas continuava endurecido o coração do faraó, que não deixou os escravos partirem.

Mais uma vez, D-us fez recair sobre o Egito grande desespero: a escuridão, maior que a da noite, tomou conta, nenhum egípcio conseguia ver outros ao seu redor e, por isso, não se mexeram de seus lugares por três dias. Apenas nas habitações dos hebreus havia luz. O faraó novamente chamou *Moshe* e pediu para que partissem do Egito, mas sem os rebanhos. Moisés disse que não poderia deixá-los, pois necessitava deles para servir seu D-us. O faraó endureceu-se em seu ânimo e não deixou que saíssem, ameaçando-o de morte na próxima vez que o encontrasse.

Foi assim que o Eterno lançou a última e mais terrível praga sobre o Egito: ceifaria a vida de todos os primogênitos daquela terra, desde os da casa da nobreza aos servos e animais. Orientou Moisés e Aarão sobre o mês da Páscoa* (*pessach*) para que dissessem ao povo que sacrificassem cordeiros machos, sem defeitos, com um ano de idade. O sangue desses cordeiros deveria ser passado nos umbrais das portas das casas para evitar que a morte entrasse na casa dos israelitas. D-us também ordenou que comessem os animais do sacrifício grelhados no fogo e consumissem pão ázimo (pão sem fermento).

O Senhor estipulou a celebração anual perpétua da Páscoa, com todos os seus preceitos e orientações às futuras gerações. Com a morte dos primogênitos, o faraó e o restante dos egípcios temiam pela própria morte; portanto, libertaram os hebreus e seus rebanhos para que rendessem graças e louvores ao seu D-us. Os libertados receberam roupas e objetos de ouro e prata dos egípcios e saíram daquelas terras após 430 anos de permanência. A porção se encerra com as orientações sobre o resgate dos primogênitos[8] e a ordenança dos filactérios (*tefilin*).

Beshalach, a próxima porção da Torá, tem início com a justificativa do Eterno para levar o povo hebreu pelo caminho mais longo: ao se deparar com o perigo da guerra no deserto, o povo certamente temeria a morte e retornaria para o cativeiro do Egito. Com os israelitas estava o corpo de José embalsamado para sepultamento em Canaã. Na frente do povo, durante o dia, D-us postou uma coluna de nuvem e, ao anoitecer, uma de fogo (*Shemot* 13:22). Sob a orientação do Eterno, os hebreus acamparam em *Pi-Achirót*, entre *Migdól* e o mar, diante de *Baal-Tsefón*.

Com o coração endurecido outra vez, o faraó resolveu persegui-los. Ele tomou seu exército, com seus carros e capitães, e alcançou os acampados. Ao avistar os egípcios, o povo temeu e clamou. Então, D-us ergueu atrás deles – entre os egípcios e o povo – a coluna de nuvem e ordenou que marchassem em direção ao mar. *Moshe* estendeu a mão sobre aquela extensão de água e elas foram divididas; seguiram, assim, os israelitas por terra seca.

---

8   *Pedion Haben*, costume entre os judeus de resgatar os primogênitos homens do serviço no templo com o pagamento simbólico de uma moeda.

Os egípcios os perseguiram e também entraram no caminho, mas Moisés, do outro lado da margem, após passarem os últimos hebreus, estendeu novamente a mão sobre o mar, que se fechou sobre todo o exército egípcio.

O povo deu glórias ao Criador e seguiu em caminhada. Mais tarde, a fome e a sede se abateram sobre eles. Depois de murmurarem e se queixarem, o Eterno fez chover *manah* (pão) pela manhã e carne de codornizes à tarde. Além disso, estipulou o sábado como dia santo, que deveria ser guardado para render graças ao Criador.

O povo de Israel armou suas tendas em Rafidim. Porque passava sede, mesmo depois de todos os milagres, o povo ainda duvidava. Logo, o Eterno orientou Moisés a bater com a vara em uma pedra, de onde surgiu água e saciou a sede dos israelitas; entretanto, porque testaram o Criador, eis que apareceu Amaleque em Rafidim e lutou com o povo. Com a ajuda de D-us, Josué e os que o seguiam conseguiram afugentar Amaleque. A *parashah* termina com a ordem de D-us para escrever esse acontecimento em um livro como lembrança para o povo.

A *parashah Ytró* narra que o sogro de Moisés, *Ytró* (Jetro), ouvindo acerca dos milagres que fez o Eterno para os israelitas, rumou com a filha e os netos ao encontro dele e foi bem recebido. Mais tarde, ao perceber a grande importância que tinha entre os israelitas como juiz e orientador, aconselhou Moisés a escolher juízes entre os temerosos e conhecedores da Lei de D-us para aliviar o peso do trabalho que recaía sobre ele. Assim, fez como sugerido pelo seu sogro, que voltou para a sua terra.

Continuaram a caminhada e, no terceiro mês da saída do Egito, ergueram suas tendas em frente ao Monte Sinai. O Senhor chamou Moisés desde o monte e deu-lhe instruções para passar aos israelitas. Foi no cume do Sinai que o Eterno apareceu a ele e entregou-lhe os mandamentos (*Shemot* 20: 2-17), também conhecidos entre os judeus como *Assêret Hadibrot* ou os *Dez Ditos*.

A *parashah* finaliza com orientações sobre não idolatria de outros deuses, procedimentos para a construção de um altar para sacrificar ofertas de elevação e de paz e posições a tomar quanto ao rebanho e ao gado.

A próxima porção, *Mishpatim*, trata das leis mosaicas – atitudes sociais e leis civis que devem reger as relações humanas daquela população – sobre o trato entre patrões e empregados, trabalhadores hebreus e estrangeiros. Também inclui a aplicação da justiça para danos físicos, morais e materiais, e leis contra a idolatria, a perversidade e a sodomia.

Em *Mishpatim*, reforça-se a obrigatoriedade de guardar o sábado, a realização da festa da Páscoa, das oferendas e dos holocaustos, o cuidado com a pureza alimentar, com os limites das terras e no trato com estrangeiros. Essa porção se encerra quando novamente o Eterno chamou Moisés para subir ao monte, mas dessa vez deu pedras com os ensinamentos esculpidos; ele passou 40 dias e 40 noites ali.

Na *parashah Terumah*, o Senhor orientou Moisés sobre os materiais a serem utilizados na elaboração de artefatos que comporiam o lugar de culto: o *Mischan* (Tabernáculo). Ele poderia ser desmontado regularmente, conforme as caminhadas do povo. A tradição judaica afiança que esse local serviria para que o povo tivesse um lugar de adoração onde a presença divina se instalaria. Entre os artefatos exigidos estavam um colete com pedras para o *cohen gadol* (sumo-sacerdote), um *arón haKodesh* (arca) no qual se depositariam pedras preciosas e os mandamentos sagrados, uma forja de um *menorah* (candelabro de sete braços) e um *shulchan* (mesa) com doze lugares para os pães propiciais.

A outra *parashah*, *Tetsavê*, trata dos procedimentos ritualísticos, na elaboração dos artefatos e materiais para a confecção das vestimentas para o sumo-sacerdote e os outros *cohanim* (sacerdotes), e também da construção de um altar de perfumes para queima dos incensos. Para sacerdotes, foram escolhidos pelo Eterno Aarão e seus descendentes.

Em *Ki Tissá,* Moisés iniciou a contagem da população, a organização das oferendas, a construção de um lavatório de cobre para os procedimentos ritualísticos de pureza dos sacerdotes, a elaboração de azeite perfumado para unção do Tabernáculo, de seus artefatos litúrgicos e dos sacerdotes. Segundo a narrativa, todos os mandamentos e as orientações de D-us foram dados a Moisés enquanto ele estava no monte. Mais tarde, no deserto, ele continuou a receber instruções.

Durante o tempo que passou na presença do Senhor, parte da população estava impaciente com a demora de Moisés. Por isso, o povo passou a assediar Aarão, exigindo uma imagem que pudesse idolatrar. Então, o grupo fez um bezerro de ouro com as argolas das orelhas de todos os que desejavam a idolatria, sacrificou animais e rendeu graças ao novo deus de ouro.

Após receber todas as considerações do Eterno, Moisés foi avisado por Ele de que o povo havia se corrompido. Com as tábuas da Lei nas mãos, desceu com pressa e nos pés do monte viu que o povo idolatrava um objeto de ouro. Com fio de espada, os filhos de Levi eliminaram os idólatras.

Moisés armou sua tenda distante do acampamento, lugar que passou a ser onde falava com o Eterno. A presença divina na tenda realizava milagres aos que se aproximavam. Demonstrando sua piedade, D-us ordenou a Moisés que subisse novamente ao monte e ali, pela segunda vez, gravou as leis nas tábuas de pedra, pois Moisés havia quebrado as primeiras ao ver o que o povo adorava no acampamento. Orientou de novo que o povo devia guardar seus mandamentos, confirmou sua aliança com os israelitas, condenou a idolatria e consagrou os primogênitos.

Finalizando a *parashah,* Moisés desceu o monte com o rosto resplandecente, e isso causava temor nas pessoas. Os anciãos estiveram com ele para saber o que D-us havia orientado e depois todo o Israel.

A próxima porção, *Vayak'hel*, confirma a *halachot* (caminhos a seguir) dada pelo Eterno, demonstrando o perdão pela idolatria ao deus de ouro. Em seguida, teve início a coleta das doações realizadas para iniciar a construção do Tabernáculo e de todos os artefatos necessários para começar o culto. Foram escolhidos entre os israelitas os dotados de sabedoria pelo Criador para serem os artífices dos trabalhos de construção, elaboração e confecção do conjunto que comporia o santuário.

Pecudê é a porção que finaliza os detalhes da edificação do Tabernáculo, faz a contabilidade das ofertas do povo para a viabilidade da construção e da execução da liturgia, assim como ordenado pelo Senhor por intermédio de Moisés. O santuário foi concluído, e as leis, depositadas no seu lugar; o ofício religioso foi iniciado e o esplendor do Eterno pairou sobre todo o Israel. O povo, então, levantou acampamento e seguiu jornada de acordo com a dinâmica estabelecida pela nuvem que pairava sobre o santuário: quando ela levantava, as pessoas migravam; quando não, permaneciam no lugar. Assim o Senhor as guiava.

1.4 Levítico

Conhecido entre os judeus como o *Livro dos Sacerdotes* ou *Sefer Torah Cohanim*, é considerado um livro legislativo. Ele fala sobre os procedimentos ritualísticos, as leis de pureza e a narrativa histórica dos sacerdotes, conteúdo de suma importância para a prática judaica na atualidade, de onde são retirados os procedimentos de conduta de vida para os judeus religiosos. Hoje, entende-se que, após a destruição do *Beit haMikdash* (o Templo de Jerusalém), a presença divina se dissipou, mas todos os descendentes (judeus) têm a santidade, sendo os sacrifícios realizados na atualidade com a boca, por meio das orações.

Levítico (*Vayikrá* – ויקרא) está dividido em dez *parashot*, as quais são: *Vaykrá, Tzav, Shemyni, Tazrya, Metzora, Acharê, Kedoshym, Emór, Behar* e *Bechucotai*.

A primeira *parashah*, *Vaykrá*, explica como deve ser o procedimento dos sacrifícios e das ofertas: para elevação, pombinhos e rolas com sal; e para ofertas de oblação, com trigo e azeite. Para essas ofertas, deveriam ser sacrificados animais machos e sem defeito, conforme sua finalidade, e era obrigatório que as ofertas fossem temperadas com sal, sem fermento nem mel. A oblação das primícias deveria ser realizada com cevada, azeite e, sobre ela, incenso.

Os sacrifícios de pazes deveriam ser feitos com gado e animais do rebanho, macho e fêmea sem defeitos, cordeiro e cabra. Já a oferta pelo pecado, dependendo do pecador e seu *status* social e função na comunidade, novilho, cabrito macho e fêmea, e cordeiro. Sobre pecados de falso testemunho, de impureza, calúnia e difamação (*lashom hara* – língua má), deveria-se sacrificar ovelha ou cabrita. Se a pessoa fosse desprovida de condições, uma rola ou uma pomba poderia ser usada como expiação; mas, se nem isso pudesse trazer, deveria oferecer uma quantidade de trigo e azeite. Sobre roubo e extorsão, o indivíduo deveria devolver o que foi tirado.

Na atualidade, entre os religiosos, as expiações são realizadas pela *teshuvah* (retorno/arrependimento): o fiel deve orar, recitar salmos, estudar a Torá, pagar com *tzedakah* (justiça), fazendo doações em dinheiro para reparar o erro. Quem prejudicar outro hebreu ou pecar contra si mesmo ou o Eterno, deverá distribuir dinheiro (outros víveres) a pessoas mais necessitadas.

Na *parashah Tzav*, o Eterno orienta a queima das ofertas de elevação e a organização do altar dos sacrifícios. Ele aponta que o fogo jamais deverá ser apagado. Além disso, o Senhor ordena a unção dos sacerdotes, a consagração das suas vestes e dos Urim e Tumim* (luz e integridade, respectivamente) do colete de Aarão.

Em *Shemyni*, Moisés, em nome do Eterno, continua com as orientações dos procedimentos religiosos para a prática no Tabernáculo para o povo, com a oferta de oblação e elevação pela manhã. Depois das oferendas, ele e Aarão saíram e abençoaram o povo.

Essa porção também conta o episódio de *Nabad* e *Abihú*, filhos de Aarão, que puseram fogo em seus incensários de maneira equivocada; por isso, foram queimados e morreram. O fogo saiu de diante do altar e consumiu a oferta de elevação deles. Todos se impressionaram e se prostraram. Após o ocorrido, instruções foram dadas por Moisés para a pureza dos sacerdotes diante das atividades litúrgicas no templo.

Moisés orientou os israelitas sobre as regras de pureza alimentar (*kashrut*), sobre os animais permitidos para consumo – somente os quadrúpedes com casco fendido e com unha separada em duas partes e ruminantes.

Tornou-se proibido comer todo tipo de réptil e animais aquáticos – com exceção dos que possuem barbatana e escamas. As aves que se poderia consumir eram apenas galinhas, patos, gansos, peru, pombos e codornas; eram também permitidos para o consumo todos os ovos dos animais considerados puros *(kasher)*.

Da mesma maneira como pombos e codornas, gafanhotos e grilos são permitidos pela Torá; no entanto, com o tempo, os hebreus perderam a prática do seu preparo e assim seu consumo passou a ser proibido. Todo objeto tocado pelos animais que não possuem as características de pureza estaria impuro, e todo o alimento que entrar em contato com esses animais será impuro para o consumo.

Em *Tazrya*, a *parashah* aponta para as regras de pureza familiar e dos sacrifícios relacionados à família. Orienta como proceder no período pós-parto, na ocasião da circuncisão e em caso de chagas da *tsaraat* (lepra).

A *parashah Metzora* continua com as recomendações para os doentes da lepra, ou seja, os procedimentos de purificação do doente e da expiação nos sacrifícios, de acordo com as condições econômicas de cada israelita. Prescreve sobre a purificação das habitações e vestimentas dos doentes. São também dadas instruções de pureza em relação ao contato com pessoas que possuem ferimentos e tumores, suas vestes e lugares de contato e suas expiações em sacrifício no Tabernáculo. Também aborda a impureza advinda do sêmen masculino, as relações sexuais e as leis da menstruação (*nidah*). A *parashah* é concluída com a observação do Eterno sobre as impurezas que não devem contaminar a sacralidade do Tabernáculo.

Na porção *Acharê*, o Eterno, por intermédio de Moisés, orienta Aarão que não adentre o Tabernáculo todos os momentos, pois poderia ser que morresse. Ensina como ele deve fazer seus sacrifícios de expiação e como proceder em nome de todo Israel. A *parashah* também recomenda que, entre os israelitas e estrangeiros que habitavam entre eles, todo animal abatido deveria ser dedicado e elevado ao Eterno, pois Ele é o Criador de tudo. A porção prescreve a proibição de alimentar-se com sangue, pois ligadas ao sangue estão as almas das criaturas. Relacionado a esse tema, também há a orientação de não deixar sangue exposto e a proibição de comer animais que morreram por causas naturais ou dilacerados.

O Eterno proíbe a pornografia, o entrelaçamento entre irmãos e entre pais e filhos, entre sobrinhos e tios, entre sogros, noras e genros e entre cunhados, se ainda vivos. É proibido entrelaçar-se com pais e filhos, fazendo-os rivais, ou com irmãos; também não é permitido se deitar com uma mulher no período da sua impureza de menstruação, com pessoa casada, com casais ou com animais, pois tudo isso é considerado abominação.

A ordenação de santidade do povo de Israel é tratada na *parashah Kedoshym* (santidade), se consideradas todas as ordens recebidas.

Trata também da orientação de deixar os cantos das terras para a produção de alimentos dos necessitados, de honrar os idosos, de não furtar, não enganar, não mentir para seus companheiros nem jurar em nome do Eterno em vão.

Não é permitido deixar de pagar o salário do trabalhador nem extorqui-lo; é proibido reter o pagamento do trabalhador um dia que seja. É feio aos olhos do Senhor maldizer o surdo e fazer tropeçar o cego. Também é proibido fazer fofocas entre a comunidade, ser indiferente aos que passam perigo e odiar o semelhante. Deve ser praticada a repreensão aos companheiros que pecam contra o Eterno e o semelhante e não se deve praticar vingança nem guardar ódio, mas amar ao próximo como a si mesmo.

Quanto à ocupação de juiz, este não deveria fazer injustiça nem favorecer o mendigo quando este não tiver razão nem honrar o poderoso. Ele deve fazer justiça no julgamento do próximo.

O capítulo ainda proíbe juntar animais de espécies diferentes, de semear o campo com sementes diversas, misturando-as, de tecer linho com lã. Não se deve colher o fruto da árvore durante três anos, nem fazer adivinhações, nem cortar o cabelo em redondo, nem raspar a barba com navalha.

As orientações vão além e proíbem ainda se cortar ou se mutilar por luto, fazer tatuagem, praticar magia e feitiçaria e adulterar pesos e medidas. É proibido enganar os viajantes, pois foram os israelitas um dia peregrinos no Egito. O texto afirma que o Eterno castigará aqueles que desrespeitam seus estatutos: uns serão punidos com a morte pelo próprio povo e outros, banidos para sempre da comunidade.

A *parashah* *Emór* começa com as orientações de pureza dos sacerdotes em relação aos mortos e às pessoas da comunidade. Norteia como se deve portar um sacerdote perante as mulheres, seus descendentes e o luto, sendo consagrados ao sacerdócio somente os fisicamente perfeitos. Há também mais prescrições sobre os holocaustos e as ofertas em vinhos e cereais. Também reafirma a respeito das comemorações de Páscoa, da Festa da Cabanas *(Sukot)* e dos Dias de Expiações *(Yom haKipurim)*.

Era obrigatório manter as luzes da *menorah* acesas ininterruptamente, alimentadas com azeite de oliva puro e a queima de incenso. O azeite era derramado sobre os doze pães propiciais, que representavam as tribos de Israel, sendo ofertados ao Senhor todos os sábados e consumidos pelos sacerdotes. O fim da *parashah* contém as penas para os profanadores dos estatutos, os conhecidos "olho por olho, dente por dente" (*Vayikrá* 24: 20).

A *parashah Behar* orienta sobre o ano sabático (*Shemitah*) – ano de liberdade para toda a terra –, sobre a anunciação da trombeta (*Shophar*) e sobre um chamado à observância dos estatutos. Trata da promessa do Eterno para o sexto ano de produção antes do ano sabático: será de grande abundância, a fim de que Israel respeite o sétimo ano e não passe fome até o oitavo ano. Também se refere ao direito de resgate de posses sobre a venda em tempos de penúria, observa as possessões perpétuas aos levitas e a obrigação de ajudar os que empobreceram, sendo proibido o lucro sobre eles mediante a usura.

Foi estipulada a proibição da escravidão de seres humanos, mas assegurou-se o direito de usar trabalhadores estrangeiros, sendo os seus trabalhos considerados como possessão[9], inclusive entre gerações, para desenvolver atividades. A exploração dos israelitas por outros israelitas foi proibida, sendo obrigatória a observação dos preceitos de remissão dos trabalhadores no ano sabático.

O livro se encerra com a porção *Bechucotai*, em que o Eterno afirma aos israelitas que, se os preceitos fossem seguidos, bênçãos cairiam sobre todo o povo, que não sofreria nem passaria fome,

---

9 Seria a posse do trabalho, não dos corpos. O texto bíblico não deixa claro, tendo em vista a pobreza do vocabulário utilizado à época.

haveria paz na terra e nenhuma nação os amedrontaria – isso inclui o livramento de animais ferozes. Os inimigos não seriam páreos, mesmo com grande diferença numérica.

A transgressão dos preceitos seria punida com enfermidades, fome, conquista pelo inimigo, escravizadão e pragas. D-us expôs todas as mazelas que recairiam sobre eles se transgredissem seus estatutos, com promessa de dispersão do povo da Terra Prometida e da serventia em lugares estrangeiros. A *parashah* finaliza com a obrigatoriedade do pagamento do dízimo como santidade ao Eterno.

1.5 Números

A tradução do hebraico *Bamidbar* (במדבר) em português significa "no deserto". Trata-se do livro que conta a epopeia do povo hebreu no deserto. Então, por que *Números*? Na versão bíblica da Septuaginta*, ou *Versão dos Setenta*, chamou-se esse livro de *Aritmói* em grego, que em português significa "números". Isso se deve ao livro tratar sobre o censo dos israelitas, momento em que foi contado o número de hebreus que compunham as doze tribos de Israel. O livro é composto de dez *parashot*: *Bamidbar, Nassó, Behalotech, Shelach, Korach, Hukat, Balak, Pinechas, Matot* e *Massêy*.

No primeiro capítulo de *Bamidbar*, narram-se os acontecimentos do segundo ano da saída dos hebreus do Egito. O Senhor ordenou a Moisés e a Aarão que um líder homem pertencente a cada uma das tribos os acompanhasse e fossem príncipes de suas tribos, ou seja, fossem os cabeças dos milhares. Foram contados todos os homens de Israel na idade de 20 anos em diante e que participavam do exército.

Todos os varões das tribos foram contados, menos os da tribo de Levi, pois os levitas se incumbiram de cuidar de todo o culto ao Eterno e acamparam nos arredores do Tabernáculo; eram responsáveis por desmonte, transporte e manutenção dos artefatos sagrados e eram os guardas do Santuário.

O Eterno orientou a todos os israelitas que pernoitassem nos arredores do Tabernáculo, cada exército sob seu estandarte, e que carregassem as insígnias da casa dos seus pais. O número dos que foram contados conforme seus exércitos foi 603.550 (*Bamidbar* 2).

Os levitas foram contados de maneira diferente, pois estavam destinados ao serviço do Tabernáculo. Calculando-se todos os varões a partir de um mês de vida, o número foi de 22.273 (*Bamidbar* 3). A *parashah* ainda ressalta o resgate em moedas dos primogênitos dos filhos de Israel a Aarão e seus filhos.

O Eterno ordenou a Moisés e Aarão que, entre os levitas, fizessem o censo dos filhos de *Kehat*, entre 30 e 50 anos, sobre os quais ficou a responsabilidade de cuidar dos artefatos e das liturgias mais sagradas e complexas do Tabernáculo.

Na *parashah Nassó*, da mesma maneira como ocorreu com os filhos de *Kehat*, realizou-se o censo dos levitas filhos de *Ghershon* e *Merari*, a fim de que estes também servissem no Tabernáculo. Os acampamentos começaram a ser regidos pelas leis de pureza e os leprosos foram enviados para fora deles. Além disso, as leis sociais passaram a ser aplicadas com rigor no sentido de servir de exemplo aos israelitas.

Nessa parte do livro aparecem a estipulação do teste de fidelidade para as mulheres sob suspeita de adultério e as orientações para a consagração do nazirato* e suas leis. Essa porção da Torá narra as ofertas dadas pelos príncipes das tribos de Israel ao serviço e à consagração do Tabernáculo.

A porção *Behalotech* apresenta as orientações para acendimento das lâmpadas da *menorah* e os procedimentos para o preparo das ofertas e o abate das oferendas. Também orienta sobre a organização dos levitas em seus trabalhos, observando a idade e as aptidões para execução das atividades. Além disso, orienta os hebreus em relação à celebração da Páscoa *Sheni* (segundo) aos que se encontram impuros ou longe da comunidade. Para orientar a congregação e as convocações, foi ordenada a forja de trombetas de prata, e os toques específicos de cada atividade e situação foram ensinados por Moisés.

Durante a caminhada, parte do povo reclamava, mas o Senhor fez arder fogo, queimando os indignos. Moisés pediu em oração que o Eterno tivesse piedade, e o fogo se apagou. Mas o povo continuava a reclamar e a pedir carne, tornando a lamúria insuportável para Moisés. Então, D-us disse ao líder que juntasse 70 anciãos na tenda de reunião. Ali repartiu a carga da responsabilidade de liderança do povo, e eles profetizaram no acampamento.

Em seguida, o Eterno fez voar codornizes do mar que se espalharam no acampamento. Os desejosos de carne juntaram-nas em grandes quantidades e comeram as codornizes além da ânsia da saciedade. Uma praga se abateu sobre eles e morreram com carne entre os dentes.

Miriam falou mal de Moisés para seu irmão Aarão, praticando língua má *(lashom hara)* contra Moisés, o Eterno repreendeu Aarão e fez recair sobre Miriam a lepra. Moisés rogou ao Senhor que tivesse misericórdia, ela ficou sete dias fora do acampamento para passar vergonha pelo ato realizado e servir de exemplo aos israelitas. Passado esse tempo, foi recolhida e o povo partiu.

A *parashah Shelach*, que significa "enviados" em português, é conhecida como o capítulo dos espiões, no qual o Senhor ordenou a Moisés que enviasse um príncipe de cada tribo para observar a terra de Canaã. Após 40 dias, retornaram à congregação, com exceção de Calebe, filho de Iefuné, e Josué, filho de Nun; os outros espiões difamaram a terra e amedrontaram o povo de Israel dizendo que esta era impossível de tomar, pois tinha moradores muito fortes.

Mesmo com todas as ações miraculosas do Eterno, os israelitas ainda teimavam em duvidar. Por causa disso, toda a geração foi condenada a não entrar na terra prometida aos patriarcas, salvo Calebe, Josué e as crianças da nova geração. Seriam errantes pelo deserto em anos o correspondente a cada dia que espiaram a terra, somando 40 anos.

Disse o Senhor a Moisés que os prosélitos seriam como qualquer um do povo. Também orientou a respeito de sacrifícios de perdão. Nessa porção, um homem profanou a Lei do Sábado e sobre ele foi aplicada a pena capital. A *parashah* se encerra com a ordenação aos filhos de Israel quanto ao uso de franjas nas bordas das vestes, e nas franjas da borda um cordão azul para recordação dos preceitos do Senhor.

A *parashah Korach* conta que Coré e outros membros da tribo de Rubem levantaram-se contra Moisés com 250 homens dos filhos de Israel. Disseram que todos os membros da congregação eram santos e duvidaram de Moisés. O Senhor se irritou e a terra se abriu e tragou vivos todos os revoltosos da tribo de Rubem com suas casas e pertences. Os 250 filhos de Israel que estavam com eles foram consumidos pelo fogo.

Mesmo assim, o povo ainda se queixava. Então, o Eterno exterminou 14.700, interrompendo a mortandade a pedido de Moisés e Aarão. Depois disso, D-us ordenou que, na tenda de reuniões, um príncipe de cada tribo levasse uma vara, e Ele faria florescer a do escolhido para acabar com as queixas. Foram escolhidas a vara de Aarão e a da tribo de Levi. Também retificou o *ma'asser* (décima parte) e pedaços específicos dos *corbanot* (sacrifícios).

A porção *Hukat* trata dos 40 anos que se esgotavam. Esse capítulo aponta a obrigação do sacrifício de uma vaca vermelha para expiar pecados de impurificação com mortos. Miriam morreu e foi sepultada, e os israelitas passavam sede e reclamavam. Por causa disso, D-us orientou Moisés e Aarão a que falassem à rocha a fim de que ela proporcionasse água para saciar a sede do povo e dos animais; no entanto, Moisés, irado, bateu duas vezes na pedra e ele e seu irmão foram proibidos de entrar em Canaã. Aarão morreu e foi substituído pelo seu filho Elazar.

Ao chegarem às fronteiras de Siom, os hebreus pediram ao rei daquela terra para atravessá-las, prometendo não tocar em nada que pertencesse aos cananeus, mas, ao invés de serem liberados, foram atacados. Todavia, derrotaram os agressores e tomaram todas as suas cidades e vilas.

A *parashah* chega ao final com todos os idólatras que estavam no caminho derrotados; os hebreus levantaram acampamento nas planícies de Moabe, às margens do Rio Jordão, diante de Jericó.

A porção *Balak* conta que um feiticeiro pagão chamado *Bilam* aceitou o serviço de Balaque, rei de Moabe, para jogar praga em Israel, mas, em sonho, Bilam ouviu as palavras do Eterno sobre o povo. Mesmo assim, partiu para amaldiçoá-lo; entretanto, um anjo se intrometeu no caminho e, no lugar de maldições contra os israelitas, abençoou-os. A *parashah* termina contando que os israelitas estiveram em Shitim, se encontraram com as filhas de Moabe e fizeram idolatria. Foram mortos todos os idólatras que se prostraram a Baal-Peor – no total, 24 mil.

Na *parashah* Pinechas, novo censo foi feito. Nenhum desses israelitas havia sido contado desde o episódio no monte do Sinai, no qual os filhos de *Pinehcas*, netos de Aarão, puniram os idólatras. Ao final da contagem, somaram-se os filhos de Israel em 601.730. Para estes seria repartida a terra por herança, de acordo com o tamanho de cada tribo, e as zonas onde habitariam seriam determinadas por sorteio.

O censo dos levitas contou 23 mil, mas para estes não foi dada herança. Assim, como podemos observar, nessa parte aparecem as orientações sobre os direitos de herança. A porção é finalizada com a escolha de Josué, filho de Nun, por D-us para substituir Moisés na frente da congregação, a fim de que com ele adentrassem na terra de Canaã.

Em *Matot*, Moisés orientou, em nome do Eterno, sobre a obrigatoriedade de honrar os votos e os juramentos que cada pessoa se dispusesse a fazer e sobre o respeito devido à vontade de pais e esposos. Além disso, receberam ordens para que o exército de Israel fosse contra os midianitas. Acabaram conquistando as cidades dos inimigos, tomando seus despojos e levando somente as mulheres que não haviam conhecido homens.

Mais adiante, o capítulo conta que a tribo de Rubem e de Gad tinham muitas cabeças de gado e viram que as terras do oriente do Rio Jordão eram boas para a criação; por isso, pediram a Moisés para permanecer naquelas terras e se comprometeram a ajudar a outra parte de Israel a segurar sua herança na margem ocidental do rio.

A porção *Massêy* da Torá reconta a saída dos hebreus do Egito, suas andanças pelo deserto durante os 40 anos de castigo pelo erro no episódio dos espiões. Também delimita as fronteiras da Terra Prometida, os sorteios de distribuição entre as tribos – aos levitas, foram destinadas cidades para habitar e os terrenos ao redor destas para seus animais e necessidades, somando essas cidades o número de 48. Foi estabelecido que deveriam existir cidades-refúgio para abrigar pessoas acusadas que ainda não haviam passado por julgamento, objetivando livrá-las da vingança do povo. Três delas estariam do lado oriental do Rio Jordão para situações de crimes e julgamentos.

1.6 Deuteronômio

Deuteronômio, do grego Δευτερονόμιο – "repetição desta lei" ou "segunda lei" – faz referência ao livro quinto do conhecido pentateuco. Esse livro (*Devarim* – דברים) também é conhecido entre os judeus como *Revisão da Torá* (*Mishnê Torah*) e contém bastante conteúdo legislativo. Tem grande sentido humano e profético, explicado em discursos proferidos por Moisés algumas semanas antes de morrer. O livro está dividido em onze porções: *Devarim, Vaet'chanan, Ekev, Reh, Shoftim, Ki Tetzê, Ki Tabo, Nitzavim, Vayelech, Haazinu* e *Vezot Haberachá*.

A porção *Devarim*, palavra que significa "coisas" em português, inicia recapitulando o episódio dos 12 espiões enviados para observar a Terra Prometida. Com exceção de Calebe e Josué, eles desencorajaram os israelitas, que não confiaram no Eterno, por isso aquela geração foi castigada a vagar 40 anos pelo deserto – tempos amargos em que houve desobediência aos desígnios do Senhor, reclamações e até traição.

Em *Vaet'chanan*, Moisés falou ao povo da grande vontade que tinha em pisar na Terra Prometida, mas que estava proibido por causa da geração do Êxodo. O Eterno, então, ordenou a Moisés que desse força a Josué, substituto de Aarão e dele, e depois subisse o cume da colina para contemplar Canaã. Ele deixou claro ao povo hebreu que obedecesse à Torá e seus estatutos para que o mal e a morte não o destruísse e o exílio o dispersasse pelo mundo. Condenou a idolatria, exaltou o Eterno, separou as três cidades do lado oriental do Rio Jordão para refúgio – terras que ficariam para as tribos de Rubem e Manassés[10] para abrigar seus grandes rebanhos. Novamente, Moisés advertiu sobre a obediência aos Dez Mandamentos (*Esseret haDibrot*).

Moisés proferiu o "Ouve Israel" (*Shemá Israel*), parte considerada a profissão de fé dos hebreus e que, na tradição judaica atual, deve ser realizada obrigatoriamente duas vezes ao dia. Nesses momentos, são confirmados a unidade do Eterno e os preceitos de ensinar aos filhos os estatutos. Daqui se tira a tradição de colocação dos

---

10   Segundo a interpretação judaica, os filhos de José – Efraim e Manassés – receberam como herança direitos de tribo (*Bereshit* 48: 5-6).

filactérios (*tefilin*), a colocação do nome do Eterno nos umbrais da porta (*mezuzot*) e das franjas (*tsitsit*) nas pontas das vestimentas.

Na *parashah Ekev*, Moisés advertiu os hebreus que, se continuassem seguindo seus estatutos, nada de mal lhes aconteceria, seriam proveitosos e tudo o que fizessem teriam êxito. Relembrou aos filhos de todo Israel os grandes milagres que o Eterno fez a eles, tirando-os da escravidão do Egito, derrotando os inimigos e dando Canaã como herança.

Ainda aconselhou que não deixassem o orgulho e a vaidade dominarem após as vitórias militares e esquecessem de D-us, pois Ele daria a vitória sobre os idólatras que habitavam a região. Relembrou que a geração que pereceu no deserto foi castigada porque duvidou do poder do Senhor, praticou idolatria e foi teimosa em não guardar seus estatutos.

Em *Reh*, Moisés admoestou o povo a seguir os estatutos do Eterno, a derrubar os altares e a destruir toda a idolatria encontrada na terra de Canaã. Ademais, informou que D-us escolheria o lugar onde permaneceria o Tabernáculo e onde seriam realizados todos os sacrifícios. Relembrou a proibição da idolatria e da alimentação impura, o dízimo, o ano sabático, a caridade/justiça (*tzedakah*), a consagração dos primogênitos, a comemoração da Páscoa, a contagem de ômer[11] (uma medida de grãos), a celebração de Pentecostes (*Shavuót*) e a Festa das Cabanas[12] (*Sucot*).

Na porção *Shoftim*, o Eterno, por intermédio de Moisés, ordenou que em todas as cidades os hebreus designassem policiais e juízes, os quais deveriam ser pautados pelo seu temor do Senhor. Reforçou também as orientações dos sacrifícios ao Eterno, a necessidade de ouvir os sacerdotes e de destinar a herança que lhes cabia. Falou da proibição do sacrifício de pessoas, da adivinhação, da necromancia

---

11   Contagem após a comemoração de Páscoa, entre os 49 dias até *Shavuót*.
12   Alguns tradutores usam *Festa dos Tabernáculos* como sinônimo, mas esta é uma tradução equivocada.

e da prática de feitiçaria. Relembrou as cidades-refúgio e a importância delas. Orientou sobre a guerra e os procedimentos para a conquista das cidades e dos povos que habitavam na região.

A *parashah Ki Tetzê* continua com as orientações a respeito da guerra e de como atuar em relação aos inimigos e aos cativos. Aparecem instruções sobre como se portar com duas esposas, filhos primogênitos e filhos rebeldes, além de falar do trato com condenados à morte e seus corpos. Trata da proibição do extravio, da falta de caridade e da proibição do uso de roupas do gênero oposto. Pede ao povo para, no que se refere aos animais e à natureza, poupar a vida da mãe dos filhotes estando ela no ninho, além de não misturar sementes na vinha e não utilizar o boi e o jumento ao mesmo tempo como propulsão. Fala ainda sobre a construção de parapeitos, a punição do adultério e do estupro com a morte, a proibição do uso de tecidos misturados, a difamação e o abuso de pessoas puras (virgens).

Faz alusão aos gentios, proibindo-os de adentrar a congregação do Eterno. Orienta a prática de regras de pureza e higiene, proíbe a pederastia e a prostituição, e veta totalmente o dinheiro advindo de coisas proibidas para o culto ao Senhor. Fala da proibição de cobrar juros de hebreus e de demorar em pagar dívidas; também não é permitido fazer promessas e não cumpri-las.

A *parashah* orienta ainda sobre as leis do casamento e o documento de divórcio (*ghet*). Dispõe a respeito de empréstimos, exploração do trabalho, cobrança de dívidas, caridade e casamento levirato. Advertiu que o homem deve ser honesto em todas as suas atividades, além de determinar que todo israelita deveria recordar de Amaleque, aquele que matou todos os desfalecidos que ficavam para trás nas caminhadas.

A porção *Ki Tabo* orienta os produtores a levar aos sacerdotes os primeiros frutos da colheita, como reconhecimento das bênçãos de D-us sobre todo o Israel. Depois, novamente exorta o povo a observar os mandamentos. Diz que os hebreus, após a travessia do Rio Jordão, deveriam escrever esses estatutos em grandes pedras caiadas.

Moisés asseverou que grandes calamidades cairiam sobre todo o Israel caso se desviassem dos mandamentos do Eterno; portanto, relembrou os tristes episódios ocorridos aos transgressores, mas também rememorou os grandes milagres feitos pelo Criador ao retirá-los do Egito e ao mantê-los vivos até aquele momento.

Em *Nitsavim*, toda a congregação se reuniu com Moisés, e ele passou a se despedir dela. Em seus discursos, reafirmou a aliança feita pelo Criador com Abraão, Isaque e Jacó, os patriarcas do povo hebreu, para dar-lhes a terra a que estavam se destinando. Afirmou que haveria uma punição de diáspora caso os israelitas abandonassem os estatutos e caíssem em idolatria.

Na *parashah Vayelech,* Moisés completou 120 anos de existência e foi proibido pelo Eterno de atravessar o Rio Jordão e adentrar em Canaã. Josué foi escolhido para substituí-lo. A viagem pelo deserto havia terminado e sua missão estava cumprida. Moisés emitiu palavras de incentivo para que não temessem os povos que ali estavam, pois o Eterno lhes daria a vitória.

Veja o trajeto realizado no deserto na Figura 1.2 a seguir.

FIGURA 1.2 – Rotas do povo hebreu pelo deserto: da saída do Egito até Canaã

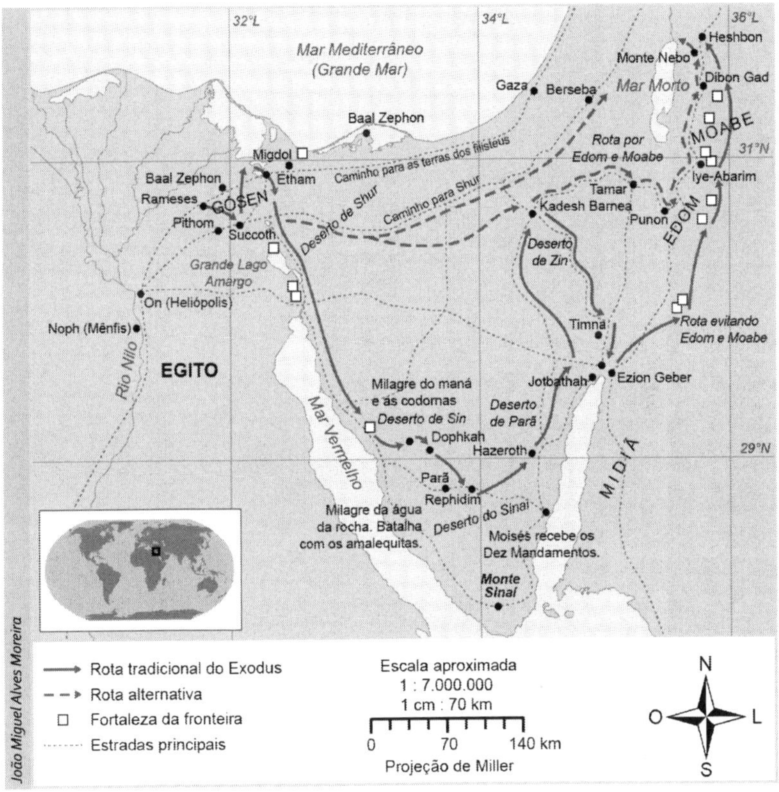

Fonte: Legacy, 2019.

Além de tudo o que é visto nesse livro, Moisés ainda orientou sobre a *mitsvah de Hakhel* (congregação), momento subsequente ao ano sabático em que todo o Israel se reúne para ouvir a leitura da Torá a fim de não esquecer os feitos do Eterno e observar os estatutos. Moisés acabou de escrever a Lei, entregou-a aos sacerdotes e ordenou que fosse colocada ao lado da Arca da Aliança. Congregou todos os anciãos das tribos e os policiais de Israel para que testemunhassem suas palavras.

Em *Haazinu*, Moisés, em meio à congregação, cantou em louvor ao Eterno, sendo as palavras da canção conselhos aos israelitas para que não pecassem e se lembrassem da história do povo, da punição aos inimigos, de como foram guiados e alimentados. Na canção, também há a advertência para os que se desviassem e a previsão do mal aos que abandonassem os estatutos e pecassem contra o Criador. Ordenou o Eterno a Moisés que subisse ao Monte Abarim, ou Nebo, na terra de Moabe, atual Jordânia, para vislumbrar a terra de Canaã, dada aos filhos de Israel, e ali permanecer para morrer.

Vezot Haberachá é a última porção da Torá de Moisés. Antes de sua morte, ele abençoou os israelitas, deixando também a Torá como herança para a congregação de Jacó. Abençoou as doze tribos e seguiu para as planícies de Moabe, diante de Jericó. Subiu até o cume da Pisgá, e ali o Senhor mostrou-lhe toda a terra prometida aos descendentes de Abraão, Isaque e Jacó. Naquele lugar ele morreu e, segundo a tradição judaica, seu corpo e sua alma foram arrebatados aos céus pelo Criador.

Síntese

Tratamos neste primeiro capítulo da formação histórica dos hebreus, suas andanças, seus locais de acampamento e das outras tribos semitas que também migravam na região do Crescente Fértil. Apontamos os locais sagrados, os lugares de sepultamento e alguns aspectos da geografia de Canaã. Procuramos mostrar aspectos dos conhecimentos místicos da Torá e sintetizamos os cinco livros descritos no rolo da Torá com todas as suas *parashot* e suas principais passagens.

Ressaltamos as partes fundamentais da história do povo hebreu a fim de compreender a cultura judaica no seu aspecto fundacional. Partimos de seu mito fundador, passando pela sua formação tribal, até o grande florescimento das tribos de Israel no Egito, averiguando principalmente as maneiras miraculosas da intervenção divina para a grande retirada do cativeiro.

Indicações culturais

The Bible – In the Beginning (A Bíblia – No Início) é um filme que retrata 22 capítulos do Velho Testamento. Conta a história de Abraão, Isaque e Jacó até a saída do cativeiro no Egito e o recebimento da Torá no Monte Sinai.

A BÍBLIA... no início. Direção: John Huston. EUA/Itália, 1966. 174 min.

Atividades de autoavaliação

1. A região do Crescente Fértil foi palco do florescimento das primeiras grandes civilizações do mundo. Sobre os motivos que levaram às migrações de algumas tribos da região da Mesopotâmia, aponte a alternativa que **não** se enquadra com a realidade dos semitas errantes de Canaã:

   a) As tribos nômades migravam em busca de alimentos e melhores pastagens para seus rebanhos.
   b) Conflitos intertribais aconteciam com frequência, levando as tribos a constantes mudanças de lugar.
   c) Buscavam reencontrar seus antigos aliados para casamentos intertribais e comércio.
   d) As tribos semitas guerreavam entre si por melhores territórios de pastagens.
   e) Os habitantes das cidades mesopotâmicas competiam com os pastores nômades no comércio de suas manufaturas.

2. É possível afirmar que os povos que habitavam o Crescente Fértil tinham em comum várias características. Sobre isso, analise as afirmações a seguir.

   i. Compartilhavam da mesma cultura, já que tinham o mesmo ancestral em comum.
   ii. A Gênesis como mito fundador do mundo também é comum a todas aquelas civilizações.

III. Os grupos que habitavam aquela região se diferenciavam nas línguas, nos mitos fundadores e na maneira como se relacionavam com a natureza.

Agora, assinale a alternativa que apresenta a resposta correta:

A) As afirmações II e III são verdadeiras.
B) Somente a afirmação II é falsa.
C) Todas as afirmações são falsas.
D) Somente a afirmação III é verdadeira.
E) Todas as afirmações são verdadeiras.

3. De acordo com a crença dos hebreus, o mundo foi criado em seis dias, e no sétimo, o Eterno descansou. Na cabala judaica, o processo da criação do universo está imbricado na própria escrita da Torá; é a materialização da vontade divina e a própria criação de tudo o que existe. A esse respeito, assinale a alternativa correta:

A) A Torá é iniciada com a letra *beith* (número 2) porque D-us é o início de tudo e Ele é a letra *aleph* (número 1).
B) Sábado é o sétimo dia da criação e domingo o dia escolhido para o descanso, por isso podemos admitir que domingo é o número 1 na criação.
C) Considerando o Eterno único e indivisível, criou o universo retirando parte de Si mesmo.
D) D-us pode ser representado pela letra *beith*, tendo em vista ser obra da própria criação.
E) Domingo é o sétimo dia da semana porque nesse dia toda a obra da criação foi finalizada.

4. No deserto, as tribos enfrentaram muitas dificuldades no caminho para Canaã, entraram em conflitos com outros povos e passaram um bom tempo vivendo em cabanas. Sobre esse momento histórico dos hebreus, aponte a resposta correta segundo a Torá:
   A] Passaram para Jericó logo após a saída do Egito e derrubaram as muralhas graças às armas de cerco desenvolvidas pelos egípcios e levadas para Canaã.
   B] Os hebreus passaram a disputar os territórios de Canaã com os *philistinos* logo na entrada da Terra Prometida.
   C] Passaram 40 anos no deserto por terem duvidado do Eterno, com toda uma geração condenada a não adentrar na Terra Prometida e ainda perecer no deserto.
   D] Na realidade, trata-se de um momento no qual os hebreus não possuíam contingente suficiente para adentrar Canaã e subjugar os povos idólatras.
   E] Josué, à frente do exército hebreu, derrotou todas as tribos idólatras do lado ocidental do Rio Jordão.

5. Em Números, o Eterno ordenou o censo dos israelitas. Foram contados todos os homens de Israel da idade de 20 anos em diante que saíram para o exército, mas os levitas foram contados de maneira diferente. Marque a alternativa que corresponde ao motivo na diferenciação da contagem:
   A] Os levitas pertenciam à casta dos nobres, logo, não necessitavam fazer parte do censo, pois não participavam das guerras como os outros israelitas plebeus.
   B] Dada a sua importância para o culto do Eterno, eles deveriam ser resguardados de todo o processo de batalhas pela conquista do território; no entanto, também seriam os serviçais das outras tribos, não tendo direitos sobre terras e cidades.

c) Foram incumbidos de cuidar de todo o culto ao Eterno e acampariam aos arredores do Tabernáculo, sendo os responsáveis por desmonte, transporte e manutenção dos artefatos sagrados e a guarda do Santuário.
d) Os membros da tribo dos levitas não poderiam ser contados tendo em vista ser uma ordenança do Eterno a proibição de contagem dos trabalhadores do Tabernáculo para que isso não levasse a possíveis revoltas devido ao reduzido número de pessoas.
e) Constituía uma casta privilegiada, por isso não participavam das contagens; também recebiam benefícios oriundos dos impostos pagos pelas outras tribos.

ATIVIDADES DE APRENDIZAGEM

Questões para reflexão

Para os judeus, *Bereshit* trata especificamente da criação do universo e do mundo em que vivemos, das origens da vida na Terra e o aparecimento da espécie humana e do início do processo histórico do povo hebreu. Neste sentido acredita-se que tudo o que existe foi criado através do verbo de D-us. Em certa medida o ser humano foi criado à imagem e semelhança de D-us, que em sua grande misericórdia decidiu deixar algumas coisas na criação em estado que requer o melhoramento a fim de dar-lhe a oportunidade de completar. Entre essas complementações está o próprio ato de dar nome às coisas.

Com base no trecho e pensando no que foi visto neste capítulo, responda às questões a seguir.

1. Por que se pode admitir que tudo o que existe é D-us e Suas palavras?
2. Qual é a missão que viemos ao mundo cumprir?

Atividade aplicada: prática
1. Organize um quadro com os cinco livros da Torá, relacionando-os com as respectivas porções.

OS LIVROS DOS PROFETAS

Após a saída do Egito e o início da instalação definitiva na Terra Prometida, o povo passou a seguir Josué como líder. Esse relato integra o livro de Josué e compreende o início da segunda parte do *Tanach**. Aborda os Livros dos Profetas (נביאים) e dos Últimos Profetas, o *Nevyym* (profetas).

Neste segundo capítulo, apresentamos algumas importantes especificidades históricas dos conhecidos Quatro Profetas Maiores e Doze Profetas Menores e também compilamos os livros de Josué e Juízes, os de Samuel e os dos Reis de Israel. Esses profetas ficaram conhecidos como escritores, registraram suas experiências em manuscritos, deixados como legado. São os últimos profetas dos israelitas.

Aqui também tratamos do Rei *Shlomo* (Salomão), que cometeu idolatria, por isso o Eterno dividiu o reino herdado de Davi, seu pai: o do Sul, chamado de *Yhuda* (Judá), e o do Norte, *Israel* (Israel). Os reinos do Norte cometeram muita transgressão, além da idolatria e da sodomia; já os do Sul tiveram reis *tzadikim* (justos) e reis *rashaim* (malvados), que também desobedeceram às leis de D-us.

Os *nevyym* (profetas) são aqueles que falam segundo as palavras do Eterno, foram enviados por Ele a fim de chamar os israelitas para a *teshuvah* (retorno) e o arrependimento. Uns foram enviados para o Reino do Sul e outros para o do Norte, objetivando que o povo escolhesse a vida, pela observância às leis da Torá, pois a desobediência seria castigada com a invasão e o domínio estrangeiro.

2.1 Josué e Juízes

Josué (*Yehoshua* – יהושע) foi escolhido no lugar de Moisés para dirigir o povo de Israel na posse da Terra Prometida. O Eterno confirmou a Josué que confiasse na vitória, pois o povo hebreu herdaria a terra de Canaã e todos os inimigos reconheceriam que Ele é D-us.

As tribos de Rubem e Gade permaneceriam do lado oriental do Rio Jordão, pois encontraram boas pastagens para os rebanhos. No entanto, atravessariam com seus exércitos o rio para ajudar as outras tribos a tomarem posse da Terra Prometida. Assim como seus líderes haviam prometido a Moisés, reafirmaram a fidelidade também a Josué.

Foram enviados dois jovens para espionar a terra. Na cidade de Jericó, ouviram que todo o povo estava em alvoroço, pois havia ouvido falar do Eterno de Israel, que secou o mar para a saída do Egito e subjugou os inimigos no lado oriental do Jordão. Os jovens foram auxiliados por uma mulher que pediu piedade aos espiões por ela e sua família; em troca, ajudou-os e, consequentemente, os hebreus na tomada da cidade.

Retornaram ao encontro de Josué e relataram suas impressões. De madrugada, Josué e toda a congregação de Israel partiram rumo ao Jordão e pousaram três dias antes da travessia. Ele disse ao povo que o Eterno faria maravilhas para todo o Israel e que a Arca da Aliança deveria ir à frente de toda a congregação, nas mãos de sacerdotes, rumo ao Rio Jordão.

Quando os levitas que carregavam a Arca molharam os pés no rio, o Eterno parou a corrente de água, dando passagem em seco para os israelitas. Josué ordenou que um representante de cada tribo recolhesse uma pedra do rio no lugar onde estavam os pés dos sacerdotes. O memorial de pedras que seria feito com elas serviria como lembrança aos filhos de Israel do milagre da travessia do Jordão. As façanhas realizadas pelos israelitas com a ajuda do Eterno fizeram tremer os reis que viviam em Canaã.

Todos os hebreus homens saídos do Egito eram circuncidados, mas as novas gerações do deserto estavam incircuncisas. Josué tornou a circuncisar os filhos de Israel e permaneceram nas encostas dos montes, num lugar chamado *Gilgal*, até sararem.

Nas campinas puderam colher o trigo da terra, assaram espigas e fizeram pães ázimos para a festa de *Pessach*. A partir daquele momento cessou o *manah* enviado pelo Eterno e o povo passou a se alimentar dos produtos de Canaã.

Josué estava nas proximidades da cidade de Jericó quando um varão com espada na mão apareceu na sua frente. Josué o questionou se era hebreu ou inimigo e, quando o varão disse ser um príncipe dos Exércitos do Senhor, ordenou-lhe que tirasse os sapatos, pois aquele lugar era santo.

O Senhor orientou que cercassem a cidade de Jericó por seis dias. No sétimo, sete sacerdotes, com o exército, à frente da Arca da Aliança dariam sete voltas na cidade e tocariam o *shofar* (corneta de chifre de animal puro – carneiro ou boi) por longo tempo junto com um grande grito emitido por todo o Israel. Assim o Eterno lhes entregaria a cidade.

Assim fizeram, e a muralha da cidade veio abaixo. Então entraram na cidade e mataram ao fio da espada todas as pessoas que ali viviam, com exceção da mulher que abrigou os dois espiões e dos que com ela se encontravam em sua casa. Tomaram todos os metais preciosos para a casa do Eterno e queimaram a cidade e os despojos.

Na tomada de Jericó, alguns soldados não ouviram as ordens do Senhor e faltaram ao cumprimento do dever, retendo despojos e ainda cometendo pecados de idolatria; por causa disso, a ira do Senhor caiu sobre os filhos de Israel. Além disso, um pequeno grupo de soldados foi vencido nas ruínas da cidade de Ai, nas proximidades de Betel, e fugiu, dando as costas aos seus inimigos. Josué ficou aflito, pois os povos da região julgariam os israelitas fracos e se uniriam contra eles.

O Eterno disse a Josué que pegasse os que desobedeceram e que tomaram despojo e os queimassem diante de toda a congregação. Encontraram os pecadores, apedrejaram e queimaram todas as suas casas, e cobriram com pedras o lugar onde jaziam, local que passou a denominar-se *Vale de Acor*.

Então, orientado pelo Eterno, Josué rumou para Ai com um exército de 30 mil soldados e organizou uma emboscada, utilizando da mesma derrota que havia perecido seu pequeno contingente anteriormente. Dessa vez, os despojos estavam liberados para posse dos soldados. Esconderam-se por detrás da cidade e dos vales, venceram a batalha, e somente o rei inimigo foi capturado com vida. Josué ordenou que ele fosse enforcado e jogado aos portões de *Bet-El*, depois soterrado com pedras.

Josué edificou um altar para D-us no Monte Egal e ali escreveu uma cópia da Torá em pedras. Perante toda a congregação, o povo de Israel rendeu holocaustos e a Lei do Eterno, que havia sido ordenada por *Moshe*, foi lida completamente.

Depois desses eventos, os reis que viviam em Canaã se uniram contra Josué. Alguns príncipes de Gibeão foram como embaixadores pedir acerto, dizendo pertencer a terras distantes, então os líderes de Israel juraram não lhes fazer mal. Os príncipes mentiram para não morrer, e as tribos dos embaixadores constituíram-se como vassalos de Israel.

Cinco reis de Canaã se uniram contra Gibeão porque fez paz com Josué. Israel foi de Gilgal contra os reis dos amorreus. Esse é o episódio conhecido como o momento em que o Senhor fez o sol parar sobre Gibeão e a lua sobre os vales de Aijalom. Israel feriu os amorreus com a espada, matando muitos pelo caminho. Fez cair sobre eles e seus exércitos chuva de pedras, entregou os amorreus e seus reis nas mãos de Josué.

Outros sete reis se uniram contra Israel, e Josué e os exércitos do Senhor feriram toda aquela terra e seus reis e tomaram seus territórios. Depois, todo o Israel retornou para Gilgal. Entretanto, os outros reis do Norte e do Sul reuniram-se com grande número de soldados, cavalos e carros de guerra e foram ao encontro de Josué.

Com a orientação do Senhor, os exércitos israelitas foram sobre eles e os feriram, perseguiram e mataram a todos. E rumaram Josué e os seus exércitos para tomar a cidade de Hazor, cabeça de todos os reinos. Saquearam e destruíram por completo todas as cidades dos reis inimigos, ficaram com todos os despojos e, após livrar boa parte de Canaã dos povos idólatras, 31 reis foram feridos pelo exército do Senhor. Josué distribuiu as terras conquistadas como herança às tribos de Israel.

Foram escolhidas e apartadas as cidades-refúgio e as cidades dos levitas e seus arrabaldes. Após edificarem altares pela terra, Josué orientou mais uma vez o povo a observar as Leis da Torá e relembrou todos os feitos que o Eterno fez para os filhos de Israel.

Josué estava em idade avançada e faleceu aos 110 anos. Foi sepultado no monte de Efraim, em Timnate-Sera, enquanto os restos mortais de José, filho de Jacó, trazidos do Egito, foram enterrados em Siquém, na parte comprada por Jacó por 100 peças de prata dos filhos de Hamor.

No livro seguinte, Juízes (*Shoftim* – שופטים), após a morte de Josué, os israelitas foram liderados por profetas e continuaram a conquista dos territórios de Canaã. As tribos de Judá e Simeão rumaram ao Sul e outras tribos também auxiliaram nas conquistas. Alguns povos eram dizimados totalmente ao fio da espada, ao passo que outros eram poupados e passavam a viver entre os hebreus.

Outras gerações nasceram e esqueceram os feitos do Senhor no Egito e na conquista da terra. Viraram as costas para a Torá e passaram a servir aos deuses de pedra Baal e Astarote. Tomaram suas filhas e deram seus filhos em casamento, abandonaram o Senhor e caíram nas mãos de um rei mesopotâmio chamado *Cusã-Risataim* durante oito anos.

Arrependidos, os filhos de Israel clamaram ao Senhor, e surgiu um libertador entre eles, *Otniel*, sobrinho de Calebe. Orientado pelo Eterno, subjugou os inimigos, prevalecendo a paz por 40 anos entre os israelitas. Depois, faleceu Otniel.

Mais uma vez, os israelitas tornaram a pecar contra o Eterno. Então, caiu sobre eles Eglom, rei dos moabitas. Os moabitas feriram Israel e tomaram a cidade de Palmeira, fazendo-os servirem a Eglom por 18 anos. Arrependidos, clamaram ao Senhor novamente. Em seguida, Ele fez levantar um libertador do meio do povo, chamado *Eúde*, da tribo de Benjamim.

Nesse contexto, os israelitas enviaram um presente ao rei dos moabitas. *Eúde* era canhoto, por isso fez uma espada de dois fios de aproximadamente 50 centímetros (um côvado). Colocou-a nas suas vestes, sobre sua coxa direita, e foi ao encontro do rei moabita para deixar-lhe o presente. Após entregar o que enviaram como tributo, pediu uma palavra com o rei; os dois foram até uma pequena sala e ali ele encravou a espada no ventre do inimigo.

Conseguiu escapar e tocou o *shofar* nas montanhas de Efraim. Logo, desceram com ele os israelitas, e o Eterno entregou-lhes os moabitas. Feriram mais de 10 mil, e Moabe foi subjugada. Mais tarde, Sangar, com uma aguilhada de bois, feriu 600 filisteus que ameaçavam Israel, e a paz reinou entre os hebreus por 80 anos.

Depois que *Eúde* faleceu, os israelitas voltaram a pecar; então um exército cananeu com carros de ferro passou a oprimir Israel violentamente por 20 anos. Entre os juízes estava a profetisa *Devorah* (Débora), que habitava na sombra das palmeiras entre Betel e Ramá, nos montes de Efraim. Em nome do Eterno, ela se juntou com *Barak* à frente de um exército de 10 mil homens e subiram às montanhas. O exército israelita desceu a montanha e exterminou o exército cananeu e o rei de Canaã. Por causa disso, Débora cantou em honra ao Eterno. A paz reinou durante 40 anos nas terras de Israel.

De novo, o povo hebreu voltou a pecar contra o Eterno e, dessa vez, foram conquistados pelos midianitas por sete anos. Foram atacados em suas semeaduras e também em suas colheitas; em consequência, passaram a cavar covas e cavernas e a construir fortificações nas montanhas para fugir dos midianitas. Rogaram ao Senhor, e dentre eles surgiu *Gideon* (Gideão), um varão filho de mulher pobre descendente de *Menashe* (Manassés). Ele ouviu a voz do Senhor e prestou-lhe holocausto. Derrubou os altares de idolatria e juntou contra os midianitas mais de 32 mil israelitas. O Senhor falou a Gideão que aquele povo era muito numeroso, mas que os hebreus venceriam com a ajuda do Eterno e depois creditariam a vitória às próprias mãos. Então, orientado por D-us, Gideão disse ao povo que, quem temesse a morte, se recuasse ir à guerra, e 22 mil retrocederam.

Ainda assim, era muita gente para a batalha. O Eterno encaminhou-os às águas para saciar a sede e dali tirou os que entrariam em guerra com os midianitas. Separou trezentos homens, e Gideão deu-lhes cântaros, *shofarim* e tochas de fogo. Dividiu-os em três grupos de 100 e rodearam o acampamento inimigo. Ao sinal do líder, tocaram os *shofarim* e quebraram os cântaros.

Os midianitas, confusos, começaram a lutar entre si, gritaram e fugiram do acampamento. Em seguida, os israelitas foram chamados a perseguirem os inimigos até além das fronteiras do Jordão. Eles capturaram seus reis e aplicaram-lhes a pena capital. Reinou paz em Israel por quatro décadas.

Novamente o povo caiu na idolatria, e surgiu entre eles Abimeleque, um homem vil que governou sobre Israel três anos. Foi substituído por *Tolah*, da tribo de *Issakar*, que ficou como juiz 23 anos, o qual, por sua vez, foi substituído por Jair de Gileade, que permaneceu à frente de Israel por 22 anos.

Outra vez caíram em idolatria os israelitas e, mais uma vez, foram castigados e submetidos aos povos estrangeiros, entre eles os filisteus e os filhos de Amon. Dominaram as terras da parte oriental do Jordão, atravessaram o rio e começaram a guerrear com as tribos da parte ocidental. Os filhos de Israel logo começaram a clamar piedade de D-us e livraram-se de toda a idolatria do meio do povo. Então, o Senhor nutriu piedade pelos israelitas.

Surgiu *Jéftech* (Jefté), filho de uma prostituta israelita. Foi perseguido pelo seu próprio povo e, mais tarde, exaltado pelos perseguidores que, orientados pelo Senhor, colocaram-no como cabeça de Israel para deter os invasores. Auxiliado pelo Eterno, subjugou os filhos de Amon. Entretanto, os efrainitas se sentiram ofendidos pela ausência na guerra e passaram a queimar as casas de Jefté, o qual reuniu um exército de habitantes de Gileade para combater os estrangeiros e acabaram vencendo os efrainitas.

Jefté liderou Israel por seis anos e foi sepultado na cidade de Gileade. Foi substituído por *Ibizan (Ibsã)*, que julgou e comandou Israel por sete anos, depois faleceu e foi sepultado em Belém. Após esse período, Elom de Zebulom ficou como juiz à frente de Israel por dez anos. Foi substituído por Abdom, das montanhas de Efraim, que julgou Israel por oito anos. Os israelitas tornaram a pecar, então o Eterno permitiu o domínio dos filisteus sobre eles, o que durou 40 anos.

Certo dia, D-us concedeu graça a uma mulher estéril, a qual engravidou e deu à luz um filho, consagrando-o ao Eterno (nazireu). Foi chamado de *Shimshon* (Sansão) e livraria Israel da opressão filisteia. A história de Sansão está envolta em milagres e em extrema força, dada pelo Eterno – em seu primeiro combate, feriu e matou mil soldados filisteus. Depois desse episódio, os filisteus temeram os israelitas, e Sansão julgou sobre eles por 20 anos. Ele foi atraído e traído por uma mulher filisteia, capturado e levado como escravo dos filisteus. Num evento de idolatria aos seus deuses, os filisteus se juntaram no grande templo da cidade, reuniram todos os príncipes e sobre o templo mais de três mil soldados observavam os festejos.

Pegaram Sansão para humilhá-lo diante da multidão e para zombar do Eterno. Foi então que Sansão se libertou e com as mãos derrubou as colunas que sustentavam o templo e matou naquele momento mais filisteus do que em sua vida inteira. Ele também morreu com a derrubada do templo. Depois, israelitas pegaram o corpo de seu juiz e o sepultaram no sepulcro do seu pai.

Ainda nesse tempo, membros da tribo de Dan estavam buscando sua herança. Passaram pelas montanhas dos efrainitas, tomaram a cidade de Laís, destruíram-na e depois a reconstruíram, denominaram *Cidade de Dan* e habitaram nela. A idolatria havia se espalhado por todo o Israel e novamente o povo tornou a pecar. Era uma época em que os filhos de Israel não tinham um rei, um grande líder para seguir, e todos faziam conforme seu entendimento.

Em ca.1150 a.e.v., guerras entre hebreus e outros povos se sucederam. Os efrainitas guerrearam com grande violência contra as outras tribos porque o povo hebreu continuava na idolatria e no esquecimento das leis da Torá. A primeira batalha registrou a morte de mais de 22 mil homens das tribos de Israel; no segundo dia, mataram mais 18 mil dos filhos de Israel; dias depois, 25 mil efrainitas foram mortos pelas outras tribos; mais tarde perderam mais 18 mil soldados e depois mais 25 mil. As guerras continuaram até a dizimação dos efrainitas.

2.2 I Samuel e II Samuel; I Reis e II Reis

Shmuel (שמואל – Samuel) era nazireu, foi consagrado ao Eterno ainda no ventre de sua mãe e deixado com os sacerdotes liderados por Eli, o *cohen gadol* (sumo-sacerdote) em Siló. Os filhos de Eli idolatravam Belial e faltavam com as leis da Torá. Com o tempo, *Shmuel* ascendeu como profeta naquela região.

Os israelitas enfrentaram os *filistim* (filisteus) e perderam mais de 4 mil guerreiros em uma batalha. Os anciãos de Israel, então, buscaram força no Eterno. Os filhos de Eli mandaram trazer a Arca da Aliança para o campo de batalha e Israel se alegrou com grande júbilo. No entanto, milhares se juntaram e foram atacados. Morreram 30 mil homens de Israel – os filhos de Eli também foram mortos –, e a Arca caiu nas mãos dos filisteus em 1142 a.e.v.

A Arca foi recuperada e levada para *Kiriate Gearim*; depois disso, a congregação de Israel passou a render culto em *Mishpa* (Mispá). Os filisteus atacaram essa cidade, mas suas tropas foram rechaçadas. Com a ajuda do Eterno, os hebreus retomaram suas cidades, que estavam ocupadas pelos inimigos.

O povo clamava por um rei. Então, Samuel, em nome do Eterno, ungiu *Shaul* (Saul) de Efraim em 1050 a.e.v. O exército marchou pela primeira vez com 330 mil soldados, os quais atacaram os amonitas e os subjugaram. Marcharam para Gilgal, fizeram holocaustos ao Eterno e coroaram *Shaul* rei de Israel.

No segundo ano do reinado dele, reuniram-se os filisteus com um exército de 30 mil carros de guerra e 6 mil cavaleiros para atacar Israel. Nos dias que se seguiram, batalhas foram sendo travadas, e os hebreus se sobressaíram sobre os inimigos.

Saul reinou sobre Israel e guerreou contra todos os inimigos ao redor, salvando os hebreus das mãos dos saqueadores. Com os filisteus, a guerra se prolongava. Um exército de 210 mil soldados de Israel foi organizado para lutar contra os amelequitas, terminando por destruir cidades do inimigo e por se apoderar de seus despojos.

O rei se tornara tirano, o que desagradou o Eterno; por isso, Davi de Judá foi ungido por Samuel em sigilo por volta de 1026 a.e.v. para assumir o trono de Israel. Os avanços dos filisteus continuavam e os conflitos aumentavam. Isso aconteceu até que, um dia, os exércitos se encontraram – um de frente para o outro. Davi lutou com o campeão dos filisteus e o venceu com uma funda e uma pedra.

Davi se tornou comandante dos exércitos e combatia para Israel; suas vitórias o faziam famoso, e Saul passou a invejá-lo e persegui-lo, tentando assassiná-lo por várias vezes. Os filisteus organizaram um grande ataque e, nessa batalha, Saul e seus filhos foram mortos, seus exércitos massacrados, as cidades capturadas e ocupadas pelas forças inimigas.

Em Hebrom, a casa de Judá fez Davi rei em 1010 a.e.v. No entanto, ao mesmo tempo, os oficiais sobreviventes do exército israelita colocaram no trono também a *Ishvosset* (Isbosete), filho de *Shaul*, como rei de Israel. Os dois passaram a governar em separado – um em Judá e o outro em Israel –, gerando conflitos e desencadeando uma guerra civil entre os exércitos de Davi e Isbosete.

O filho de Saul foi traído pelos seus oficiais; portanto, em seguida, Davi passou a reinar sobre todo o Israel e Judá em ca.1003 a.e.v. Os filisteus, ao saberem da ascensão de Davi, rumaram para o ataque e, mais uma vez, foram rechaçados pelos exércitos do rei israelita. Depois, os israelitas rumaram de Baala, em Judá, com a Arca da Aliança, em direção a *Yerushaláyim* (Jerusalém).

Davi iniciou os projetos para edificar o Templo de Jerusalém em honra e culto ao Eterno, D-us de Israel, de Isaque e de Abraão. Ele começou o processo de solidificação e expansão do seu reino, fazendo guerra contra os *filistim*, sujeitando-os em definitivo. Os moabitas se converteram em servos do reino; porém, o Reino de *Zobah*, aliado do Reino da *Suriah* (Síria), declarou guerra contra Israel.

Davi marchou contra o Reino da Síria com 20 mil soldados de infantaria, 1.600 cavaleiros e 100 carros de guerra. Os guerreiros da Síria vieram em 22 mil soldados e foram vencidos. Davi instalou guarnições em Damasco, e aquele reino passou a ser vassalo de Israel. Outros reinos tornaram-se vassalos de Israel, mas mais guerras foram travadas contra os mesmos inimigos, que voltavam a se rebelar – por exemplo, os reinos da Síria e dos amonitas, que perderam mais de 40 mil soldados em batalha.

Davi havia se corrompido, pecando perante o Eterno, cobiçando a mulher de um súdito. Cometeu adultério e orquestrou a morte do rival, que era general do seu exército. Mais tarde, Samuel, o profeta, foi substituído por *Natan* (Natã), que esconjurou a casa de Davi pelos pecados que estavam cometendo. Nessa época, intrigas palacianas passaram a fazer parte do cotidiano dos príncipes de Davi, incluindo guerra civil para sucessão do trono, com as tentativas de Absalão, seu terceiro filho, de usurpar o governo.

Após a morte de Davi, assumiu o trono seu filho *Shlomo* (Salomão) em 970 a.e.v. Homem sábio e diplomático, conseguiu fazer alianças com mais reinos, cuidou de urbanizar Jerusalém, transformando-a num grande centro comercial, construiu o *Beit haMikdash* (Templo de Jerusalém) e outro grande palácio, organizou um sistema tributário e garantiu a paz para Israel durante o seu reinado.

O reino dos israelitas teve sua maior extensão com Salomão, que reinou por 40 anos. Entretanto, ele pecou perante o Eterno, e os conflitos palacianos tornaram a fazer parte do convívio entre os príncipes, que iniciaram conflitos pela sucessão do trono.

Salomão morreu em 931 a.e.v. e seu filho Roboão assumiu o lugar dele. Este sobrecarregou a população com mais impostos e castigos, o que causou a separação do reino; somente a tribo de Judá permaneceu como súditos fiéis à casa de Davi.

2.3 Últimos Profetas: Isaías, Jeremias e Ezequiel

Como vimos anteriormente, o rei Davi unificou as tribos e iniciou a construção do Reino de Israel de 1010 a 970 a.e.v. Após consolidar o reino, deixou como herdeiro Salomão, que se manteve no trono de 970 a 931 a.e.v. Salomão ficou conhecido pela sua sabedoria e pela edificação do Templo de Jerusalém. Após a sua morte, Israel foi governado pelo seu filho Roboão, que não conseguiu manter a integridade do reino.

Nesse tempo, as dez tribos do Norte se rebelaram e não aceitaram o herdeiro, colocando no trono Jeroboão, que governou de 931 a 909 a.e.v. Assim, o reino foi dividido e Roboão reinou somente sobre as duas tribos do Sul – Judá e Benjamim – de 931 a 914 a.e.v. Estas constituíram o Reino de Judá, com capital em Jerusalém; as outras tribos ficaram no Norte e constituíram o Reino de Israel, cuja capital era Samaria. No Norte, após a morte de Jeroboão, assumiu seu filho, que dois anos mais tarde foi assassinado por *Basha* (Baasa), que usurpou o trono e mandou matar todos os herdeiros.

No Sul, após a morte de Roboão, assumiu o trono seu filho *Abihu* (Abias), que governou dois anos e entrou em uma guerra sangrenta com as tribos do Norte, a qual levou à morte mais de 500 mil israelitas. Foi substituído por seu filho Asa, que reinou 41 anos sobre o Reino de Judá (de 912 a 871 a.e.v.).

No Norte, após a morte de *Basha*, o Reino de Israel foi assumido pelo filho, *Elah*. Ele governou por dois anos e foi assassinado por um de seus generais, Zimri, que usurpou seu trono e mandou matar todos os seus herdeiros No entanto, se manteve no poder por somente sete dias, pois os israelitas escolheram Omry como rei de Israel. Este fundou uma nova dinastia, ocupando o cargo de 885 até 874 a.e.v. Ele conseguiu estabelecer várias alianças políticas com o Reino da Síria, de Tiro e também de Judá. Depois de anos de relativa paz e crescimento, o reino foi tomado por *Yehu*, israelita que iniciou uma nova dinastia e reinou de 841 até 814 a.e.v. Rompeu os acordos de paz com muitos dos reinos aliados, perdendo os antigos territórios além do Rio Jordão para a Síria.

Tempos depois subiu ao trono de Israel o Rei Jeroboão II, que reinou de 786 até 743 a.e.v. Foi um período próspero; no entanto, desde a cisão, o povo do Norte havia iniciado a idolatria, construindo templos aos deuses de pedra e abandonando o Templo de Jerusalém no Reino de Judá para que não houvesse a reunificação dos reinos.

Em 734 a.e.v., o rei *Rasyn*, da Síria, reuniu os reis *AHaz*, de Judá, e *Fakéya*, de Israel, para uma aliança política, levando em consideração que as duas grandes potências da época eram Egito e *Ashur* (Assíria) e que todos os reinos da região eram vassalos de um reino ou de outro. Os dois impérios estavam ameaçando as fronteiras dos reinos hebreus e eles deveriam escolher de qual lado ficariam nessa expansão.

Dentro dos reinos israelitas havia grande divisão nesse aspecto, pois uns desejavam a aliança com a Assíria, e outros, com o Egito. *Rasyn* e *Fakéya* acordaram guerrear contra a Assíria, mas *AHaz* se negou a entrar na guerra e teve o reino invadido pela Síria e pelo Reino de Israel. Então, *AHaz* pediu ajuda ao imperador da Assíria, Teglat-Falasar III, e esse ato foi considerado grande trunfo dos assírios, pois agora tinham motivos para entrar na região.

Os exércitos assírios iniciaram as conquistas pelo Norte, derrubando todos os reinos no caminho – inclusive o da Síria – e invadindo Israel, que já estava com outro rei chamado *Ozeyas*, o qual pouco antes havia assassinado e usurpado o reino de *Fakéya*. *Ozeyas* rapidamente fez um acordo com Teglat-Falasar, visando poupar Israel. A aliança durou uma década; depois disso, os exércitos assírios invadiram o Reino de Israel e conquistaram Samaria em 721 a.e.v.

Em meio a esse enredo, apareceu o profeta *Yeshayahu* (ישעיהו – Isaías), que peregrinou pelo Reino de Judá e deixou muito material escrito. Foi contemporâneo de quatro reis de Judá: *Uzihu* (Azarias), que reinou de 740 até 741 a.e.v.; seu filho, *Yotam* (Jotam), que reinou de 740 a 736 a.e.v; sucedido por seu filho *AHaz* (Acaz), que reinou de 736 a 727 a.e.v.; substituído por *Hizkiahu* (Ezequias), que reinou de 727 até 687 a.e.v.

Isaías estava no Templo de Jerusalém quando teve a primeira visão profética: viu o Eterno sentado num trono dentro do Templo, e os anjos rendiam honras e glórias ao Criador. Ali, ele foi purificado e enviado como mensageiro para falar ao povo.

No reinado do rei *Yotam*, exortou as pessoas para a *teshuvah* (retorno/arrependimento), pois praticavam idolatria, sacrifícios vazios, cometiam injustiças, adoravam os bosques e suas árvores, consultavam adivinhos e feiticeiros – e por essa conduta seriam destruídas pelo castigo do Eterno.

Isaías profetizou ao povo no *tehilat* (cântico) da vinha. O cântico narra a história de um amigo que tinha esse tipo de plantação: ele adquiriu o terreno, limpou o espaço, retirou as pedras, selecionou as melhores mudas, plantou, cercou, fez toda a estrutura para fazer o vinho e construiu um posto de vigilância, pois ansiava por boas frutas para retirar um bom suco. Entretanto, a vinha produziu uvas impróprias, que não serviam para seu objetivo.

Então, em meio a sua apresentação, perguntou aos ouvintes habitantes de Judá o que deveria ser feito pelo seu amigo dono da vinha em relação aos frutos impróprios, e todos disseram que a vinha deveria ser arrancada. Foi quando, de súbito, completou seu cântico, intepretanto e declarando que a vinha era Israel e o povo, Judá.

Asseverou que os céticos e zombadores, os avaros e os viciados, assim como a vinha, seriam aniquilados, e o Eterno acabaria com tudo o que era ruim e devastaria a terra dos israelitas, que não produzia bons frutos. Por isso, seriam conquistados pelos carros de guerra e pelos soldados estrangeiros do Oriente.

Mas foi no reinado de *AHaz* que os reis de Israel e da Síria se reuniram contra Judá, o qual se recusou a lutar conta os assírios. Isaías garantiu que Jerusalém não capitularia diante de Israel e Síria, mas ele deveria pedir ao Eterno, no que recusou a ajuda do Alto, pois já havia pedido auxílio aos assírios.

Isaías profetizou a vinda do *Mashiach* (Messias) e também a queda de Judá nas mãos dos assírios. Estes destruiriam toda a terra dos israelitas, os quais seriam levados como escravos. O Senhor teria compaixão da situação do povo, pois seria enviado um messias com poder para governar; seus domínios seriam do reinado da paz com fronteiras sem limite; do trono de Davi se praticariam o direito e a justiça para a eternidade.

Depois desses acontecimentos, Isaías sumiu por algum tempo e reapareceu no ano que *Senakeryv*, rei da Assíria de 704 a 681 a.e.v., invadiu Judá. Nessa época, quem reinava era *Hyzkyahu*, que procurou romper com a idolatria espalhada como nos tempos mais antigos e abolir a adoração aos deuses; nisso foi auxiliado por Isaías.

Quando teve início o cerco a Jerusalém, Samaria, a capital do Reino de Israel, já havia capitulado. Sem exércitos para defender o reino e a sua capital, os israelitas enviaram embaixadores para tratar com os líderes da Assíria. Nas negociações, a proposta era a deportação e a servidão ou a morte. Nesse momento, *Senakeryv*, rei dos assírios, zombou do Eterno.

Isaías foi até o Templo e rogou ao Eterno a salvação. Foi quando um anjo do Senhor apareceu e disse que abateria 185 mil soldados de *Senakeryv*. Durante a noite, o anjo do Senhor passou pelos acampamentos, deixando seu exército debilitado, e *Senakeryv*, sem saber o que tinha acontecido, voltou para sua capital.

Depois de algum tempo, *Hyzkyahu* ficou doente, e Isaías, em visita ao palácio, aconselhou-o a organizar a casa real, pois estava à beira da morte. *Hyzkyahu* suplicou ao Eterno e viveu mais 15 anos. Ao ser curado, recebeu a visita dos embaixadores do Reino de *Babyly* (Babilônia), que levaram presentes e felicitações pelo restabelecimento da saúde.

Satisfeito e restabelecido, *Hyzkyahu* mostrou todas as riquezas do palácio e do Templo, e os embaixadores voltaram para sua terra. Logo depois disso, apareceu Isaías, que indagou sobre os embaixadores e se viram as riquezas de Jerusalém; com a resposta afirmativa, Isaías profetizou a conquista e a destruição de Judá pelos babilônios.

Mesmo *Hyzkyahu* sendo justo, os outros reis pecaram contra o Eterno e cometeram idolatria, e outros ainda viriam depois dele. Assim, Isaías profetizou que todo o povo seria levado junto com todas as riquezas, mas o Eterno teria misericórdia e eles um dia retornariam.

Com a morte de *Hyzkyahu*, seu filho *Menashe* assumiu o governo do Reino de Judá e, como possuía desavenças com Isaías, mandou silenciar o profeta. As profecias se cumpriram: a Babilônia invadiu o Reino de Judá em 586 a.e.v. e passou a levar suas riquezas e seus habitantes para sua capital. O povo foi considerado culpado e julgado pelo Eterno, por isso seu sagrado Templo foi destruído e eles foram cativos durante décadas.

O profeta que sucedeu Isaías, *Yirmyahu* (ירמיהו – Jeremias), viveu na época da destruição do Templo e também previu a invasão dos babilônios. O D-us de Israel falou com ele, ordenou que partisse para Jerusalém para advertir os habitantes do perigo que vinha do Norte. Em Jerusalém, nas escadarias do Templo, Jeremias disse aos que ali se encontravam que haviam se esquecido do Eterno e que a destruição chegaria do Norte.

Em outra ocasião, foi até uma oficina de objetos de cerâmica e, diante de uma vasilha que se quebrou nas mãos do artesão, Jeremias advertiu o povo dizendo que, para o Eterno, os israelitas assemelhavam-se ao vaso quebrado nas mãos do oleiro. Quebrou um vaso e disse que Jerusalém seria como o vaso quebrado, razão por que o profeta foi espancado e preso pelas autoridades, para não profetizar mais no meio do povo e amedrontar a população.

Proibido de entrar no Templo, Jeremias procurou seu amigo *Baruch* para que este escrevesse as palavras que precisava ditar e as lesse diante dos sacerdotes. Então, o amigo leu para o povo as palavras do profeta Jeremias, cujo pergaminho foi confiscado pelas autoridades e levado ao rei *Yehoyakym* (Joaquim) logo após a leitura pública. O rei rasgou os escritos e jogou-os no fogo. Mesmo assim, ditou outra profecia que previa a morte do rei, o que acabou se cumprindo em 568 a.e.v.

Os caldeus, sob o reinado de *Nevuchadnetsar* (Nabucodonosor), invadiram Jerusalém desde o Norte, como havia anunciado Jeremias. Assim, a cidade foi conquistada e saqueada, e todos os judeus foram desterrados para a Babilônia. Deixaram Jeremias em Jerusalém, e o Senhor falou com ele que os desterrados seriam como bons figos, e os que permanecessem em Jerusalém, seriam como frutas secas e ruins.

Jeremias decidiu retornar a seu povoado, mas seus inimigos organizaram uma emboscada: acusaram-no de ser espião dos babilônios, prenderam um buraco cheio de lama e o jogaram dentro – dias depois, foi salvo por um etíope. Ao chegar ao seu povoado, comprou um terreno e o registrou em dois pergaminhos como prova de propriedade, pois acreditava que os cativos retornariam. Mais tarde, em idade avançada, foi tirado de sua terra e morreu no Egito.

Yehezq'el (יחזקאל – Ezequiel), traduzido como "D-us fortalece", foi outro profeta de Israel que morava em Jerusalém, era levita e também viveu na época da invasão babilônica. Muito jovem, foi levado cativo para Babilônia com o Rei Joaquim e outros 10 mil israelitas. Começou a profetizar aos 30 anos de idade, aproximadamente seis anos antes da queda de Jerusalém, e morreu aos 52 anos.

Profetizou também durante seu tempo na Babilônia e, em suas profecias, assinalou visões e sinais dramáticos sobre o fim dos tempos e o dia do juízo. Profetizou sobre os exilados e os remanescentes que permaneceram em terras israelitas, repreendendo o povo para o retorno, pois a pena seria a destruição de Jerusalém e do Templo, sendo as futuras deportações ainda piores.

O tema central das profecias foi a destruição de Jerusalém e do Templo. Após ver cumpridas suas profecias em 423 a.e.v., Ezequiel se concentrou em consolar e aliviar as dores e os temores dos desesperançados e em alimentar a fé e o ânimo das novas gerações nascidas no exílio. Profetizou que, no devido tempo, as nações idólatras seriam castigadas e exílio chegaria ao fim. Além disso, disse que a restauração viria do povo, a nação santa e eleita pelo Eterno para levar a salvação a todo o mundo e o reinado eterno do trono de Davi.

Depois do cativeiro de 70 anos na Babilônia, Ezequiel, que já era sacerdote, também se tornou legislador, desenhador e restaurador da forma e estrutura do judaísmo. Com Esdras, logrou restaurar entre os judeus a lei e o código moral e legal levítico. Foi responsável pela maior parte de seu livro, sendo os últimos capítulos compilações e dados históricos e cronológicos possivelmente escritos por seus discípulos.

2.4 Amós, Oseias, Joel, Obadias e Jonas

Amos (עמוס – Amós) era um profeta que atuava diretamente nos acontecimentos da época. Ele vivia no Reino de Judá, era pastor de ovelhas e cultivava figos numa pequena porção de terra. O Eterno se manifestou a ele, que, então, rumou em direção ao Reino do Norte entre os anos de 760 a 750 a.e.v.

O D-us de Israel, por meio de Amós, passou a decretar penas a todos os povos e reinos criminosos e idólatras circunvizinhos dos reinos de Israel e Judá. Sobre Damasco recaíram os primeiros decretos, pois havia esmagado a cidade de Gileade dos israelitas com carros de ferros, por isso seus palácios também seriam queimados.

O reino seguinte foi o da Filisteia: Gaza, uma das principais cidades filisteias, fez todo um povo cativo e vendeu sua população para Edom. Por esse crime, as muralhas de Gaza e seus palácios seriam todos incendiados e, juntamente com as cidades, destruídos. Depois, D-us julgou a Tiro, que também havia feito cativos e vendido escravos para Edom, desrespeitando antigas alianças; portanto, seria incendiada com suas muralhas e palácios.

Sobre Edom, o juízo foi severo, pois era um povo cruel e sanguinário descendente de Esaú, irmão de Israel. Os edomitas interferiram quando Moisés saía do Egito, atacando covardemente os hebreus, por isso receberiam seu castigo. O Eterno também puniria o povo de Amon, que expandia seus territórios com muita violência e não poupava nem mesmo as mulheres grávidas de seus inimigos.

O Eterno também julgou o Reino de Moabe – que profanava os corpos mortos –, o qual também arderia em fogo e suas muralhas seriam destruídas e queimadas. O fogo do Senhor arderia sobre todos aqueles que não respeitavam as leis naturais.

No Reino de Judá, o Eterno, por meio de Amós, também julgou os israelitas, pois desprezaram as leis e caíram na idolatria.

Também acusou o povo do Reino de Israel, pois este esqueceu a Lei, vendeu seus irmãos, praticou sodomia e idolatrou falsos deuses. As catástrofes foram enviadas pelo Senhor, mas ninguém do povo percebeu que se tratavam de avisos. As doenças, as pestes e a fome também advieram do Eterno para repreender a respeito do pecado.

Amós chamou o povo à conversão para que retornasse às leis do Senhor, pois as pessoas se acomodaram, não cumpriram suas obrigações e, por isso, seriam levadas como escravas para além da *Shuria*. O fogo e as pragas iriam devorar as plantações israelitas. Esse seria o dia do Senhor quando resolvesse punir os pecadores, então Ele se afastaria, deixando todo o povo desprotegido.

A história do profeta *Hoshea* (הושע – Oseias) – cujo nome significa "salvação" – aconteceu aproximadamente em 750 a.e.v. Sua mensagem foi breve, mas contundente, e profetizou por meio da sua experiência de vida. A atuação dele ocorreu dez anos após Amós e, assim como seu antecessor, foi pregar no Norte e previu a ruína do Reino de Israel.

Em sua história, o Eterno ordenou que Oseias se casasse com uma prostituta e tivesse filhos com ela. Ele cumpriu as ordens do Senhor e teve o primeiro filho, *Yzriah*, que significa "Eterno semeia". Esse nome fazia referência à cidade de mesmo nome, local onde *Yehu* usurpou o Reino do Norte do reinado de Acabe e matou todos os herdeiros desse rei. A segunda filha se chamou *LoraHaman* – que significa "não compaixão" – e o terceiro filho, *Loama* – que significa "não povo" –, porque Israel não era mais o povo do Eterno.

Certo dia, a prostituta abandonou Oseias e foi atrás dos antigos amantes, dizendo que estes a presenteavam com vinhos, linho, lã, azeite, pão, ouro e prata. Ela não os encontrou e, tempos depois, percebeu que com seu marido era feliz. O profeta a recebeu de volta, mas retirou tudo aquilo que ela acreditava proveniente dos amantes – vinho, linho, lã, azeite, pão, ouro e prata, além do mais importante: a alegria.

Assim faria o Eterno com os israelitas, afirmando que nos tempos de dificuldades o povo ouviria pelo coração. O povo atenderia a D-us como nos tempos passados, com alegria e fidelidade, percebendo que a alegria derivava do Senhor e que ele é o D-us veradeiro. Esse era o plano do Senhor para estarem juntos para sempre.

O profeta dava exemplos e explicava ao povo o que estava acontecendo. Porque pecaram e idolatravam outros deuses, abandonaram as leis da Torá e comungavam com os reinos idólatras, as pessoas teriam as cidades destruídas e queimadas e seriam levadas para o exílio. A sentença do Eterno seria em breve, por isso o profeta as chamou para a *teshuvah*.

Yoel (יואל – Joel), traduzido como "o Eterno é poderoso", foi outro profeta de Israel. Suas profecias eram voltadas especialmente para o Reino de Judá. Os escritos se dividiram em três partes; uma delas comunicava o chamado para o arrependimento e o retorno, pois o povo seria levado pelos estrangeiros como escravo, o que, como pudemos ver, já vinha sendo avisado há certo tempo.

Joel usava parábolas nas suas profecias. Numa delas, fez analogia com uma nuvem de insetos que arrasavam os grãos de trigo e a cevada da colheita de todo um ano e a população ficava sem alimentos. Disse que, da mesma maneira, o reino seria invadido por estrangeiros que arrasariam a terra.

Dessa forma, o Eterno mandava a mensagem de que em breve enviaria um juízo sobre os israelitas. Por meio de Joel, exortou o povo ao arrependimento e ao retorno, além de prever um futuro de felicidade para quem se arrependesse. O profeta revelou que as nações seriam castigadas e que também deveriam cair em arrependimento pelos crimes praticados contra o próximo e contra o Eterno.

Uma a uma, as profecias se concretizaram. As nações invadiram Israel e subjugaram suas populações e, devido à maldade empreendida contra o povo, também as próprias nações invasoras seriam castigadas a seu tempo. No fim, o Eterno perdoaria Judá e castigaria Sídon, Tiro, Edom, Moabe e as cidades filisteias. Os habitantes de Judá, depois do castigo, levantariam-se com muita força, mesmo que fossem poucos, e seriam restaurados na sua terra. Nesse tempo, as nações inimigas nunca mais voltariam a molestar.

Ovadyah (עבדיה – Obadias), palavra que significa "servidor do Senhor", foi um profeta do tempo do exílio na Babilônia e contemporâneo de Ezequiel e Daniel. Seu livro tem somente um capítulo e sua profecia – relacionada com o juízo de Edom – é de 587 a.e.v. Edom era uma nação com o mesmo ancestral israelita, pois eram descendentes de Esaú; portanto, já havia se estabelecido em terras cananeias antes que Israel as tomasse por herança.

Os edomitas eram donos da própria terra, mas praticavam idolatria e traíram o Reino de Judá quando estava debilitado. Eles capturavam os israelitas de Judá, roubavam suas terras, praticavam maldades com eles e os vendiam. Os habitantes de Edom se sentiam muito seguros porque suas casas eram construídas em rochas, sendo assim muito difícil de ser conquistadas; porém, foram castigados severamente, tendo sua civilização destruída por invasores estrangeiros.

O Eterno falou por intermédio de Obadias que os edomitas seriam tratados pelos povos estrangeiros da mesma maneira que agiram contra os israelitas, de modo que nunca mais conseguiriam reerguer sua civilização. O profeta também declarou que as terras dos inimigos seriam habitadas pelos israelitas. Com o retorno do cativeiro na Babilônia, as profecias foram cumpridas.

Outro importante profeta dos israelitas foi *Yona* (יונה – Jonas), cujo nome significa "pomba". Suas profecias datam de 760 a.e.v. e seu livro tem quatro capítulos. Ele vivia no Reino do Norte e foi enviado à cidade de Nínive para repreender seus habitantes e advertir que ela seria julgada e pereceria da mesma maneira como ocorreu com as cidades de Sodoma e Gomorra.

Com base no que fala o livro do profeta, podemos ver que a misericórdia do Eterno é tão grande que enviou Jonas para essa terra estrangeira, já que todas as nações têm a oportunidade de sair do pecado. A narrativa do livro começa quando o profeta se recusa ir até Nínive, pois não desejava levar mensagem de arrependimento a uma cidade de pecadores que, para ele, mereciam o julgamento e o castigo.

Jonas, então, fugiu da presença do Eterno, indo em direção contrária à de Nínive. Entrou em um barco que estava zarpando e buscou se distanciar mais ainda. Em alto-mar, as forças divinas causaram uma grande tempestade, que ameaçava afundar a embarcação. Todos os tripulantes acreditavam que a tempestade e a ameaça de naufrágio derivavam dos pecados das pessoas a bordo, até que perceberam que era por causa de Jonas. Ele foi jogado do barco para poupar o resto da tripulação da morte certa, e a tormenta parou imediatamente. Foi então que o Eterno enviou um grande peixe, que o engoliu inteiro e o manteve em sua barriga. Ao mesmo tempo, Jonas orava a D-us. Logo, o peixe o cuspiu para fora do mar.

Dessa forma, outra vez o Eterno ordenou que Jonas fosse até Nínive para que a cidade se arrependesse dos pecados. Em Nínive, disse à população que a cidade seria destruída em 40 dias. Os habitantes dela ficaram muito assustados, entristeceram-se e jejuaram, deixando os caminhos do pecado e pedindo perdão. Reconheceram sua maldade, arrependeram-se e mudaram a forma de viver para, assim, conquistar o perdão. O Eterno reconheceu o esforço que fizeram.

Jonas não ficou satisfeito porque sabia dos crimes de Nínive e não aceitou que o Eterno os perdoasse; achou que o justo seria castigá-los sem perdão. O Eterno desejava o arrependimento daquelas pessoas e disse a Jonas que ele não deveria nutrir raiva. O profeta, então, se retirou da cidade e descansou debaixo de um arvoredo; no outro dia, o arvoredo estava seco. O Eterno disse que aquele sentimento não servia para a humanidade e que a raiva de Jonas havia secado a planta. Assim, o amor e o arrependimento na hora certa livraram Nínive do castigo da destruição.

2.5 Miqueias, Naum, Habacuque e Sofonias

O profeta *Mikah* (מיכה – Miqueias) – seu nome significa "quem é como o Senhor" – foi contemporâneo de Isaías e profetizou no Reino do Sul. Sua obra contém seis capítulos e suas palavras visavam denunciar a idolatria, as injustiças e a corrupção praticadas pelos reis, sacerdotes e ministros, além da própria luta de classes que existia entre os israelitas.

Ele procurou traduzir todo o descontentamento do Eterno em suas palavras. Iniciou com lamentos sobre as duas capitais dos israelitas, Samaria e Jerusalém. Falou ainda sobre a luta de classes, denunciou e fez juízo dos ricos que exploravam os pobres e não os restituíam o justo pelo trabalho, roubavam suas terras, seus pertences e suas esperanças injustamente. Os ricos eram maus, injustos com o povo; os juízes e príncipes se corromperam e ajudavam os maus, mas castigavam os pobres e inocentes. Esses pecados de injustiça contra os inocentes e fracos seriam castigados com a destruição e a solidão da terra de Israel.

Miqueias também previu coisas boas, como a restituição das terras, dando esperança e consolação ao povo. O castigo serviria para purificar a nação israelita, pois depois disso viria a restauração e o regresso do exílio. Jerusalém seria reconstruída e as nações recorreriam a ela para beber da sabedoria da Torá, provinda de D-us, que instruiria nações distantes e as ensinaria a caminhar em paz.

Miqueias, assim como Isaías, profetizou a vinda do Messias. Disse que Ele traria a paz que o mundo ainda não havia conhecido. Falou que as pessoas feridas seriam saradas, os afastados regressariam para as leis do Eterno, o qual reinaria sobre eles desde Jerusalém. A previsão era de que o Messias nasceria de Judá e, no seu reinado, acabariam a dor, a fome, as doenças e a guerra.

O profeta *NaHum* (נחום – Naum), cujo nome significa "conforto/consolo", foi enviado pelo Eterno para profetizar em Judá. Seu livro tem três capítulos e sua profecia está relacionada ao reino assírio – mais especificamente sobre a capital, Nínive. Jonas havia profetizado em Nínive, que se arrependeu dos pecados; porém, voltou a transgredir e a cometer atos de maldade.

Os habitantes de Nínive passaram a oprimir violentamente o Reino de Israel no Norte, o que desagradou ao Eterno. Assim, o castigo não poderia mais ser detido e os assírios seriam punidos. Nínive voltou a pecar com mais força, derramando muito sangue de inocentes; tornou-se um povo que pilhava as nações conquistadas e praticava idolatria e feitiços.

Naum advertiu que, depois do perdão, voltar a pecar significava zombar do amor do Criador, e isso levaria ao inevitável castigo. Assim, a cidade sofreu grande invasão, foi totalmente destruída, transformada em uma enorme ruína, e seus cidadãos, mortos ou deportados.

Outro profeta, chamado *Habakuk* (חבקוק – Habacuque) – cujo nome significa "abraço" –, viveu no tempo do profeta Ezequiel em 605 a.e.v. Ele viu a desobediência dos líderes e profetizou o castigo do Eterno para os transgressores. Nas suas pregações, mostrava verdadeira raiva pela injustiça praticada pelos juízes.

Em seu tempo, a Torá já não era mais o parâmetro para a justiça, pois agora os juízes julgavam de maneira parcial, oferecendo vantagens aos ricos e prejudicando os necessitados. Habacuque profetizou em nome do Eterno que os caldeus, um povo cruel e presunçoso, seriam usados para castigar os injustos. O juízo do Eterno para a maldade humana já estava decretado, mas os que seguiam as leis do Senhor seriam poupados.

Habacuque ainda repreendeu os idólatras, dizendo que suas imagens não os salvariam. Esse era outro erro grave de Israel, que há muito adorava ídolos feitos de pedras, paus e metais preciosos. Por isso, a nação inimiga traria a mortandade como castigo, isto é, Jerusalém seria arrasada. Ele afirmou que só existia uma saída para sobreviver: praticar a justiça e ser fiel aos ensinamentos da Torá.

Outro importante profeta foi *Tsefaniah* (צפניה - Sofonias), que começou a profetizar em 640 a.e.v. Seu nome significa "o Senhor oculta" e o livro escrito por ele é dividido em três partes. Elas falam do dia da ira do Eterno e do castigo para o Reino de Judá e nações vizinhas. A profecia teria sido a última advertência para o Reino de Judá, pois muitos foram os chamados ao arrependimento e ao retorno, como vimos no decorrer deste capítulo.

Na profecia de Sofonias o Eterno destruiria a terra devido à idolatria. Por causa dos descrentes, a maldade e o pecado seriam destruídos. Sofonias mencionou os povos que seriam castigados – os de Canaã e arredores. Para isso, traria os babilônios a fim de puni-los.

Sobre o Reino de Judá e Jerusalém, recairia o juízo do Eterno, pois não buscaram salvação, não se arrependeram. Seus juízes e príncipes abusaram dos fracos e dos pobres; seus profetas eram pecadores; e seus sacerdotes, impuros e transgressores das leis da Torá.

O profeta mostrou que o Reino de Judá piorava, por isso D-us não poderia mais segurar seus decretos de castigo, já que as maldades eram muitas. O juízo afetaria não só Judá, mas todas as nações ao redor. No entanto, deixaria no meio deles um povo que seria humilde e sincero, que confiaria no Senhor, não praticaria a injustiça, o engano e a idolatria, porque venceria.

Em sua última profecia, Sofonias disse que, depois da dispersão, D-us traria o seu povo de volta e os reuniria em Israel e, com isso, todas as nações do mundo saberiam que o Eterno é D-us, por causa da Sua reputação. O Senhor não permitiria que se perdessem para sempre as sementes dos patriarcas, por isso retornariam mais fortes e purificados espiritualmente.

2.6 Ageu, Zacarias e Malaquias

Nessa sexta parte estão os profetas posteriores ao exílio: *Haggai* (חגי – Ageu), *Zecharya* (זכריה – Zacarias) e *Malachi* (מלאכי – Malaquias). A jornada de pregação desses últimos profetas durou 60 anos e eles foram enviados pelo Eterno visando incentivar o povo a continuar o regresso e a reconstruir o Templo e as muralhas da cidade de Jerusalém.

O livro do profeta Ageu – seu nome significa "festivo" – tem somente dois capítulos e, neles, percebemos a exortação ao povo, porque este estava desanimado. O regresso do exílio já estava acontecendo, mas muitos optaram por não voltar; os que retornaram ainda tiveram que enfrentar os inimigos que não desejavam a reconstrução do Templo e da cidade.

Em 537 a.e.v., as lideranças que retornavam não podiam fazer muita coisa. Foi quando o Eterno chamou um descendente da casa do Rei Davi, denominado *Zerubabel* (Zorobabel), que nasceu no cativeiro da Babilônia. Ele foi escolhido pelo Senhor e se destacou como chefe para orientar os primeiros israelitas que regressaram. Também foi chamado um levita, *Yehoshua* (Jesua), que seria o sumo-sacerdote do novo templo.

O povo não se esforçou, pois acreditava que ainda não chegara o momento de o Templo ser reedificado – aquele o qual Ageu havia profetizado em nome do Eterno. Zorobabel e Jesua se reuniram para a reconstrução e o Templo foi sendo edificado. Com a conclusão da obra, o Senhor o encheu de esplendor; a presença divina passou a habitar o Templo e a paz do Eterno se fez presente.

O profeta Zacarias, cujo nome significa "O Eterno recorda", profetizou em 518 a.e.v. Como todas as profecias anteriores, suas pregações eram repreensões ao povo e o chamado ao retorno à Torá. Podemos observar aqui que, por meio de vários sacerdotes, D-us queria informar o desejo de que seu povo voltasse para Ele.

Utilizando de parábolas em suas oratórias, Zacarias profetizou sobre as nações estrangeiras, admoestou os líderes que não dirigiam o povo em santidade e incentivou as pessoas a ter esperança na reconstrução do Templo e de Jerusalém. Em suas visões proféticas, Zacarias previu acontecimentos por meio de visões em que avistava: cavaleiros, quatro chifres e quatro artífices, um medidor e uma menorá, vestes de sumo-sacerdote e oliveiras, um pergaminho que voava, uma mulher dentro de uma medida e quatro carros. Exortou os cativos para que saíssem da Babilônia e regressassem à Terra Prometida.

O profeta também disse para Zorobabel que ele reconstruiria o Templo, sendo este e Jesua as duas oliveiras que representavam o Eterno em Israel. Em suas pregações, aconselhou o povo para que seguisse as leis do Eterno, que foi isso o que faltou para Israel no passado e por isso foi castigado. Disse que os israelitas deveriam julgar conforme a verdade, ser misericordiosos com o próximo, não oprimir as viúvas, os órfãos, os estrangeiros e os pobres. Também profetizou a vinda do Messias, não em um cavalo e com um exército, mas humilde e sentado em um jumento.

O livro do profeta Malaquias – seu nome significa "meu mensageiro" – tem quatro capítulos e sua profecia ocorreu em 460 a.e.v. Foi o último profeta que profetizou aos israelitas quando estavam em regresso para sua terra de herança. O povo sofria provas e desilusões, mas o Senhor o alentava porque estava completando sua promessa; ainda assim, as pessoas acreditavam que o amor do Criador não estava com elas, por não receberem da maneira como imaginavam.

Malaquias falou ao povo que o Eterno os amava, pois o fazia regressar à Terra Prometida, enquanto outras nações descendentes do patriarca Abraão já não existiam, mas o patriarca Jacó foi amado pela fidelidade ao Senhor. Disse ao povo que se podia perder a alegria de servir e cantar ao Senhor, mas isso era passageiro, pois seguir as palavras do Eterno era maravilhoso.

Malaquias também fez o anúncio profético da chegada do Messias e da purificação de Israel. Suas palavras foram preparatórias para o povo, pois, quando o Messias chegasse, somente seriam aprovados os obedientes, os que andavam nos mandamentos e temiam o Eterno. Falou também que um mensageiro viria com a finalidade de preparar o caminho para o Messias, o qual estabeleceria uma nova aliança. O Salvador seria como o fogo que purifica os metais, examinando todo o Israel, e seria contra os pecadores, adúlteros e feiticeiros, os que mentem e exploram os trabalhadores, as viúvas e os órfãos, que fazem injustiça aos estrangeiros e não temem o Eterno.

O profeta foi até aos que dirigiam o Templo e admoestou os sacerdotes para que não abandonassem aquele serviço, pois o Eterno criou leis para sustentar o serviço e os israelitas já não queriam contribuir. Ele reforçou para que respeitassem as ordens do Senhor e que estas fossem obedecidas.

Malaquias afirmou que a chegada do Messias seria uma grande prova para todos; os israelitas orgulhosos e desobedientes seriam repreendidos e rechaçados, mas os obedientes e fiéis seriam benditos com a verdadeira luz. Avisou que o Messias repreenderia os falsos e malvados e que o povo de Israel não deveria abandonar a Torá, mas sim viver nela para ser reconhecido pelo Criador. Profetizou dizendo que o profeta Elias apareceria para que todo o Israel se arrependesse e retornasse para os caminhos da Torá a fim de receber o Messias.

Como pudemos perceber, os livros podem ser contemporâneos uns aos outros ou não. Por isso, não estão inseridos todos necessariamente em ordem cronológica na Torá. Porém, podemos ver que as profecias estão todas relacionadas, nunca se contradizendo ou eliminando as outras. O último livro contido no conjunto dos Livros dos Profetas (נביאים), Malaquias, foi o último escrito e deixado pelos profetas de Israel.

Síntese

Neste capítulo, abordamos a trajetória desde a travessia do Rio Jordão até a volta do exílio da Babilônia. Vimos o que aconteceu durante a vida de Josué, que, após a morte de Moisés, passou a liderar os israelitas na terra de Israel. Apareceram os profetas e os juízes para orientar os hebreus quando as terras de Canaã ainda estavam sendo divididas e as tribos estavam mais fortes e mais organizadas. Com o grande crescimento populacional, surgiram reis para Israel e novamente o povo pecou e idolatrou deuses falsos.

As transgressões e a idolatria resultaram na desagregação da casa de Davi, originando o Reino de Israel (Norte), com capital na Samaria, e o Reino de Judá (Sul), com capital em Jerusalém. Os profetas preveniram o povo, mas não foram ouvidos. Veio a invasão dos povos do Norte, quando os inimigos se sobressaíram e Israel se perdeu numa grande dispersão.

O Reino do Sul continuou sua existência até novamente cair em transgressões. Os profetas continuaram as pregações, orientaram e advertiram o povo a respeito do cativeiro que viria, mesmo assim este continuou a pecar, e Jerusalém foi conquistada e destruída. O que sobrou de Judá foi levado como cativo para Babilônia, mas as profecias indicaram o retorno à Terra Prometida e a reconstrução do Templo de Jerusalém.

Indicações culturais

Rei Davi (*King Davi*), lançado em 1985 nos Estados Unidos, é um filme dirigido por Bruce Beresford e conta a história da trajetória do Rei Davi de Israel. Ele retrata desde Samuel, a unificação dos descendentes das tribos de Israel e a criação do reino, até sua morte no leito e a sagração de seu filho, Salomão, como rei sobre todo Israel.

REI Davi. Direção: Bruce Beresford. EUA, 1985. 114 min.

Atividades de autoavaliação

1. Com Josué, os israelitas alcançaram várias vitórias ante os povos idólatras que ocupavam as terras de Canaã. Sobre isso, analise os itens a seguir.
    i. Após a travessia do Rio Jordão, os israelitas iniciaram o processo de reocupação definitiva de Canaã. As tribos de Rubem e Gade permaneceram do lado oriental do rio e tomaram posse daquelas terras por causa de seus rebanhos; no entanto, antes deveriam ajudar as outras tribos nas guerras contra os idólatras que ocupavam as terras do lado ocidental.
    ii. Na época de Josué, muitas terras foram reconquistadas e livradas da idolatria; entretanto, ele morreu e não conseguiu distribuir e tomar posse de todo o território para as tribos israelitas. O processo de conquista continuou com os substitutos de Josué.
    iii. Todo o território prometido pelo Eterno para a descendência de Abrão, Isaque e Jacó foi ocupado e distribuído entre as tribos por Josué ainda em vida. A parte oriental, destinada a Rubem e Gade, sofreu de imediato o avanço dos assírios, por isso não conseguiram ocupar sua parte por completo.

Agora, assinale a alternativa que apresenta a resposta correta:
- A] Os itens II e III são verdadeiros.
- B] Somente o item III é falso.
- C] Todos os itens são falsos.
- D] Somente o item III é verdadeiro.
- E] Todos os itens são verdadeiros.

2. O profeta Samuel ungiu Saul como rei sobre os hebreus. Saul lutou para unificar as tribos e conter o avanço dos filisteus nas terras dos israelitas; no entanto, passou a transgredir as leis do Eterno e a seguir o próprio coração, e o reino foi retirado das suas mãos. A esse respeito, assinale a alternativa **incorreta**:
   - A] Saul montou um grande exército, passou a fazer frente aos exércitos filisteus e obteve inúmeras vitórias. Os israelitas confiaram nele, mas ele não conseguiu unificar todas as tribos.
   - B] D-us ordenou a Saul que exterminasse os amalequitas e que não ficasse com os despojos de guerra, mas ele desobedeceu ao Senhor e os israelitas retiveram as riquezas e os melhores animais.
   - C] O Eterno escolheu Davi como rei de Israel, ele foi ungido pelo profeta Samuel e passou a viver próximo a Saul. Depois de ser perseguido e escapar da morte por várias vezes, Davi unificou as tribos de Israel e construiu um grande reino.
   - D] Davi, após usurpar a coroa de Saul, ainda eliminou seus descendentes para que seu reino não ficasse ameaçado pelos herdeiros.
   - E] Davi foi perseguido por Saul, que tentou contra sua vida várias vezes.

3. Davi foi um grande rei, mas transgrediu as leis do Eterno ao cobiçar a mulher do próximo, tramando a morte do seu adversário. O Eterno o condenou a não ter paz em sua casa e a não construir o Templo do Senhor e tornou a velhice dele fria e dolorosa. Sobre isso, assinale a alternativa que contém a resposta correta:
   A) Salomão herdou o trono por meio das armas, pois conciliava sabedoria com estratégias militares.
   B) Davi foi perseguido pelo próprio filho Absalão, que almejava usurpar o seu trono.
   C) Salomão herdou o trono depois de vencer com suas tropas e matar o próprio irmão Absalão.
   D) Davi escolheu Absalão como herdeiro do trono de Israel, mas este, ao perder a guerra civil para Salomão, perdeu o trono.
   E) Como recompensa por servir ao Senhor, Davi, após derrotar seu filho Absalão, iniciou a construção do primeiro Templo de Jerusalém, que foi terminado por Salomão.

4. Salomão reinou sobre Israel com sabedoria, transformou toda a região num lugar de crescimento e concórdia. Organizou a administração do reino, modenizou o exército, construiu o Templo de Jerusalém e outros grandes palácios. A esse respeito, assinale a alternativa correta:
   A) Salomão, após construir o Templo, edificou o reino de D-us entre as pessoas. O templo foi construído com inspiração divina, o que assegurou a unificação perpétua dos israelitas.
   B) Após cometer transgressões de idolatria, Salomão e seus herdeiros perderam o trono sobre todas as tribos de Israel.
   C) Salomão foi punido com a morte prematura após cometer atos de idolatria, deixando o trono sem herdeiros, o que redundou em uma imediata guerra civil.

D] Após cometer transgressões de idolatria, Salomão e seus herdeiros perderam o trono sobre as tribos do Sul.

E] Após a morte de Salomão, Israel foi dividido em Reino do Norte, com capital em Samaria, e Reino do Sul, com capital em Jerusalém.

5. O Eterno se mostrava descontente com os israelitas, pois as transgressões, a injustiça e a idolatria estavam acabando com Israel. Por meio das palavras do profeta Miqueias, muitos foram condenados e Israel encontraria destruição e solidão em sua terra. Aponte nas alternativas seguintes o que **não** fazia parte dos atos que descontentavam o Eterno:

A] Exploração dos pobres por parte dos ricos e não restituição pelo justo trabalho.

B] Retalhação dos inimigos e da idolatria com grande violência por parte de dos exércitos de Israel, massacrando cidades inteiras.

C] Roubo das terras e dos pertences dos mais pobres, tolhendo as esperanças injustamente.

D] Maldade e injustiça dos ricos com o povo. Os príncipes se corromperam e ajudavam os maus, mas castigavam os pobres e inocentes.

E] Corrupção dos juízes. Estes levantavam falso testemunho e condenavam inocentes para se beneficiar.

Atividades de aprendizagem

Questões para reflexão

O texto a seguir é um trecho do artigo "A Torá e os Profetas", da revista *Morashá*. Leia-o com atenção.

O ponto a seguir tem importância crucial: a autoridade de todo profeta deriva exclusivamente da Torá. Isso significa que nenhum profeta pode contradizer uma única de suas palavras, independentemente de quantos sinais ou maravilhas ele produza. Portanto, se um profeta tenta contradizer, de alguma maneira, a Torá, ele não tem crédito; é um falso profeta, ainda que realize os milagres mais assombrosos. É importante enfatizar que o falso profeta não é, necessariamente, impostor ou trapaceiro. Ele pode, perfeitamente, prever o futuro e realizar milagres com precisão. É natural, então, que perguntemos por que D'us permite a existência de falsos profetas, concedendo-lhes poderes sobrenaturais. Temos a resposta na própria Torá: D'us nos alerta que tais falsos profetas podem surgir para testar nossa lealdade a Ele e à Sua Torá. Como está escrito, "Se um profeta se levantar em teu meio, ou um sonhador, e te der um sinal do céu ou um milagre da Terra, e realizar-se o sinal ou o milagre de que te falou, e te disser: 'Vamos atrás de outros deuses, que não conheceste, e sirvamo-los!'..., mesmo se o sinal ou milagre que ele previu se concretizar, não obedecerás às palavras daquele profeta ou daquele sonhador; porque o Eterno, teu D'us, te está experimentando para saber se amas o Eterno, teu D'us, com todo o teu coração e com toda a tua alma" (Deuteronômio 13:2-4). D'us permite a existência de falsos profetas porque deseja testar se o Povo Judeu permanecerá fiel a Ele e à Sua Torá, ou se permitirá ser seduzido por milagreiros.

Fonte: Morashá, 2018

Com base no texto, responda às seguintes questões:

1. Conforme a tradição judaica, o que é necessário para se reconhecer um verdadeiro profeta? Na atualidade existem profetas? Comente a respeito.
2. De acordo com os ensinamentos judaicos, por que o Eterno permite a existência de falsos profetas?

Atividade aplicada: prática
1. Elabore um organograma com os reis de Israel e os profetas mencionados no capítulo, ressaltando os principais acontecimentos e profecias.

OS ESCRITOS E O TALMUDE

Este capítulo compreende o estudo e a explanção sintética sobre a terceira parte do *Tanach* – o *Ketuvim*, com seus três livros poéticos: *Sifrei Emet* (os Livros da Verdade); *Hamesh Meguilot* (os Cinco Rolos); e *Sifrei haSipurim* (os Livros Históricos). Aqui se encontram as explicações e os conhecimentos que originaram a criação desses livros. Buscamos narrar as histórias ressaltando a importância delas e analisar como tais livros são utilizados na prática cultural judaica, nos festejos, nas rezas e nas atitudes diárias.

Também condensamos importantes esclarecimentos sobre o *Talmud* (Talmude) e sua estrutura, explicando sua organização e sua importância para a construção da identidade judaica. Mostraremos como se constituíam as discussões rabínicas entre os talmudistas com suas conclusões para a elaboração das leis do judaísmo, apresentando os principais conjuntos das leis judaicas estudadas na atualidade.

3.1 Os três livros poéticos: Salmos, Provérbios e Jó

O livro poético *Tehilim* (תהלים) – palavra hebraica que significa "louvores", também conhecida pela palavra grega *Salmos* (em português, é traduzida como "músicas") –, contém 150 louvores, também denominados de *capítulos*. Está dividido em cinco livros escritos por vários mestres: cantores levitas, *Davi haMelech* (Davi, o Rei) e um de Moisés. A maioria é de autoria de Davi.

Salmos apresenta maneiras diferentes de exaltar, suplicar e render graças ao Eterno. Sete formas de exaltação são encontradas:

- *mizmor,* poesia cantada acompanhada de instrumentos musicais;
- *shir,* traduzido como "canto", que se realiza acompanhado de dança;
- *tefilah,* que são súplicas e orações;
- *tehilah,* glorificação e louvor a D-us;
- *myktam,* o poema;
- *maskyl,* poemas que contêm instruções e ensinamentos;
- *sigayon,* lamentações.

Os cantos foram reunidos em um período de mil anos e utilizados no ambiente litúrgico após o retorno do exílio do cativeiro babilônico e a reedificação do Templo de Jerusalém por Zorobabel, como parte do serviço ao Criador. Eram executados pelos levitas conhecidos como *hazaim* (cantores).

Segundo a tradição judaica, o Rei Davi foi inspirado por D-us e, além da inspiração dos cantos, também realizou profecias sobre o Messias. Ele escreveu os cânticos em muitas ocasiões que dependiam do seu estado de espírito; por exemplo, quando temia pela sua segurança, rogava ao Senhor em oração, a qual transformava em poesia, muitas vezes acompanhada pelos sons de uma lira, uma espécie de antiga harpa de madeira – o *kinnor*.

Os cinco livros nos quais os Salmos se dividem estão repartidos da seguinte forma: o primeiro vai do capítulo 1 ao 41; o segundo, do capítulo 42 ao 72; o terceiro, do capítulo 73 a 89; o quarto, do capítulo 90 ao 106; e o quinto, do capítulo 107 ao 150. Eles fazem referência aos cinco livros da Torá: *Bereshit, Shemot, Vayikrá, Bamidbar* e *Devarim*.

A seguir dispomos os temas contidos em cada um dos salmos conforme seu livro. Com isso, objetivamos facilitar a compreensão do momento e dos motivos pelos quais foram redigidos.

Capítulos 1-41

1. Felizes são os justos, e miseráveis os perversos.
2. A guerra dos pagãos contra D-us e seu ungido é em vão.
3. A fé do justo no Senhor proporciona ainda mais força.
4. Davi chama seus oponentes a reverenciarem o Eterno e a depositarem sua fé nEle.
5. Oração de Davi que anseia a caída dos perversos.
6. Davi espera a misericórdia do Céu, incluindo os momentos de maior melancolia da alma.
7. A justificativa de Davi e a oração para o castigo dos perversos.
8. A grandeza do Eterno, que concede sua sabedoria ao ser humano.
9. Cântico para a caída dos perversos e a justiça divina.
10. Oração para quebrar os poderes e o orgulho dos perversos e seus desígnios.
11. Clamor pela supervisão divina sobre os mundos inferiores e oração para a salvação do justo.
12. Oração para aniquilação dos tiranos e pelo bem-estar dos abatidos.
13. Desejo fervoroso de Davi pela luz do Senhor.
14. Súplica para o surgimento da salvação nas gerações e contra a obscuridade e a perversidade.
15. Questionamento sobre quem é apto para residir nas tendas do Eterno.
16. Expressão da felicidade de Davi pela sua proximidade da presença divina.
17. O Eterno é o escudo de Davi perante seus perseguidores.

18. Cântico a D-us pela Sua supervisão suprema e pela salvação dos que nEle confiam.
19. Davi declara a revelação da glória do Senhor no mundo e a reverência e a glória da Torá.
20. Fé em D-us, estandarte do crente.
21. Davi, que teve a honra de chegar ao reinado, pede ao Eterno para eliminar os inimigos.
22. Súplica ao Senhor desde o abismo do seu sofrimento e fé de que seu Criador o salvará.
23. Fé em D-us, inclusive nos momentos de obscuridade.
24. A glória de *Eretz Israel* (Terra de Israel) e quem é o indicado para ascender ao monte de D-us.
25. Ideal de Davi de ter a honra de apegar-se à luz e à verdade do Eterno.
26. Oração de Davi, pronto para enfrentar provas.
27. Fé de Davi em D-us, que é sua luz e seu Salvador.
28. Invocação de Davi ao Senhor para vingar-se dos mentirosos.
29. Declaração da glória do Eterno revelada no mundo.
30. Súplica para ficar com vida a fim de render glórias ao Senhor eternamente.
31. Davi pede salvação a D-us.
32. A felicidade do homem que é perdoado e a necessidade de confessar os pecados.
33. Louvor dos justos ao Eterno pelo Seu acompanhamento.
34. A fé no Senhor rende bons frutos e quem a realiza não conhece a escassez.
35. Oração de Davi pela caída dos perversos que buscam derrubá-lo.
36. Enquanto os inócuos vão atrás dos seus instintos, os justos se deleitam com a luz da divina presença.
37. A felicidade dos perversos é passageira, mas a salvação dos justos está garantida.
38. Súplica ao D-us de Davi desde os abismos do sofrimento do seu corpo e da sua alma.

39. O fiel recebe seus sofrimentos complacente e em silêncio, mas suplica ao Eterno sobre a causa de sua dor.
40. A esperança de Israel: Torá e fé.
41. Pela solidão da sua alma, Davi chama o Senhor.

Capítulos 42-72

42. Amor veemente de Israel a D-us.
43. Oração pela luz e pela verdade da redenção.
44. Súplica pela redenção desde o abismo do desterro em mérito da fé.
45. Cântico de afeto pelas boas qualidades e a correta forma de expressar-se dos sábios.
46. Exaltação a D-us, escudo de Israel e depositário da fé.
47. Pelo som do *shofar*, o Eterno se revela ao mundo.
48. O esplendor de *Yerushaláyim* (Jerusalém): sua reconstrução e sua alegria, a salvação do Senhor.
49. O salmista deposita sua fé em D-us, pois teme o Dia do Juízo e não inveja a prosperidade dos ricos.
50. O Eterno vingará o sangue derramado dos Seus servos, e nosso dever é conter o instinto.
51. Davi confessa seu pecado.
52. Declarações contra os que praticam maledicência.
53. Pregação sobre os apóstatas, os quais serão castigados no futuro.
54. Oração de Davi para ser salvo.
55. Davi é fiel ao Senhor no tempo da sua desgraça.
56. Davi reza para D-us durante sua solidão e O louva no momento de aflição.
57. Oração de Davi quando se encontra em perigo de morte.
58. Pedido de Davi pela caída dos seus inimigos.
59. Descrição das ações dos servos contra Davi, que deposita sua fé em D-us.
60. Oração pela caída de Edom e pela expansão do reino de Davi.

61. Oração de Davi para triunfar na guerra e por anos de vida suplementares.
62. Cântico para depositar a fé em D-us.
63. Cântico de Davi para se apegar ao Eterno.
64. Oração de Davi para se salvar do azedume da língua dos seus inimigos.
65. Expressão da felicidade do homem que tem a honra de sentir a proximidade do Criador do universo.
66. Reconhecimento geral das ações milagrosas de D-us para com o mundo e com Israel em especial.
67. Súplica à luz divina por suas bênçãos no mundo.
68. Súplica para que o Senhor atue em favor do Seu povo.
69. Súplica de Davi ao Eterno para que santifique seu nome no mundo.
70. Oração de Davi a D-us para ser auxiliado.
71. Oração do salmista pela proteção do Eterno e para não ser abandonado na velhice.
72. Oração de Davi para que seu filho *Shlomo* (Salomão) tenha êxito no seu reinado.

Capítulos 73-89

73. Os iníquos podem ter sucesso em seus empreendimentos injustos, mas não se deve invejá-los, já que no fim não triunfarão.
74. Súplica por causa da destruição do Santuário.
75. Cântico para depreciação da soberba dos perversos e pela honra de Israel.
76. Cântico pela caída de *Sacherib* (Senaqueribe).
77. Cântico pela fé de Israel, inclusive na obscuridade mais densa da diáspora.
78. Recordação dos milagres que o Eterno realizou para Israel desde a saída do *Mitzraim* até o surgimento de Davi.
79. Súplica pelo sofrimento da diáspora e pedido para que o Eterno volte sua ira para os inimigos do salmista.

80. Cântico para revelação da glória do Senhor e a proteção de Israel.
81. Chamado para exaltar ao Eterno no Dia do Juízo.
82. Advertência contra juízes ímpios.
83. Oração contra os inimigos que tentam destruir Israel.
84. Expressão do desejo do piedoso pela Casa do Senhor.
85. Pedido pela paz, benevolência e justiça.
86. Oração de Davi por salvação, alegria, verdade divina e perdão dos pecados.
87. Cântico para Sião, para Jerusalém e seus habitantes.
88. Súplica dos israelitas por Israel por causa da opressão da diáspora.
89. Cântico pelo reinado eterno da dinastia de Davi e pedido de salvação.

Capítulos 90-106

90. Moisés pede pelos infortunados, por longevidade e para encontrar a graça do Senhor.
91. Fé no Eterno e proteção contra todos os males.
92. Virtude do agradecimento a D-us considerando que seus juízos são retos.
93. O poder e a majestade do Eterno serão revelados na próxima redenção.
94. Oração para a vingança contra os inimigos, consolo pelos sofrimentos e fé na redenção.
95. Apelo à submissão do homem ante o poder de D-us.
96. Louvor de toda a criação no mundo vindouro pela glória do Reino de D-us.
97. Castigo para os iníquos na futura redenção e luz de salvação para os justos.
98. Oração da humanidade ao Eterno pela revelação da salvação.
99. Júbilo pela glória do Eterno quando revelar Seu reinado entre os povos.

100. Exortação ao dever de agradecer ao Eterno.
101. Cântico de Davi ao Senhor pela bondade e pela justiça.
102. Cântico pela misericórdia do Eterno sobre Sião.
103. Davi chama a sua alma a bendizer ao Senhor por todas as Suas bondades.
104. Declaração do poder e da glória do Eterno tais quais se revelam na criação.
105. Reconhecimento a D-us por ter guardado Seu pacto com os patriarcas e pela redenção de Israel.
106. Esperança na redenção do Senhor.

Capítulos 107-150

107. Agradecimento a D-us por liberar o povo do sofrimento.
108. Cântico de Davi por ter tido a honra de se tornar rei.
109. Davi pede ao Eterno para castigar os iníquos.
110. Cântico de Davi a D-us por assegurar seu reinado.
111. Louvor ao Eterno pelas suas obras, sua justiça e a redenção de Israel.
112. Declaração da felicidade daquele que reverencia o Eterno sincera e alegremente.
113. Exaltação da grandeza do Senhor.
114. O temor do Mar Vermelho, do Jordão e das montanhas ante o Amo do mundo.
115. Pedido de redenção por causa da glória do Seu grande nome e sobre a fé dos justos.
116. Agradecimento ao Eterno pela redenção.
117. Obrigação de Israel de louvar ao Eterno.
118. Reconhecimento das virtudes da redenção e da luz da salvação por Israel.
119. Palavra sobre a felicidade dos sinceros de coração, cuja meta é o estudo da Torá e a observação dos preceitos.

120. Súplica para resguardar-se dos que praticam a maledicência e dos inimigos de Israel.
121. Cântico pela fé em D-us, protetor de todo o mal.
122. Cântico pela liberdade e pela glória de Jerusalém e das doze tribos.
123. Súplica ao Eterno pela redenção.
124. Cântico pela ajuda de D-us a Israel.
125. Cântico pelo bem-estar dos que têm fé no Eterno.
126. Cântico pela libertação de Israel do exílio babilônico.
127. Cântico de louvor ao Eterno, que constrói, alimenta e sustenta.
128. Louvor sobre a felicidade do que reverencia o Senhor.
129. Cântico pela redenção e pela humilhação dos inimigos de Israel.
130. Israel clama desde a profundidade de seu sofrimento e espera a redenção.
131. Cântico de Davi a D-us pela submissão da sua alma a Ele.
132. Cântico pelo augúrio da construção do Templo e pelo estabelecimento do reinado de Davi.
133. Cântico pelo estabelecimento da presença divina no Templo.
134. Cântico pela bendição do Eterno desde Sião.
135. Louvor ao Eterno por haver escolhido Israel como povo eleito.
136. Louvor pelas bondades do Senhor sobre Israel.
137. Juramento de Israel de estar sempre presente em Jerusalém.
138. Agradecimento de Davi por haver sido salvo; da mesma forma, pede ao Eterno pelo futuro.
139. Cântico ao Senhor que escrutina o homem.
140. Pedido ao Eterno para que resguarde os justos.
141. Pedido do justo para que sua oração seja correta.
142. Oração de Davi quando esteve escondido.
143. Pedido do salmista com sede de divindade.
144. Pedido de Davi ao Eterno para que disperse todos os seus inimigos.
145. Cântico de louvor pela grandeza do Eterno, por Sua bondade, por Sua misericórdia e por Seu reinado.
146. Louvor pela felicidade de confiar em D-us.

147. Cântico de louvores ao Eterno.
148. Chamado à criação para louvar ao Eterno por todos os seus milagres.
149. Cântico do futuro pela libertação de Sião e pela vingança contra os inimigos.
150. Chamado para louvar ao Senhor com todos os meios que a criação tem à disposição.

O próximo livro que compõe o *Sifrei Emet, Mishlei* (משלי – Provérbios/Refrãos), é composto por ditos para auxiliar nos conselhos dados aos israelitas, para expressar verdades e princípios gerais de boa conduta com vistas a uma vida boa e duradoura. Trata de temas muito importantes para a existência humana, como espiritualidade, sexo, trabalho, integridade, espiritualidade e outros. Para que, por meio dos ensinamentos contidos nesse livro, "o sábio possa ouvir e ampliar seus conhecimentos e, os que já o têm, receber conselhos sábios" (Bíblia Hebraica[1], *Mishlei* 1:5). Portanto, a sabedoria se faz presente e disponível a todos que a desejarem.

Atribui-se a autoria do livro ao Rei Salomão e a mais duas pessoas desconhecidas e estima-se que foram escritos entre os anos 971 a 686 a.e.v. O rei, mesmo com toda sua sabedoria para escrever os provérbios, quando ainda era jovem não foi capaz de praticá-los em sua totalidade e, no momento em que se afastou do Eterno, sofreu as consequências. Todavia, no final da sua vida fez *teshuvah* e regressou ao caminho certo, escrevendo *Eclesiastes*.

Segundo a tradição judaica, esses provérbios foram dados por D-us ao Rei Salomão por intermédio da intuição divina. São também conhecidos como *Manual do Êxito da Juventude*, pois constituem princípios básicos para guiar a vida prática, um verdadeiro manual de como atuar em sociedade e tomar decisões.

---

1 FRIDLIN, J.; GORODOVITS, D. (Trad.). **Bíblia Hebraica**. São Paulo: Sêfer, 2012.

Salomão destinava os provérbios ao filho mais jovem, para auxiliá-lo nas tomadas de decisão em momentos cruciais de sua vida. Ele passou a governar aos 12 anos e estava muito assustado, pois em tenra idade ficou com a grande responsabilidade de liderar o Reino de Israel. São conhecimentos que, analisados no adiantar da idade, indicam a grande quantidade de equívocos que poderiam ser evitados na juventude.

O livro está dividido em cinco partes, assim como a Torá e os Salmos. Para os judeus, a obra trata de ética e efeitos práticos que servem como guia para livrar as pessoas dos grandes problemas no transcurso das suas vidas, conhecimentos pertinentes tanto aos jovens quanto aos anciãos. Nela, podemos perceber que a sabedoria sempre está envolvida nas boas decisões, tendo como consequência a produção da justiça; no entanto, as más decisões são contrárias à sabedoria, ou seja, tudo está interligado e sofre influência da Lei de Causas e Efeitos.

Trata-se de uma obra que leva à reflexão, um convite à prudência. Qualquer pessoa pode ascender e relacionar-se com a sabedoria, fazendo uso dela para criar uma vida bela para si próprio e para os demais. A sabedoria é um atributo de D-us, e o sábio teme o Eterno, aprende os limites e respeita as leis da Torá.

Já o livro de *Yyob* (איוב – Jó) inicia com a descrição de sua família e de seus bens. O Eterno estava reunido com seus anjos e indaga a um deles, *Satan**, sobre seu servo Jó. O anjo disse que o servo era um homem justo e bom, servo e obediente às leis da Torá.

Satan, não acreditando que os humanos pudessem de todo ainda converter-se ao bem, afirmou ao Eterno que Jó, assim como alguns humanos, era bondoso porque tinha muitas bênçãos, mas somente destituído delas se saberia qual o verdadeiro sentimento de Jó com relação ao Senhor.

Então *Satan* foi testar o servo de D-us, que ficou desprovido de tudo, perdeu seus bens e seus filhos. Mas eis que, mesmo diante de tanto sofrimento, Jó rendia graças ao Eterno. Novamente foi testado por *Satan*: seu corpo ficou cheio de chagas. Ele foi visitado por amigos próximos, que afirmaram a justiça do Eterno e que Jó estava sofrendo porque era pecador. Especularam sua vida e os pecados que haveria cometido e, em seu sofrimento, Jó questionou a justiça divina, pois não tinha pecado e, por isso, não mereceria passar por aquela situação.

O Eterno então mostrou a Jó a grandeza da sua criação e a vastidão do universo. Com isso, o judaísmo conclui que, diante da complexidade da Criação, é em vão buscar entender os desígnios do Alto. Somente o Criador sabe todas as coisas, tudo é harmonioso no universo e foge à compreensão humana; tudo é belo na natureza.

Para Jó, pareceu que D-us não estava sendo justo, no entanto, a perspectiva divina é muito maior e interage com todo o universo, sendo o Eterno infinitamente bom e justo. Ele compreendeu a magnificência do Criador e se submeteu, mostrando humildade e desprendimento.

Então, o Eterno restituiu em dobro tudo o que Jó havia perdido, pois aquilo por que passou não era castigo e a devolução dobrada não era recompensa pelas provas que enfrentou. D-us, em sua sabedoria, presenteou-o de bom grado, mostrando que seu servo Jó era o tipo de pessoa que tanto na abundância quanto nas dificuldades sempre confiou na providência divina.

3.2 Os Cinco Rolos: Rute, Lamentaçõe, Eclesiastes, Ester e Cântico dos Cânticos

A *meguilah*[2] (rolo) de *Rute* (רות – Rute) tem quatro divisões e narra a história de uma mulher pertencente ao povo moabita. Em Israel, abateu-se um período de grande escassez, e uma família de hebreus – *Elimelech,* sua esposa *Naami* (Noemi, que significa "alegre") e seus filhos *MaHalón* e *Chilion* – saiu de lá para a terra de Moabe em busca de melhores oportunidades. Anos mais tarde, *Chilion* e *MaHalón* tomaram como esposas Rute e Orpá, mulheres de Moabe. Contudo, depois de dez anos vivendo naquela terra, morreram todos os homens da família.

Muito idosa, *Naami* resolveu retornar para Israel, pois já não existia mais escassez nem motivos para permanecer em Moabe. Despediu-se das noras, mas somente Rute decidiu estar com sua sogra e acompanhá-la, escolhendo deixar sua terra e sua cultura e unir-se a Israel, declarando assim desejar ser uma mulher israelita e adorar o Eterno.

Chegaram a *Beit Lechém* (Belém) e *Naami* mudou seu nome para *Mara* (que significa "amarga"), visto que havia saído com plenitude de Israel para as terras de Moabe e agora retornara despojada de tudo o que mais amava. Naquela terra, seu falecido marido tinha parentes, entre eles um homem chamado *Boaz*. As duas chegaram à Belém na época da colheita da cevada.

Rute em tudo auxiliava *Naami*. Passavam necessidade, por isso Rute começou a colher nos cantos[3] das propriedades a parte destinada aos necessitados. Boaz soube da mulher e do bem que

---

2 O passado, as histórias, as poesias e outras manifestações escritas eram registrados em rolos, pergaminhos feitos de pele de animal.
3 Referência às partes dos campos destinadas às viúvas, aos pobres e aos peregrinos, determinadas pela Lei da Torá.

fazia à sogra, foi ao seu encontro e ofereceu-lhe abrigo junto a suas trabalhadoras. Rute trabalhou até a noite, voltou para junto de sua sogra a fim de alimentá-la, contou sobre Boaz e o convite de trabalho com as obreiras dele.

Era costume em Israel seguir a lei do levirato, e *Naami*, pensando no bem-estar da nora, orientou-a que fosse até Boaz no celeiro, na noite de peneirar cevada, sem ser notada, e deitasse aos pés do seu benfeitor. Ao acordar surpreso, Boaz, depois de identificar Rute, prometeu redimi-la segundo a lei do levirato, mas antes deveria perguntar ao seu parente mais próximo, que também tinha o dever de cumprir a tradição do levirato.

Nos portões da cidade, Boaz esperou o parente mais próximo e chamou dez anciões de Israel para que servissem de testemunha, oferecendo os campos do falecido *Elimelech* em nome da viúva para redimir Rute, a moabita viúva de *MaHalón*. Diante de todos, o parente mais próximo passou sua responsabilidade de redimir Rute a Boaz, que casou com ela. Os dois tiveram *Obed*, que foi pai de *Ishai*, que por sua vez foi pai de Davi, o rei de Israel.

A *meguilah Echah* (איכה – Lamentações) é lido em *Arvit* (oração da noite) e *Shacharit* (orações da manhã) em *Tisha Beav* (dia 9 do mês de Av), data marcada pelo sofrimento e pela tragédia em Israel. Acredita-se que essa foi a época do ano na qual aconteceu o retorno dos espiões que difamaram a terra de Canaã e a destruição do templo de Salomão e do templo de Zorobabel. A autoria é ignorada, mas alguns atribuem ao profeta Jeremias, o qual teria presenciado a destruição de Jerusalém nas mãos dos babilônios em 607 a.e.v.

Lamentações, constituído de cinco livros ou poemas, narra a rebelião contra o Eterno, terminando em castigo divino. Ele proclama que o arrependimento conduz à misericórdia de D-us, sendo a tristeza substituída pela alegria do Reino do Criador. No primeiro poema, incidem agruras sobre a cidade de Jerusalém, que, de populosa e altaneira, passou a simples pagadora de impostos.

Os escritos se referem a Jerusalém como uma princesa desolada, uma viúva abandonada e escravizada por causa dos vários pecados.

O segundo poema relata que o Eterno destruiu Jerusalém e, em sua indignação, retirou o seu escudo de Israel. Os que avistam as muralhas e passam por suas proximidades ficam impressionados com as ruínas, pela magnitude da destruição; neste poema, o autor afirma que os inimigos riem da desgraça que se abateu sobre Israel.

No terceiro poema, Israel aparece como uma nação desolada que suplica ao Eterno que tenha piedade e não esqueça a condição dos destituídos de lar. Entretanto, a voz do narrador, representando Israel, não se impacienta, pois tem confiança que o Eterno restaurará a nação, porque é um D-us misericordioso e leal.

O quarto poema ressalta a destruição do Templo de Jerusalém que outrora fora o grande centro de adoração ao Eterno: o Templo está em ruínas e tudo ao redor do edifício é profanado, pois o Senhor expiava as iniquidades dos israelitas e, por isso, permitiu o assédio dos pagãos.

O quinto poema apresenta uma narrativa advinda da perspectiva dos habitantes de Jerusalém, que haviam perdido suas casas, familiares e a liberdade – sendo, assim, comparados a órfãos. O autor pede que o Eterno tenha misericórdia dos seus sofrimentos e opere com salvação.

A *meguilah Kohelet* (קהלת – Eclesiastes) tem a autoria atribuída a Salomão. A obra, finalizada depois de muitos anos de reinado, é dividida em doze capítulos. A leitura desse rolo é realizada no sábado em que ocorrem os eventos de *Chol haMoed* (Dias Intermediários), de *Sucot* (Festa das Cabanas) e *Shimini Atseret* (dia festivo posterior a *Sucot*). É considerado por muitos um livro carregado de pessimismo e ensina que a alegria deve vir do contentamento com a realidade vivida.

Nessa *meguilah* aprendemos que devemos ter cautela em escolher as coisas que valem a pena para nossa vida e nosso bem-estar e as que não valem. A sabedoria divina nos auxilia nas melhores escolhas e nos ajuda a desfrutar da vida, ensinando-nos a melhor maneira de o ser humano se relacionar com o Eterno e estreitando os laços de amizade com o Criador.

No primeiro capítulo, Salomão menciona que as atividades humanas são sem sentido e que tudo é futilidade; as gerações perecem, mas a terra, a natureza, o Sol e a Lua permanecem e continuam seus ciclos. No segundo capítulo, busca sentido no que havia exercido durante toda a vida e conclui que procurar a riqueza e o êxito é comparado ao homem que corre para alcançar o vento.

Nos capítulos três, quatro, cinco e seis, suas reflexões impelem os pensamentos que nos ajudam a adquirir sabedoria divina. Ele diz que para todos existe um tempo marcado, e este deve ser aproveitado da melhor maneira possível. O trabalho duro é a característica dos justos, e a amizade é benéfica a todos quantos dela compartilham. Desfrutar da boa comida e colher os frutos do trabalho são bênçãos do Altíssimo para os seres humanos.

Nos capítulos sete, oito, nove, dez e onze, Salomão faz profunda reflexão sobre a vida: ela é muito curta, e as pessoas devem aproveitar bem o tempo, as energias e os recursos para melhor servir à vontade do Eterno. No último capítulo, orienta os mais jovens a que tomem boas decisões antes que cheguem os anos da velhice e nestes não sintam prazer. Resume tudo o que pretendia nessa *meguilah*: orienta o povo a temer ao Senhor e a guardar seus mandamentos, pois esses são todos deveres a serem cumpridos pelos seres humanos.

Shir haShirim (שיר השירים – Cântico dos Cânticos), segundo o *Midrash**, são poemas de autoria atribuída ao Rei Salomão. Escrito em sua juventude, tem essa denominação por ser considerado o conjunto dos melhores dos cânticos dele e ser rico em alegorias do povo hebreu em relação ao Eterno.

Shir haShirim não pode ser considerado um livro com meros cânticos de amor utilizados por escarnecedores, pois têm outra interpretação. Têm inspiração divina e são cantados em várias situações da liturgia judaica – nos festejos e principalmente no sábado – nas congregações pertencentes aos vários grupos judaicos. São cânticos de amor, uma forma de conexão com D-us e as criaturas.

Foi escrito para a pessoa que sente que toda a vida é o amor, que a natureza é preenchida por amor e que o amor ao próximo é a força que move o mundo. Trata-se da pessoa que chegou ao ápice do seu entendimento, com conhecimento de que tudo é bom, desde o início até o fim ao qual devemos chegar, que é a perfeição.

O amor não é algo somente relacionado ao material, às sensações do corpo; amar o que está fora da concepção, do que é animado, é algo muito difícil, quase inconcebível. Se o ser humano compreende que o amor que sente é inclinado ao mal, ao egoísmo – como amar somente aquilo que faz bem –, compreende que está com um amor natural e físico. Esse amor é o que destrói o mundo, pois tende-se a aproximar o que é bom e afastar o que é mal, e esse ato impede a elevação por causa do desejo egoísta; dessa maneira, o mundo é destruído.

Salomão, em poesia, descreve sua relação com uma mulher, somente dessa maneira consegue descrever a boa relação com alguém. Ele tenta descrever o amor e sua relação entre todos, aponta que o amor é o prazer sentido em ver o prazer dos outros.

O amor deve ser gerado com todas as forças que temos, a positiva e a negativa (representadas figurativamente no texto sagrado pelos braços). Com a negativa, sentimos nossas carências e as dos outros. Quando sustentamos o próximo com tal força, completamos com a positiva. Em outras palavras, sem a inclinação ao mal, não é possível sentir o semelhante.

A inclinação ao mal é característica humana: somos capazes de fazer o mal ao nosso próximo para sentirmo-nos melhores, superiores e mais seguros em algo. O medo da maldade que existe em todas as pessoas e a sensação que remetemos ao semelhante com a inclinação ao mal podem ser corrigidos com o efeito de sentir de maneira oposta, com outras qualidades, utilizando a potencialidade do mal de maneira justa, como a "mão esquerda debaixo da cabeça" (*Shir haShirim* 2:7), significando o sustento que se deve dar ao próximo, com a vontade de entender e sentir o que falta na relação. O abraçar é o desfecho da conexão.

O ser humano precisa elevar-se a um amor diferente, ser uma conexão com todos os seres além de todas as relações naturais. Só dessa maneira ele se dirige ao seu "eu" interior, ao mundo que é completamente amor. Enxergar-se a si mesmo como amor significa comungar os desejos dos outros, com seus sofrimentos, amando-os como parte de uma grande unidade. Amar não da maneira de desfrute do que está à disposição como amor natural, mas como algo acima em conexão com todos. Esse é um entendimento a que se chega por meio da compreensão de que todos dependemos uns dos outros, sendo o destino comum na unidade. Assim, ao se relacionar com a natureza, o ser humano passa a perceber a força do amor que atua sobre todos dentro da unicidade da criação.

Cântico dos Cânticos é a percepção de estar em harmonia com toda a natureza e a projeção da conexão do amor com toda a criação. É estar elevado a um grau de entendimento do todo; a compreensão da completude que relaciona toda a criação; é querer tudo em equilíbrio.

Segundo o que o judaísmo interpreta desse livro, a beleza surge como resultado do que amamos, o belo resulta do sentimento. Para os que adquiriram a compreensão e a sensibilidade, o todo é percebido na sua essência. Tudo é repleto de beleza, tudo na criação é belo e completo como uma bela mulher.

O amor verdadeiro não depende de nada, é simplesmente doado; não necessita receber amor em troca nem desfrutar do amor dos outros. Esse amor deriva do entendimento da criação, do sentimento de pertencer ao todo, de saber que tudo vem da mesma origem, de compreender a complexidade que é desenvolver a relação com os demais, com a humanidade inteira e a natureza. Esse é o amor expressado em Cântico dos Cânticos.

Todos podem alcançar esse patamar de amor com a correção das más inclinações, amando toda a humanidade. Ao adquirir a sensibilidade, percebemos que vivemos em um mundo bom e belo. Tudo faz parte de um grande sistema perfeito e complexo, com composições das partes do negativo e do positivo. Disso surge a beleza, pois a perfeição é alcançada quando enxergamos as coisas boas e as ruins como complemento uma da outra, uma vez que não podem existir em separado.

O bem não pode existir sem o mal, este é apoio para a revelação do bem; isso gera a sensação de perfeição e alegria. Não existe melhor sensação do que a do alcance da perfeição pelo qual se completam todos os defeitos. É a revelação da perfeição, na qual se descobre o amor pela natureza, o corpo humano como parte da natureza – forças que se descobrem ocultas e fora do individual. É o próprio Criador atuando em toda a criação.

A tradição judaica conclui, dessa maneira, que no ser humano em que se revela a perfeição, a presença divina é sentida como um sopro cálido que retorna da própria natureza com emanações refletidas de amor, que sustenta e acaricia; é o retorno do ato de amar. Um ciclo representado pelo masculino e pelo feminino; são as forças de doação e recepção emanadas pelo Criador e pelas criaturas.

A doação e a recepção vinculadas a toda a natureza acarretam nas pessoas envolvidas a sensação de plenitude que está sobre todas as necessidades afetivas do ser humano, de maneira que adentra um estado de consciência que possibilita perceber o amor como ponto de união, fator de conexão com o Criador. O amor preenche todas as angústias, e quanto mais conexão existe entre as criaturas, mais completude e sentido ganha a vida humana. As pessoas descobrem que é possível fazer mais junções e, assim, a presença do Criador se faz mais perceptível para os participantes dessa troca de energias.

Toda a natureza participa; grande é a perfeição nos ciclos da vida de toda a criação, apesar de a conexão e o despertar da consciência se fazerem diferentes nas criaturas. Nos seres humanos, o despertar ocorre por meio da vontade de cada um, pois o amor e as energias do Criador estão por todas as partes, enchem todo o mundo. *Shir haShirim* nos mostra que a natureza é toda divina, é plenitude na qual tudo está preparado para a conexão.

As formas de conexão são variadas, de maneira determinada entre os que se amam, sendo divididas entre os participantes; mas também existe de uns em direção a outros que são somente receptores de amor, pois ainda não despertaram para outras conexões. Cântico dos Cânticos é a demonstração de que amar os seres humanos e todas as criaturas é o mesmo que amar o Criador, pois todas as coisas se completam.

A leitura da *meguilah* de Ester (*Ester* – אסתר) faz parte da liturgia da comemoração de *Purim** (Sorteios), que marca o evento histórico da Rainha Ester. O livro foi escrito provavelmente no século V a.e.v., no tempo do Segundo Templo, à época do domínio do império persa. No livro não consta o nome do Eterno propositalmente, porque havia o temor de que o rolo caísse nas mãos dos persas, os quais poderiam trocar o nome do Senhor por alguma divindade pagã adorada por eles.

Segundo o Talmude (Talmud Bava Batra, [s.d.]), a autoria da *meguilah* deriva dos homens que compunham a Grande Assembleia (*Anshê Kenésset haGuedolá*). No rolo consta a história da salvação dos hebreus exilados na Babilônia e dos planos de aniquilamento perpetrados pelo inimigo *Haman*.

A história tem início nos dias de governo do imperador persa *Achashverosh* (Assuero, Xerxes I ou Artaxerxes I), que governava sobre 127 províncias – desde a Índia até a Etiópia. No terceiro ano do seu reinado, ca.401 a.e.v., ele ofereceu a todas as autoridades um banquete que durou 120 dias. Depois, fez o mesmo para todo o povo da capital *Shushán* (Susã) durante sete dias, no seu jardim real. Tudo estava liberado de acordo com a vontade de cada pessoa; ao mesmo tempo, a Rainha Vashti deu um banquete para as mulheres na casa real.

Ao sétimo dia, o rei, alegre pelo vinho, mandou os sete príncipes que o serviam que levassem até ele sua rainha com a coroa para que os convidados vissem sua beleza, mas ela se recusou, provocando ira ao coração do rei. Ele, então, resolveu consultar os sábios do império que o orientavam, os quais comentaram que o ato da rainha se espalharia e encorajaria outras mulheres a fazer o mesmo, levando o desprezo e a indignação sobre os maridos dos povos que constituíam o império. Recomendaram que o rei promulgasse um édito real no qual transferia o reino da Rainha Vashti para outra mulher por causa de sua desobediência; dessa forma, todas as mulheres teriam medo e dariam honra aos maridos, tanto as mais importantes quanto as mais simples. Assim foi feito, e para todo o império foram enviadas cartas ordenando que "todo homem fosse senhor da sua casa e se falasse a língua do povo" (*Ester* 1:22).

Apaziguada a ira do imperador, os jovens que serviam no palácio organizaram um concurso para escolher a mais bela e agradável entre as jovens de todo o reino. Em Susã, vivia entre os hebreus exilados, deportados pelos babilônios, uma formosa mulher órfã chamada *Ester*, criada pelo tio *Mordechai*. Sob a vista dos responsáveis pelo concurso, foi levada para o palácio.

Orientada pelo tio, Ester não deveria revelar o povo ao qual pertencia nem sua linhagem. Chegado o dia de estar perante o rei, ela, que alcançava graça aos olhos de todos quantos a viam, foi levada ao Rei Assuero. Ele a amou mais do que a todas as outras e colocou sobre ela a coroa; depois, deu um banquete a todos os seus ministros e servos.

Mordechai ficou sabendo que dois príncipes tramavam contra o rei. Contou a Ester e ela, em nome do tio, denunciou o caso ao rei. Este investigou e, depois, enforcou-os por traição. Assuero colocou seu ministro *Haman* acima dos outros e, por ordem real, todos os servos se inclinavam e se prostravam perante *Haman*, menos *Mordechai*, pois era judeu e somente se prostrava diante de D-us.

Ao ser informado dessa situação – e vendo que *Mordechai* não se inclinava nem se prostrava diante dele –, o ministro se encheu de cólera, o menosprezou e procurou destruir todos os judeus. Em *Nissam*, primeiro mês do calendário judaico, do décimo segundo ano do reino de Assuero, *Haman* fez um *Pur* (sorteio, em persa) em que estabeleceu na sorte a data para destruir os hebreus.

Haman informou ao rei sobre um povo espalhado e disperso no império que tinha leis diferentes e não respeitava as leis do imperador; com esse argumento, orientou o rei a que decretasse por escrito a morte de todos os judeus. Recomendou que pilhasse as riquezas deles em um só dia, em treze de *Adar*, décimo segundo mês. A ordem foi enviada a todas as províncias em suas determinadas línguas.

Onde o decreto chegou, os judeus rasgaram suas vestes e cobriram-se com panos de saco e cinzas. Havia entre eles grande luto, choro, jejum e lamentação. Ester soube do que acontecia entre os súditos, sentiu grande ofensa e pediu que procurassem seu tio. *Mordechai* explicou tudo o que haveria de acontecer e que *Haman* prometera aumentar o tesouro do rei com a pilhagem e aniquilamento dos judeus.

Ester deveria ir até o Rei Assuero pedir clemência pelo seu povo, mas existia uma lei que estabelecia que ninguém poderia chegar ao rei sem ser anunciado – a desobediência era punida com a morte. Foi então que Ester pediu a *Mordechai* que juntasse todos os judeus de Susã para que jejuassem e orassem por ela, que iria até o rei e arriscaria a própria vida.

No terceiro dia, vestida com as roupas reais, Ester se dirigiu ao interior da casa real e foi avistada pelo rei parada no pátio; alcançou graça aos olhos dele, que estendeu seu cetro de ouro e, encantado, ofereceu tudo aquilo que Ester desejasse. Ela tocou na ponta do cetro e pediu que ele e seu ministro *Haman* comparecessem ao banquete que prepararia.

Haman planejava enforcar *Mordechai* naquela noite do banquete, pois tinha preparado com as próprias mãos uma forca de cordas. À noite, o rei, com sono, pediu que lessem o livro dos feitos memoráveis, e apareceu o nome de *Mordechai* livrando-o da trama dos príncipes. Lembrou, então, que nada fora dado ao homem que havia salvado sua vida, e Assuero desejou reconhecer publicamente o seu salvador.

Eis que *Haman* estava no pátio para pedir ao rei que *Mordechai* fosse enforcado, mas o rei acabou lhe perguntando primeiro como poderia honrar alguém a quem tivesse muita estima. O ministro ignorava de quem se estava falando e sugeriu ao rei que prestasse honras vestindo o homenageado com roupas reais e o fizesse montar no cavalo do rei em praça pública. Então ordenou a *Haman* que ele próprio providenciasse o que havia sugerido em nome do Rei Assuero para *Mordechai*.

No banquete, novamente o rei ofereceu tudo a Ester, nem que fosse metade do reino, ele a daria. Na frente de *Haman*, Ester pediu pela sua vida e pela do seu povo; falou que os judeus haviam sido vendidos para serem destruídos e aniquilados. Ela se calaria se o povo tivesse sido vendido em benefício do império, mas o inimigo dos judeus não se importava com o prejuízo do rei. Assuero pediu que fosse revelado quem era o inimigo, eis que Ester apontou para *Haman*, o ministro, que foi imediatamente condenado e enforcado na própria forca que havia preparado para *Mordechai*.

O rei deu todos os bens de *Haman* a *Mordechai* e ainda o fez ministro. Chorando aos pés de Assuero, Ester pediu que o decreto contra os judeus fosse revogado. Isso não era possível, mas outro poderia ser feito em favor daquele povo. Então, o rei decretou, aos 23 dias do mês de *Sivan*, que é o terceiro mês, que os judeus estavam permitidos a se defender de todos aqueles que atentassem contra a vida e os bens deles.

Assim, os judeus puniram severamente todos os inimigos nos quatro cantos do Império Persa e fizeram do dia 14 do mês de *Adar* um dia de banquetes, festa e compartilhamento de partes dos banquetes uns com os outros. A data é celebrada de geração em geração com a leitura da *meguilah* de Ester.

3.3 Esdras-Neemias, Crônicas e Daniel

O livro de *Ezra* (עזרא – Esdras) – o nome significa "Senhor ajuda" – está dividido em dez capítulos e narra os acontecimentos posteriores ao exílio de Judá. Os remanescentes dos israelitas, depois de expulsos de seus territórios e cativos, voltaram para Canaã – o que foi considerado um grande milagre. As narrativas contam que o Rei Ciro, da Pérsia, permitiu o regresso. Também estão registradas as famílias que voltaram e a restauração do altar para os holocaustos ao Eterno.

Esdras era levita e sacerdote do Templo. Como *sopher* (escriba), escrevia sobre os milagres e os acontecimentos da época quando todos acreditavam que Israel tinha se perdido e que não existiam mais descendentes de Davi. Em seus escritos, ele confirmou que o Eterno cumprira sua promessa de resguardar um remanescente da casa de Davi.

Esdras orou ao Senhor por perdão, pois as transgressões foram muitas: os israelitas esqueceram a aliança que fizeram com D-us e se misturaram entre as nações. O povo deveria ter cumprido esse pacto, visto que, do contrário, Israel se perderia para sempre. Então, santificaram-se e apartaram-se das nações: os homens deixaram suas esposas estrangeiras com seus ídolos e os levitas reafirmaram seus votos de sacerdócio.

Os livros *Dyvrey haYamym* (דברי הימים – Palavras dos Feitos), conhecido popularmente como *Crônicas*, está dividido em dois. O primeiro tem 29 capítulos, abrange uma temporalidade de 3.500 anos de história hebraica e sua autoria é atribuída a Esdras. Este primeiro livro pode se dividir em três partes: na primeira, estão escritos os descendentes desde Adão, passando pelos patriarcas de Israel e os descendentes de Saul; na segunda, estão narrados os acontecimentos de todo o reinado de Davi; e na terceira, é possível encontrar os detalhes dos preparativos para a construção do Templo, desenhado por Davi e executado por Salomão, terminando com a consagração e a dedicação do edifício.

O segundo livro de Crônicas também é atribuído a Esdras. Compõe-se de 36 capítulos e relata a história de Israel, abrangendo aproximadamente 500 anos – desde o reinado de Salomão até o exílio do Reino de Judá na Babilônia. Pode ser dividido em três partes. A primeira parte descreve todo o reinado e os feitos do Rei Salomão, especialmente o pacto do Eterno e a construção do Templo. Salomão pediu sabedoria do Eterno, começou a dominar as nações conquistadas por Davi e promoveu a paz de Israel com as nações. O Eterno disse a Davi que um filho dele herdaria o reino e que esse descendente traria a paz para Israel, construiria um Templo e estabeleceria o reino de Davi para sempre. Salomão tinha que viver em obediência aos preceitos da Torá todos os dias da vida, requisito para que o reino perdurasse para sempre. Ele consagrou o Templo ao Eterno, que lhe apareceu e fez um pacto; porém, foi fraco, e, por causa das suas mulheres, desobedeceu e praticou idolatria. Em consequência dessa fraqueza, após sua morte, o reino foi dividido.

A segunda parte do livro trata de todos os reis do Reino do Sul até a invasão dos babilônios, contando 19 monarcas. Eles também transgrediram – poucos seguiram em retidão os ensinamentos da Torá – e, por isso, o Eterno fez cair sobre os israelitas de Judá o castigo pelos pecados cometidos por todos.

A última parte narra o momento em que os israelitas de Judá foram levados cativos para a Babilônia. Na Torá, o Eterno deixava claro que, se a descendência de Abraão não cumprisse seus estatutos e falhasse na fidelidade, pagaria com carência e sofrimento, seria expulsa da Terra e levada como escrava, como acabou acontecendo. Mas D-us, misericordioso, utilizou um rei persa chamado *Ciro* para fazer voltar os cativos de Israel; o Eterno os perdoou, mas somente alguns remanescentes retornaram.

O profeta Daniel (*Daniel* – דניאל) – seu nome é traduzido como "meu juiz é o Senhor" – viveu no século V a.e.v. Membro da tribo de Judá e descendente do Rei Davi, sofreu o exílio babilônico. Considerado um estudioso da Torá, cumpria as obrigações e não transgredia. Muitos estudantes israelitas também foram levados para se aprofundar nos conhecimentos babilônicos, inclusive Daniel.

O livro de Daniel pode ser dividido em duas partes: a primeira narra sua chegada à Babilônia, os acontecimentos de sua vida e o advento do Império Persa. Já a segunda, são visões proféticas sobre os israelitas, o regresso do exílio babilônico, o futuro na

Terra Prometida, as nações que governariam o mundo por cinco séculos e a vinda do Messias.

Na primeira parte do livro, Daniel e outros três estudantes chegaram ao serviço do rei para tornar-se súditos. Como viviam próximos dele, deveriam comer a comida oferecida no palácio. Esses quatro estudantes, sem desejar transgredir as ordens reais, recusaram-se a comer os animais, geralmente sacrificados para idolatria ou proibidos pela Torá, e optaram por se alimentar somente de vegetais. O Eterno fez com que os vegetais fossem suficientes para nutrir seus corpos e, assim, se mantiveram saudáveis e se destacavam em sabedoria entre os sábios e astrólogos do reino.

Certo dia, o Rei Nabucodonosor, da Babilônia, teve um pesadelo e ficou atormentado por não se lembrar dele. Por isso, mandou chamar os sábios, que não conseguiram interpretar o sonho, razão por que determinou que todos fossem executados. Daniel pediu um tempo ao rei para desvendar o mistério.

Então, rogou ao Eterno para que revelasse o sonho do rei e recebeu a visão de uma grande estátua. O sonho era uma visão do futuro, no qual, depois da Babilônia, três outros impérios reinariam em todo o mundo. No último deles, viria o Messias, representado no sonho por uma rocha enviada do céu. Essa rocha receberia o reino do Senhor para ensinar e predicar; esse reino se converteria em um grande monte que cobriria toda a terra e chegaria em todas as partes.

Entretanto, o rei se envaideceu e não quis reconhecer que no futuro o mundo seria governado por outros impérios. Assim, mandou fazer um ídolo de ouro gigante e pediu a todos os súditos que rendessem culto ao grande objeto, representação do seu enorme reino. Eis que os amigos de Daniel não renderam culto nem se prostraram diante do ídolo; por esse motivo, foram denunciados e condenados à morte pelo fogo. Na execução, foram colocados dentro de uma espécie de fornalha, mas o Eterno os protegeu e as chamas não queimaram seus corpos. Dessa maneira, o rei percebeu que o verdadeiro Deus tinha salvado os jovens, sendo o Pai Eterno o único a quem se devia prostrar.

Novamente, Nabucodonosor teve um sonho. Neste, uma grande árvore crescia e nela habitava enorme quantidade de pássaros e outros animais. De repente, a árvore era cortada, restando somente um tronco. Quando despertou, chamou mais uma vez os sábios, que não sabiam explicar, até que veio Daniel e mostrou-lhe o que aquelas imagens significavam. Disse que a árvore era o próprio imperador e, da mesma maneira como aconteceu com ela, o rei perderia todo seu império.

Pela sua arrogância, orgulho e maldade, o Eterno fez Nabucodonosor se comportar como um animal do campo e, por causa disso, tiveram que acorrentá-lo. Tempos depois de sofrer naquelas condições, humilhado e rebaixado, deixou sua arrogância e seu orgulho e reconheceu em sua alma o poder do verdadeiro Deus.

Anos mais tarde, Baltazar, neto de Nabucodonosor, assumiu o trono e resolveu fazer uma festa utilizando os utensílios do Templo de Jerusalém. Entretanto, estes estavam consagrados a D-us, e usá-los para um evento repugnante foi um grande erro. Então, de repente, na parede, uma mão invisível foi escrevendo palavras que ninguém no recinto sabia decifrar; por isso, magos e sábios foram chamados para descobrir o que estava escrito e quem havia feito aquilo.

Como ninguém conseguia traduzir, mandaram buscar Daniel, que entendia a escritura. Ele revelou que o rei estava sendo visto em suas atitudes, não se comportava respeitosamente perante coisas sagradas e afirmou que seu reino seria passado para outra nação mais poderosa. Na mesma noite, o rei morreu assassinado e, pouco tempo depois, a Pérsia invadiu a Babilônia. Daniel foi reconhecido como um profeta do Senhor, sobreviveu ao ataque de conquista, passando a ser um cidadão do império dos persas e colocado pelo novo imperador Dário como um dos seus principais conselheiros. Passou a chefiar os magos e sacerdotes da Pérsia, razão por que foi vítima de intrigas palacianas.

Os outros conselheiros e ministros do rei, desejosos de prejudicar Daniel e os israelitas, criaram uma lei no reino a qual obrigava todos os cidadãos a renderem culto somente ao rei e seu deus – os transgressores deveriam morrer destroçados pelos leões. Daniel continuou com sua fé e orava ao Eterno três vezes ao dia, por isso foi acusado pelos seus inimigos.

O rei sabia que aquilo se tratava de uma armadilha contra Daniel, mas não podia revogar o decreto. O profeta foi lançado aos leões, mas o Senhor enviou anjos que o protegeram. Como nada escapava da ferocidade desses animais, o rei ficou perplexo com aquilo e imediatamente exaltou o D-us de Daniel; além disso, ordenou que os homens que tramaram contra ele também fossem jogados entre os leões. Os conspiradores receberam o castigo que desejaram para Daniel, mas o Senhor não estava com eles, por isso foram devorados.

Daniel teve uma visão profética que previa a vinda do Messias ainda no império da Babilônia. Viu quatro bestas selvagens – um leão, um leopardo, um urso e outro que não soube identificar – que lutavam contra seus inimigos e os arrasavam. A última besta despedaçava tudo o que encontrava, era muito forte e poderosa, tinha grandes chifres e falava coisas grandiosas.

O profeta orou ao Eterno pedindo iluminação para interpretar aquelas visões. Um anjo apareceu e explicou que cada besta representava uma nação poderosa que conquistaria o mundo. O leão significava o império babilônico, o urso seria a nação dos persas, o leopardo representava os gregos e o desconhecido retratava os romanos.

Daniel teve outra visão de dois animais: um carneiro, que simbolizava os persas, e um cabrito que havia perdido um chifre, que representava, em especial, Alexandre, o Grande, do povo grego. No lugar do chifre quebrado apareceram outros quatro, representando os quatro reis que repartiram seu reino. Em um dos chifres nasceu outro pequeno, que simbolizava Roma.

Daniel, ao estudar as profecias de Jeremias, viu que os 70 anos de exílio previstos já estavam se cumprindo. Ele sentia que algo novo estava para acontecer, pois o Império Persa havia se levantado e seria utilizado pelo Eterno para tornar possível o regresso dos remanescentes.

O profeta recebeu a visão e profetizou sobre o Messias redentor, bem como viu o futuro, os tempos difíceis que viriam. Viu que no império seguinte Israel cairia na transgressão, mas voltaria para o caminho da verdade. A isso se somam a unificação de Israel com a vinda do Messias e a redenção da humanidade.

3.4 Talmude: *Mishnah* e *Guemará*

A Torá está dividida em Escrita e Oral, ambas entregues a Moisés no Monte Sinai. A Torá Escrita foi sendo transmitida de geração a geração através dos tempos, e a Torá Oral, conhecida como *Mishnah* (משנה – Repetição), também percorreu longo tempo e foi passada oralmente até ser compilada em meados do século II e.v.* pelo mestre *Yehuda haNassi*.

Com a preocupação em relação ao esquecimento da *Mishnah*, *Yehuda haNassi* decidiu redigir as discussões sobre as leis e o modo de vida judaico que aconteciam entre as autoridades rabínicas da época, os *tanaim* (sábios da *Mishnah*). Porém, muitas questões não estão contidas na *Mishnah*. As leis foram escritas em mais de 60 livros divididos em seis partes, conhecidas como *os seis livros da Mishnah*.

Séculos depois, Rab *Yochanan*, de Jerusalém, organizou o *Talmud Yerushalmi* (Talmude de Jerusalém), que prefere as conclusões dos *hachamim* (sábios). Os rabinos Ashi e Ravina, que viviam na Babilônia, organizaram o *Talmud*[4] *Bably* (Talmude babilônico). A diferença entre os *Talmudim* é o método de estudo. As *yeshivot** (escolas) optaram mais pelo *Talmud* da Babilônia, que prioriza o raciocínio indutivo.

Em suma,

> O *Talmud* define e dá forma ao judaísmo, alicerçando todas as leis e rituais judaicos. Enquanto o *Chumash* (o Pentateuco, ou os cinco livros de Moisés) apenas alude aos Mandamentos, o *Talmud* os explica, discute e esclarece. [...] O *Talmud* tem dois componentes principais: a *Mishná*, um livro sobre a lei judaica, escrito em hebraico, e a *Guemará*, comentário e elucidação do primeiro, escrita no jargão hebraico-aramaico. (Morashá, 2003, grifo do original)

Não se trata de um livro de leis práticas, mas exige do leitor uma dinâmica de questionamentos e respostas para deduzir em casos práticos de novas situações surgidas em diferentes oportunidades. Constitui-se de estudos em forma de perguntas, refutações e discussões em torno de hipóteses, fazendo os estudantes se tornarem capazes de deduzir as coisas.

O Talmude é o corpo central da Torá Oral e apresenta um componente legal no qual se explanam as leis do povo judeu em forma de discussões. Também apresenta o componente da *hagadah* (narração), que são histórias e alegorias que explicam a trajetória do povo judeu – histórias por detrás de episódios escritos na Torá –, e a

---

4   Deriva da palavra *Limud* ("estudar").

baraita (fora/externo) a qual diz respeito aos ensinamentos externos, que não compreendem a época das principais escolas talmúdicas.

Nos estudos, a *Mishnaiot*[5] e a *Baraitot*[6] são analisadas minuciosamente para saber o que está escrito sobre o *Tanach* e comprovar por que deve ser da maneira que o *Tanach* quer ensinar. A *Guemará* (גמרא) traz um método de como deduzir coisas, como aprender sobre o assunto e como refutar um argumento.

Assim, estudantes de *Guemará* encaram cada *Mishnah* como sagrada, cujo conteúdo é verdadeiro, não sendo permitido discutir ou questionar um tanaíta (escritores da *Mishnah*). No entanto, se um amoraíta (sábios ou intérpretes da *Guemará*) contradiz uma *Mishnaiot* que seja, ele deve ser refutado. Porém, se uma opinião da *Mishnaiot* está contrária em relação a outra, considera-se discussão entre os tanaitas.

Sobre os sábios, nenhum deles menciona de maneira diferente o que diz o *Tanach*, pois cada amoraíta que refuta uma lei deve ser questionado imediatamente, dedicando com muito esmero o entendimento de cada palavra da *Guemará*. O objetivo é compreender o porquê de um questionamento advindo de um amoraíta em relação aos tanaítas e de onde deriva o desacordo.

No entendimento dos sábios, quanto mais perto da fonte, mais puro é o conhecimento; logo, quanto mais antigos são os sábios, mais provável que estejam corretos em suas colocações. Assim, dentro dessa lógica, pode-se considerar que os *tanaim* estão acima dos *amoraim*, os quais, por sua vez, estão sobre os *gueonim*, que estão mais elevados que outras gerações de sábios. Qualquer um deles está acima da geração atual.

Veja a seguir como funciona a lógica de discussão possível entre os estudiosos e intérpretes dos livros das leis judaicas.

---

5 Plural de *Mishnah*.
6 Plural de *baraita*.

FIGURA 3.1 – Pirâmide de proximidade com a fonte do conhecimento (leitura de cima para baixo)

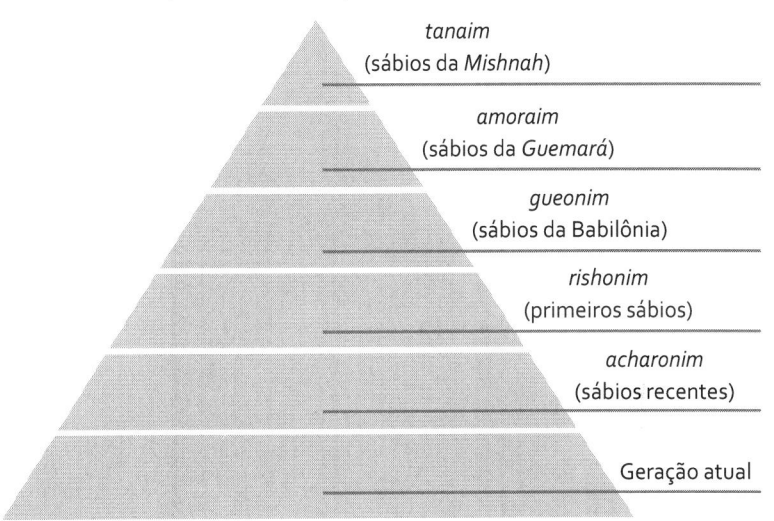

- *tanaim* (sábios da *Mishnah*)
- *amoraim* (sábios da *Guemará*)
- *gueonim* (sábios da Babilônia)
- *rishonim* (primeiros sábios)
- *acharonim* (sábios recentes)
- Geração atual

Fonte: Elaborado com base em Talmud Bava Batra, [s.d.].

Assim, cada coisa dita pelos sábios do Talmude deve ser entendida. Se algo aparenta ser sem sentido, é necessário imaginar o caso, pensar como era, a que está se referindo, a qual país concerne, a que época do ano está atribuído, qual a idade do protagonista, entre outras coisas.

Na Figura 3.2 é possível observar as divisões didáticas do *Talmud*, as localizações da *Mishnah* e da *Guemará* e as discussões dos sábios.

Figura 3.2 – Imagem interna do *Talmud*

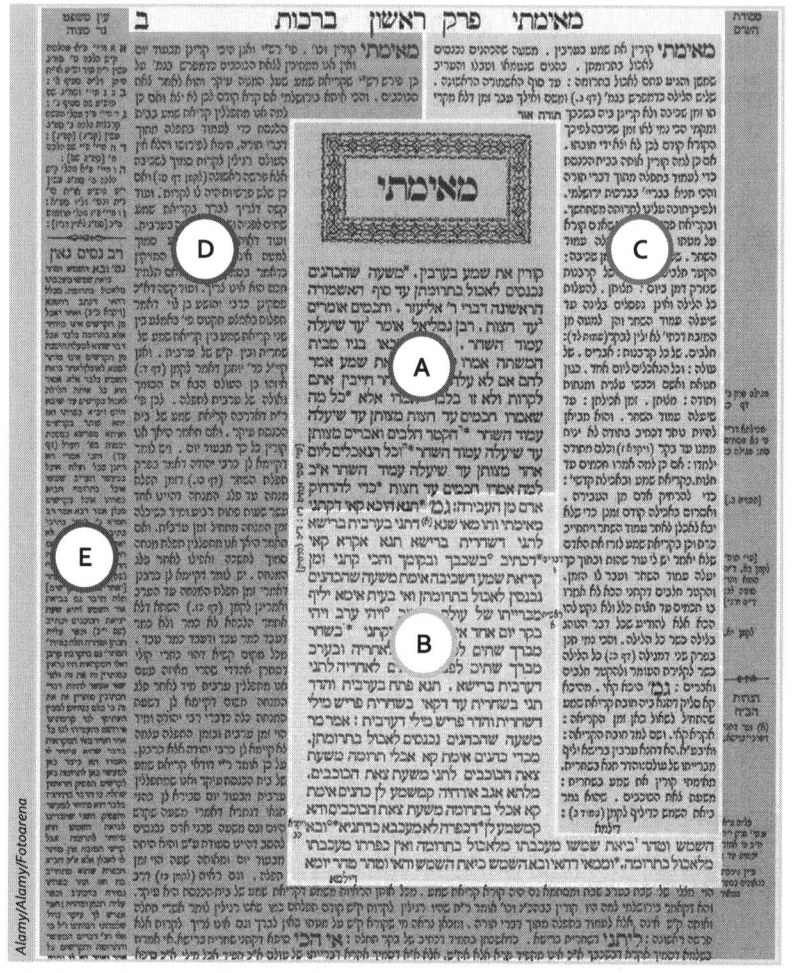

(A) *Mishnah*; (B) *Guemará*; (C) Comentário de Rashi, Rabbi Shlomo Itzchaki, 1040-1105; (D) Tosfot, uma série de comentários dos discípulos Rashi; (E) Comentários adicionais ao redor da borda da página.

Os exemplos tratados no Talmude servem para ilustrar determinadas situações com sentido figurado e também demonstram a importância de não se levarem ao "pé da letra" muitas das questões debatidas. Entender como funcionava a dinâmica das pessoas nos tempos dos talmudistas, perceber que naquela época tudo era diferente, que muitas maneiras de falar se modificaram com o tempo, procedendo na correção correta dos fatos, tudo isso possibilitará aproveitar melhor o estudo, sempre levando em consideração os feitos históricos.

A vastidão de conhecimentos abordados no Talmude impressiona pela não existência, à época, de certos conceitos de matemática, biologia, psicologia, medicina e outros. Assim, estudiosos e praticantes do judaísmo acreditam que tais conhecimentos foram recebidos do Sinai, pois não há outra maneira de os deterem.

A maneira de estudar deve ser, a princípio, com alegria. Deve-se estudar as *Mishnaiot* do capítulo em separado, a fim de compreender mais claramente do que a *Guemará* trata, evitando confusões e sobrecargas de energia no estudo. Ademais, deve-se recitar de memória os diálogos.

Nessa perspectiva, é importante estudar o Talmude continuamente, revisando sempre, mesmo depois de finalizado o estudo, pois a complexidade e o volume da tarefa sempre demandam recapitulações. Segundo a tradição judaica, os estudantes de *Guemará* se conectam com D-us num nível muito elevado porque estão praticando *Dyvrey Torah* (Palavras da Torá). O conhecimento derivado da Torá é a própria conexão, pois, quanto mais se estuda, mais o Eterno se revela.

3.5 Moshe Ben Maimônides e Yoseph Ben Efraym Karo

Em Córdoba (Espanha), no ano de 1135, nasceu **Moshe Ben Maimônides** (מימון בן משה). Filho de Rav Maimônides, o *dayan* (juiz) principal da comunidade judaica local, era conhecido como **Rambam**. Nessa época, a cidade era muito tranquila para os judeus, bonita e organizada, com edifícios de grande beleza, grande movimentação de pessoas e comércio intenso.

A cidade tinha grande quantidade de judeus, sinagogas e *yeshivot*, até a chegada de grupos islâmicos extremistas – os Amorávidas – no ano de 1147. Então, deram início à destruição e ao massacre, queimando sinagogas e livros, além de obrigar os judeus à conversão, à saída de Córdoba ou à morte. Sem escolha, tiveram de partir com o que pudessem carregar – algumas famílias não puderam seguir viagem, optando pela permanência e praticando o judaísmo às escondidas. Os judeus migraram durante um tempo. Viviam como ciganos acampados nos bosques e nas encostas montanhosas; andavam de um lado para outro, montavam *yeshivot* com sinagogas itinerantes, sempre estudando a Torá, o hebraico, a astronomia e a matemática.

Rambam se dedicou à botânica e à medicina, catalogando plantas e observando as pessoas e os animais, administrando plantas e elementos químicos conhecidos na época. A grande preocupação daquela geração de sábios era o esquecimento das palavras da Torá e o estudo da *Guemará*; no entanto, aqueles que se voltavam mais ao comércio não conseguiam estudar.

Rambam iniciou a compilação das *halachot* (caminhos a seguir) em um *kitsur* (resumo). Para muitas pessoas, era difícil compreender a *Mishnah* e, quando aparecia uma dúvida, normalmente era necessário recorrer e analisar o Talmude e, depois de um tempo de leitura, consultar um *racham* (sábio), dificultando ainda mais o acesso e a compreensão.

A família de Rambam se fixou no Marrocos, nas cidades de Tanger e Fez. Nas ruas, foi necessário misturar-se entre os muçulmanos para preservar o anonimato. Lá, ele começou a traduzir as partes em aramaico para fazer a compilação resumida e buscou explicar com simplicidade as coisas da *halachah**. Em seus primeiros escritos também escreveu em árabe, mas decidiu que assim as pessoas esqueceriam o hebraico e, possivelmente, a Torá.

Naquele contexto, as *yeshivot* passaram a funcionar escondidas, pois algumas pessoas evitavam estudar a Torá com medo da morte; no entanto, muitos judeus preferiram morrer a aceitar o islã. Rambam orientava o povo, dizendo que era melhor viver e praticar a Torá às escondidas do que morrer. Ele passou a incentivar a migração das comunidades para lugares com mais liberdade, como Israel ou Egito – à época, havia ali comunidades de judeus que gozavam de relativa tranquilidade em relação aos muçulmanos –, nos quais poderiam cumprir os preceitos da Torá.

Mais uma vez, Rambam e os outros judeus foram obrigados a migrar. Enquanto viajavam, ele continuou os estudos e se dedicou à medicina, pesquisando todos os sábios que escreveram sobre o assunto. Rambam e algumas famílias optaram por Israel, chegando a essa terra em 1165. No entanto, alguns grupos de muçulmanos pretendiam sequestrar ele e sua família para pedir recompensa.

Ainda vivendo em tendas, rumaram para a cidade do Cairo, no Egito. Ali vivia uma próspera comunidade de judeus onde moravam os *karaim*, que não aceitavam a Torá Oral recebida por Moisés no Sinai. Eles interpretavam as leis de maneira equivocada, convencendo muitas pessoas de juízos radicais e fora de contextos racionais.

Nessa época, doenças se espalhavam pelos subúrbios das cidades, por isso Rambam orientava a população, ensinava saneamento básico e dava dicas de como levar a vida mais saudável por meio dos ensinos da Torá. Entretanto, sua mulher e filha morreram de uma febre que assolava aquela região.

Rambam lutava com seus escritos contra os *karaimà*, judeus que não aceitavam a dinâmica do Talmude e que ditavam as próprias leis aos que alcançavam. Então, Rambam escreveu *haSepher haMitzvot* (O Livro dos Preceitos), uma aula com as explicações dos preceitos judaicos, concebido primeiramente em árabe. Ele se tornou médico do sultão Saladino e passou a atender gratuitamente a população nos arredores do Cairo. Foi escolhido e convidado a exercer também a função de rabino e lutou para que a Torá não se transformasse em um meio de ganhar dinheiro.

Com a grande demanda de pacientes, ele passou a receber pelos trabalhos de médico. Junto com outros estudantes da Torá, copiava as antigas obras, escrevendo os comentários e as explicações no Talmude de maneira que não houvesse dúvidas ou discussões. Foi duramente criticado por outros rabinos, incluindo os europeus. Escreveu a obra *moreh nevuchim* (Guia dos Perplexos), na qual pretendeu conectar a filosofia e a ciência da época com os conhecimentos da Torá. Elaborou um manual de termos para compreender a Torá e ainda participou ativamente da vida intelectual do mundo árabe. Faleceu em fins de 1200.

Outro grande sábio foi o **Rabi Yoseph Ben Efraym Karo** (יוסף בן אפריים קארו), nascido na Espanha em 1488. Com o édito de expulsão em 1492, migrou para Lisboa com a família e, assim como os outros estudiosos da Torá refugiados, dedicava-se aos estudos de maneira irregular. Mudaram-se mais tarde para Constantinopla e Adrianópolis, na Turquia, lugar que tinha uma comunidade próspera de judeus e onde Karo conseguiu voltar a estudar de forma mais organizada.

Iniciou os estudos de *kabalah* com os rabinos Alkabetz e Salomão Molcho. No ano de 1523, em Nicópolis, o sábio foi *rosh yeshivah* (chefe de *yeshivah*). Ele iniciou sua obra-prima *Beit Yoseph* (Casa de José), mas demorou 25 anos para escrevê-la, mais 12 anos para revisá-la, e somente em 1554 colocou-a em circulação.

Karo e outros sábios da época não estavam satisfeitos com a popular obra de *halachah*, Arba Turim, também conhecida como *Tur*. Para os sábios, ela era imprópria, pois era muito resumida e sem referências. Karo resolveu tomar a obra como base para um sistema que desenvolveu e tratou das principais leis da Torá e suas fundamentações no Talmude, uma síntese das principais opiniões rabínicas com suas conclusões.

Ele elaborou um trecho em sua obra-prima, a qual denominou *Shulchan Aruch* (Mesa Posta), sinalizando que todo o seu trabalho de interpretação das leis estava posto à mesa para o "consumo" da comunidade. O material serviria para facilitar o entendimento e a prática das *halachot* e seria, no seu entendimento, a lei pronta para ser seguida.

Shulchan Aruch foi publicado em 1565 na cidade de Veneza e também tinha como intuito facilitar o trabalho dos estudantes das *yeshivot*, que gastavam muito tempo em partes específicas da *halachah* e, com isso, deixavam o estudo pouco dinâmico. O livro acabou se tornando um manual para a prática correta das *mitzvot*. A grande vantagem em comparação com *Tur* era a opinião clara sobre as discussões talmúdicas, citando sempre a maior autoridade com opinião majoritária; desse modo, não dava margens a dúvidas sobre a lei, raramente inserindo alguma opinião divergente.

Mesmo que os seus escritos esclarecessem muitas questões que ainda não haviam sido resolvidas na *halachah*, Karo sofreu oposição de rabinos do Leste Europeu. Apesar de as atividades deles não serem relevantes, não queriam aceitar aqueles escritos como autoridade definitiva da *halachah*. Mas Karo tinha como base em seus estudos a renomada Escola Sefarad, a qual tinha como um de seus sábios o próprio Rambam, sua principal fonte de inspiração.

Ele ainda escreveu a obra *Kesseph Mishnah*, um comentário sobre a *Mishnah Torah* de Rambam, e também comentários de outras obras menos conhecidas. Foi defensor das opiniões de Rambam no *Talmud* e refutou outros comentaristas.

Em 1598, Karo escreveu *Klaly haTalmud*, uma metodologia talmúdica, com muitas observações sobre o método dos amoraítas nas discussões a respeito da lei judaica, entre outros escritos do gênero, objetivando suprir *haLychot Olam* (Leis do Mundo), elaborada por Yohoshua Levy.

Karo fez muitos discípulos e era praticante da *kabalah* judaica. Escreveu um livro sobre o misticismo judaico chamado *Maguid Mesharim* (Pregador de Portas). Morreu em 1575 em Safed, no norte do atual Estado de Israel. É considerado o último grande codificador da lei rabínica e o expoente do Talmude no século XVI.

3.6 O conjunto das leis

Mishnah Torah (Repetição da Torá) é a transmissão da Lei Oral. Composta no Egito da Idade Média, em ca.1176-1178, o material foi compilado por Moshe Ben Maimônides, o Rambam. Todos os mandamentos dados a Moisés no Sinai vieram acompanhados da explicação oral, pois é dito: "E eu te darei as tábuas de pedra, e a Torá e o mandamento" (*Shemot* 24:12).

A Torá é a Sagrada Escritura, e os mandamentos contidos nela, sua explicação oral. Além disso, o Eterno ordenou observar a Torá pela palavra do mandamento; assim, são esses mandamentos que são chamados de *Torá Oral*. Na *Mishnah,* estão as *mitzvot* positivas, que são as ordenanças que devem ser cumpridas pelos judeus, e as *mitzvot* negativas, que não devem ser feitas.

Outra grande obra de *halachah* (הלכה – conjunto das leis) é o *Shulchan Aruch* (Mesa Posta), de 1535. Trata-se de uma compilação das leis judaicas, já mencionada aqui, organizada pelo rabino Yoseph Karo.

Outra obra é *haYgueret haShabat* (A Epístola do Sábado), escrita em Londres em 1159. Trata-se da resposta de Ibn Ezra à alegação de que um "dia" da Torá se estende do amanhecer ao amanhecer, em vez da visão tradicional do crepúsculo ao anoitecer. É intitulada *epístola* porque o autor escreve que recebeu o conteúdo desse trabalho na forma de uma carta do sábado durante um sonho.

Outra obra de relevância é *Chayey Adam* (A Vida do Homem). Escrita por Abraham Danzig, constitui-se em um código da lei judaica semelhante ao *Kitzur Shulchan Aruch*. Foi composta em Vilna em ca.1800-1810 e está dividida em 224 seções. Delas, 69 lidam com conduta diária e oração, e 155, com o Sábado e *Yom Tov* (Dia

Bom – feriados). As decisões do *Chayey Adam* são frequentemente citadas em trabalhos posteriores, especialmente na *Mishnah Berurah*[7].

O *Kitzur Shulchan Aruch* é um resumo do *Shulchan Aruch* de Yoseph Karo, com referência a comentários posteriores. O *Kitzur* declara o que é permitido e o que é proibido sem ambiguidade. Foi compilado por Shlomo Ganzfried, em Uzhgorod, no ano de 1864.

Ganzfried enfatizou os costumes dos judeus da Hungria daquela época. Esse trabalho foi explicitamente escrito como um texto popular e sua ampla circulação tornou-o referência em *halachah*, funcionando como uma abreviação do *Shulchan Aruch*, muito parecido com o seu homólogo sefardita, o *Ben Ish Hai*.

Ganzfried baseou suas decisões em três autoridades asquenazes: Rabino Yaakov Lorberbaum; Rabino Shneur Zalman, de Liadi, autor de *Shulchan Aruch HaRav*; e Rabino Abraham Danzig, autor de *Chayey Adam* e *Hochmat Adam*. Em casos de discordância, ele adotou a visão da maioria. Entretanto, o *Mishnah Berurah* suplantou seu trabalho, juntamente com o *Chayey Adam* e o *Aruch HaShulhan*, como a principal autoridade no cotidiano dos judeus asquenazes.

Entre as principais *halachot* também podemos citar *Haphetz Hayim* (Desejador da Vida), a grande obra do Rabino Yisrael Meir Kagan, escrita em Raduń, Bielorrússia, em 1873. O livro lida com a ética judaica de *lashon hara* ("língua má" ou "discurso maligno"), que trata das proibições de fofoca e difamação e aponta as várias situações nas quais tais práticas são realizadas. Esse livro é considerado fonte autorizada sobre o assunto.

O rabino Kagan fornece fontes da Torá, do *Talmud* e dos *Ryshonim* (primeiros comentaristas) sobre a severidade da lei judaica. Sobre a fofoca, às vezes é traduzida como proibições de difamação, mas em essência diz respeito às proibições de dizer coisas desagradáveis a respeito de outra pessoa, mesmo que sejam verdade.

---

7   Livro de Ysrael Meir Kagan, conhecido como *Choftz Chaim*, com comentários sobre o *Shulchan Aruch* em seis volumes publicados entre 1884 e 1907.

Desejador da Vida é um livro dividido em três partes: *Mekor Hayym* (Fonte da Vida), que é o texto legal; *Mayym Hayym* (Poço de Água Viva), que contém as notas de rodapé e o argumento legal; e *Shemyrath ha-Lashon* (Guarda da Língua), um tratado ético sobre o uso adequado da faculdade da fala.

Com o mesmo nome de *Shulchan Aruch*, mas, ao contrário, o livro *Aruch HaShulchan* foi escrito em Pinsk, atual Bielorrússia, em 1893. Trata-se de uma reafirmação do *Shulchan Aruch*. Compilado e escrito pelo Rabino Yehiel Michel Epstein, o trabalho tenta ser um resumo claro e organizado das fontes para cada capítulo do *Shulchan Aruh* e seus comentários, com ênfase especial nas posições do Talmude de Jerusalém e Maimônides.

Em alguns momentos, essa obra menciona as opiniões de autoridades anteriores. O trabalho segue a estrutura de *Tur* e de *Shulchan Arukh*: uma divisão em quatro grandes partes, subdivididas em capítulos paralelos (*simanim*) que combinam em todas as três obras. Estes são ainda subdivididos em parágrafos (*seifim*).

Epstein também escreveu algo semelhante, intitulado *Arukh HaShulhan he-Atid* (Colocando a Mesa do Futuro). É um trabalho paralelo a *Aruch HaShulchan*, resumindo e analisando as leis que serão aplicadas nos tempos messiânicos. De fato, algumas dessas leis, como as relacionadas à agricultura e ao cultivo, aplicam-se hoje àqueles que vivem na Terra de Israel.

Um clássico da *halachah* do século XIX é a obra do mestre Yosseph Hayim, conhecida como *Ben Ish Ḥai* (Filho do Homem que Vive), elaborada em Bagdá, no Iraque. É uma coleção de leis sobre a vida cotidiana, intercaladas com ideias e costumes místicos, endereçadas às massas e organizadas pela porção semanal da Torá. Sua ampla circulação a tem tornado um trabalho de referência na *halachah* sefaradita, funcionando como uma abreviação do *Shulchan Aruch*, muito parecido com o seu correspondente asquenaze, o *Kitzur Shulchan Arukh*.

Ainda podemos citar *Eyn haTechelet*, *Hylchos Talmud Torah* e mais 30 outras *halachot* que traduzem as leis judaicas para as variadas tradições judaicas no mundo. A Lei e a prática do judaísmo são o conteúdo mais extenso de toda a obra que compõe a história do povo hebreu.

Síntese

Neste capítulo estudamos a terceira parte do *Tanach*, com sua composição de escritos de sabedoria para a vida. Mostramos os conteúdos contidos nos Salmos e suas específicas relações com os momentos de recitação e necessidades.

Passamos pelas narrativas do livro de Crônicas e dos profetas do exílio Daniel e Esdras. Exploramos algumas especificidades do Talmude, suas divisões e a maneira de estudar e construir conhecimento por meio da *Mishnah*, além dos principais manuais de *halachah* derivados dos estudos dos grandes sábios da história do judaísmo.

Também apresentamos os mais influentes grandes mestres da *halachah*, Moshe Ben Maimônides e Yoseph Ben Efraym Karo. Completamos o capítulo com uma explanação do conjunto das principais e mais utilizadas obras de *halachot* no judaísmo escritas por outros mestres.

Indicações culturais

Ester: a rainha da Pérsia, cujo título original é *Esther*, corresponde a um filme lançado em 1999. Foi produzido na Alemanha, Estados Unidos e Itália e dirigido por Raffaele Mertes. Ele conta a história dos hebreus no Império Persa e narra os acontecimentos contidos na *meguilah Ester.*

ESTER: a rainha da Pérsia. Direção: Raffaele Mertes. Alemanha/EUA/Itália, 1999. 90 min.

Atividades de autoavaliação

1. Os livros poéticos têm como exposição principal orientações para a vida diária. Podemos afimar que são utilizados na atualidade em várias partes do mundo e por outras culturas e religiões. Sobre isso, analise as afirmações a seguir.

    I. Os Salmos foram escritos por Davi nos momentos de aflição e alegria e também para acalmar o espírito de Saul. Existe um tipo de salmo para cada situação da vida cotidiana.

    II. Os Provérbios têm caráter educativo e visam orientar e precaver os seres humanos de erros futuros; assim, todas as pessoas que estudam em sua vida diária os conhecimentos neles contidos estarão salvas.

    III. O livro de Jó demonstra que o verdadeiro servo do Eterno confia na providência divina tanto nos momentos de alegria quanto nos de angústia.

    Assinale a alternativa que apresenta a resposta correta:

    A] As afirmações I e II são verdadeiras.
    B] As afirmações II e III são verdadeiras.
    C] Somente a afirmação III é verdadeira.
    D] Todas as afirmações são verdadeiras.
    E] Nenhuma das afirmações é verdadeira.

2. O rolo que conta a história da Rainha Ester retrata uma época em que os israelitas do Reino de Judá viviam na Pérsia. Nesse tempo, o povo conseguiu permissão para retornar a Israel e reconstruir o Templo de Jerusalém. Marque a alternativa que **não** corresponde a essa história:

    A] Trata-se do único rolo que não contém o nome do Eterno para evitar a prática da idolatria entre novos leitores, já que a casa de Judá estava vivendo em terras estrangeiras.

B] *Mordechai*, tio de Ester, foi herói ao salvar o rei da Pérsia da morte certa nas mãos de traidores ao contar à sobrinha o plano maléfico.

C] Em decorrência da salvação dos judeus da morte certa, comemora-se em todas as comunidades judaicas do mundo a festa de *Purim*.

D] Após ter perdido o marido e os filhos nas terras de Moabe, Noemi retornou para Israel com sua nora convertida ao judaísmo.

E] Na festa de Purim é costume entre os judeus enviar porções/bocados aos outros judeus.

3. Esdras era escriba e deixou registrado em seus escritos vários momentos da trajetória do povo hebreu. Marque a alternativa correta sobre suas obras:

   A] Os livros de Esdras abrangem uma temporalidade de 3.500 anos.
   B] Em seus manuscritos, Esdras narra a invasão dos hicsos sobre Israel e o cativeiro no Egito.
   C] Os livros foram escritos na Babilônia e narram os feitos da Rainha Ester e seu tio *Mordechai*.
   D] Esdras era historiador, viveu o período da invasão de Roma e presenciou a destruição do Templo e a diáspora.
   E] Esdras narrou as guerras entre gregos e persas.

4. Sobre o Talmude, marque a opção correta:

   A] A *Mishnah* faz parte da Torá Escrita e é constantemente estudada e discutida no Talmude e, posteriormente, na *yeshivah*.
   B] O Talmude é o corpo central da Torá Oral e tem um componente legal no qual se explicam as leis do povo judeu em forma de discussões.
   C] A *Guemará* foi escrita por Maimônides visando facilitar a vida dos judeus em diáspora.

d) A importância do Talmude está vinculada somente ao ensino nas escolas superiores de formação rabínica.
e) O Talmude foi escrito por Yoseph Karo, logo após sua saída da Espanha.

5. Sobre a *halachah*, marque a opção que contém as principais obras utilizadas para organizar a prática do judaísmo na atualidade:
a) Salmos, Provérbios e *meguilah Esther*.
b) Daniel, Crônicas e Jó.
c) Gênesis, Êxodo e Levítico.
d) Levítico, Êxodo, Talmude e *Zohar*.
e) *Mishna Torah, Shulchan Aruch* e *Mishnah Berurah*.

Atividades de aprendizagem

Questões para reflexão

Leia o texto a seguir que descreve os 13 princípios da fé judaica, escritos por Moshe Ben Maimônides.

Ao formular os Treze Princípios da Fé, Maimônides percorreu a literatura judaica sagrada, estabelecendo os principais pontos de afirmação e crença no D-us único e em Sua revelação a Moshê [Moisés], o líder [...] [do] povo [judeu].

1. Creio com plena fé que D-us é o Criador de todas as criaturas e as dirige. Só Ele fez, faz e fará tudo.
2. Creio com plena fé que o Criador é Único. Não há unicidade igual à d'Ele. Só Ele é nosso D-us; Ele sempre existiu, existe e existirá.
3. Creio com plena fé que o Criador não é corpo. Conceitos físicos não se aplicam a Ele. Não há nada que se assemelhe a Ele.
4. Creio com plena fé que o Criador é o primeiro e o último.
5. Creio com plena fé que é adequado orar somente ao Criador. Não se dever rezar para ninguém ou nada mais.

6. Creio com plena fé que todas as palavras dos profetas são autênticas.
7. Creio com plena fé que a profecia de Moshê Rabênu é verdadeira. Ele foi o mais importante de todos os profetas, antes e depois dEle.
8. Creio com plena fé que toda a Torá que se encontra em nosso poder foi dada a Moshê Rabênu.
9. Creio com plena fé que esta Torá não será alterada e que nunca haverá outra dada pelo Criador.
10. Creio com plena fé que o Criador conhece todos os atos e pensamentos do ser humano.
11. Creio com plena fé que o Criador recompensa aqueles que cumprem Seus preceitos e pune quem os transgride.
12. Creio com plena fé na vinda de Mashiach. Mesmo que demore, esperarei por sua vinda a cada dia.
13. Creio com plena fé na Ressurreição dos Mortos que ocorrerá quando for do agrado do Criador.

Fonte: 13 princípios, 2019.

Agora, responda às seguintes questões:

1. Escreva um parágrafo com suas conclusões sobre a concepção de D-us segundo os princípios da fé judaica e, depois, relacione com alguns princípios de sua religião, destacando as semelhanças entre elas.
2. Na sua perspectiva, é possível que existam mais deuses ou a divisão de D-us em outras partes? Justifique sua resposta.

Atividade aplicada: prática

1. Elabore um quadro explicativo dos Três Livros Poéticos e dos Cinco Rolos destacando as especificidades de cada um deles.

4 ORDENAMENTOS E O CICLO DA VIDA JUDAICA

Neste capítulo, trataremos das características das *mitzvot* (מצוות – Ordenamentos da Prática Judaica), entendidas também como a prática religiosa, e explanaremos sobre o ciclo de vida judaica. Apresentaremos as principais leis que regem os costumes e a prática litúrgica do judaísmo, bem como os aspectos e as leis do Sábado, a culinária ritual e a prática das orações.

Também mostraremos a importância do banho ritual na *mikvah*, da prática da caridade, do uso religioso das indumentárias e suas características e significados. Explicaremos o valor da sinagoga, de certas orações, das bênçãos e dos atos de bondade. Além disso, você terá oportunidade de conhecer as primeiras fases do ciclo de vida judaico, o pacto da circuncisão, a relevância da passagem para a maioridade religiosa na cultura judaica, o noivado, o casamento, a gravidez, o nascimento, enfim, o auge e o fim do ciclo da vida judaica.

4.1 Sábado, *kashrut* e filactérios

A palavra *Shabat* (שבת – Sábado) vem do número sete do alfabeto hebraico – *sheva* (sete). O sábado aparece como dia de descanso logo no início do livro de Gênesis, quando é mencionado que o Eterno fez tudo o que existe em seis dias e no sétimo descansou. Depois, nos Dez Mandamentos, encontramos escrito nas tábuas da Lei o dia de guardar o sábado. Em Êxodo (*Shemot*) está registrado que em seis dias se deve trabalhar e fazer todo o lavor, mas no sétimo é preciso parar a fim de se dedicar ao Eterno. Nesse dia não se faz trabalho nenhum, pois ele é santificado.

Com o passar dos anos, o *Shabat* se tornou o maior símbolo dos preceitos ordenados pelo Eterno, alcançando até mesmo abrangência mundial a ideia do dia de descanso. Algumas religiões de vertente cristã também guardam o sábado, que simboliza a ligação e o pacto entre os israelitas e o Eterno. O dia separado também tem característica histórica: rememora a escravidão do Egito, pois com mão poderosa D-us tirou o povo hebreu da exploração do cativeiro e ordenou guardar o sábado como dia do repouso.

O acendimento das velas na sexta-feira ao anoitecer representa o início do sábado, uma tradição herdada de um tempo muito remoto. Tanto homens como mulheres devem acender velas nos lugares onde se encontrem – é o símbolo do recebimento dessa celebração.

Existe toda uma liturgia nas casas das famílias que guardam esse dia. São exemplos disso o serviço de congregação em um *miniam* (reunião de dez homens ou mais) para a prece da noite e o *Kabala Shabat* (Recebimento do Sábado), em que partes específicas da Torá são recitadas em cânticos. Essas práticas passam pelas várias tradições judaicas – sefaradi, asquenazi, ieminita, sefaradi da Amazônia etc. – e suas melodias e modos específicos.

Quando essas reuniões acabam e essas pessoas retornam às suas casas, vem a seção da Organização do Sábado, com mais partes de Salmos, Eclesiastes e outros cantos e leituras que obedecem às várias tradições. Além disso, os homens da casa e convidados, junto com suas famílias, realizam o *Kidush de Shabat*: com cálice de vinho nas mãos, rendem graças ao Senhor recitando partes da Gênesis e agradecendo pelo dia do sábado, pelo fruto da vinha.

Depois, como ordena a Torá, lavam-se as mãos conforme uma dinâmica específica para o momento e, em seguida, o anfitrião ou os convidados homens pegam dois pães trançados (*Hala*) e, dependendo da ocasião, passam no sal ou no mel, agradecendo ao Senhor pelo produto tirado da terra. Na sequência, são distribuídos aos convidados, que comem imediatamente e iniciam o banquete festivo de sábado.

A tradição judaica faz todas as famílias iniciarem a organização desse dia santo já na quinta-feira, para não acumular atividades no dia seguinte. Orienta também a dedicação aos estudos da Torá, reuniões em família, descanso e gozo. O dia deve ser prazeroso, pois estudar a Torá gera prazer e prolonga a vida.

O início do sábado é comemorado em *Erev Shabat* (anoitecer da sexta-feira), momento em que se realiza a liturgia do *Kabbalah Shabat* (Recebimento do Sábado) durante o anoitecer. Nesse período, 39 atividades são proibidas, bem como atividades relacionadas a essas ou que de alguma maneira recaem sobre elas. Por exemplo, não é permitido acender fogo nem qualquer atividade que o produza, como acender um cigarro ou até mesmo ligar um aparelho eletrônico, pois entende-se que nesses atos se está também acendendo um fogo.

Pela manhã do sábado, nos lugares onde existe uma congregação com um rolo da Torá se fazem a leitura da *parashah* da semana e a liturgia na sinagoga, e depois se retorna às casas para almoço em família. Durante a tarde, o tempo é para ler novamente a *parashah* e estudar a Torá – a leitura deve ser feita, de preferência, em aramaico –, além de cantar, beber, comer bem, não realizar trabalhos proibidos, estar com a família até o fim do sábado. Vale lembrar que cada comunidade tem tradições específicas e as realizam ao seu modo.

Da mesma maneira que o *kidush* serve para marcar o recebimento do sábado, o *havdalah* (separação) é um ritual que delimita o fim do dia. Nessa liturgia, faz-se novamente uma bênção sobre o vinho, acendem-se chamas de maneira que elas se entrecruzem e são lidas passagens específicas dos livros de reza. O sábado é finalizado e, assim, as pessoas estão refeitas para a nova semana, que se inicia no domingo.

Entre os judeus observantes do sábado, no domingo são comuns atividades de trabalho que envolvam compra, venda, produção e salário, tendo em vista o fato de o *domingo* (palavra de origem latina) ser o primeiro dia da Criação, quando o Eterno iniciou o seu trabalho.

A *kashrut* (כשרות – que significa "apropriado") compreende todo um arcabouço de regras alimentares, com participação ativa de conhecedores das regras para verificar se a comida é *kasher* (apropriada), ou seja, se segue as normas de pureza da Torá. Tais regras são retiradas dos livros de Levítico e Deuteronômio, leis muito estritas de alimentação.

Nos ensinamentos judaicos, a pureza e a impureza não estão vinculadas ao corpo material, mas ao espiritual, à alma. O ser humano é um ser dual. Em uma parte dos escritos está expresso que o Eterno criou o homem da terra e insuflou no corpo dele a alma de vida, que é a parte mais importante das pessoas e emana essa essência para o corpo. Quando nos alimentamos, unificamos o corpo e a alma, pois a alimentação é um dos instintos mais básicos do ser humano. A comida é o que permite que a alma possa viver dentro do corpo; assim, quando se realizam os jejuns, é como se a alma se desprendesse mais dele.

Toda a normativa do alimento *kasher* está vinculada à concepção de que, além das proteínas, vitaminas etc., o alimento também disponibiliza uma energia que vai diretamente para a alma. Assim, quando se come, também se está alimentando a alma, por isso o cuidado dispensado com a alimentação. A comida *kasher* é uma dieta para a alma.

Entre as ordenanças básicas da *kashrut*, está a proibição de misturar carne de gado e seus derivados com laticínios, estabelecendo horas de consumo entre um tipo de alimento e outro. Também é proibido comer carne bovina e peixe no mesmo prato e alimentar-se de sangue ou com animais dilacerados.

O animal abatido de maneira imprópria, passando por sofrimento e dilaceração no momento da morte, não pode ser consumido, pois sua carne está carregada de energias deletérias advindas do próprio animal antes de morrer. Portanto, existe uma forma específica para abater os animais – desde os tempos antigos da Torá, vários estudos são realizados visando orientar os judeus em como fazer isso corretamente.

A Torá proíbe o consumo de sangue, por isso é necessário que a carne passe por um processo antes de ser ingerida, utilizando sal e água para retirar o sangue que possa restar nela, tornando-a "kasherizada", apta ao consumo de judeus. Além disso, um alimento deve ser supervisionado por um judeu, sendo proibido comer aqueles preparados por não judeus, a não ser que o judeu participe do preparo.

Outra característica dos costumes judaicos são os *tefilin* (תפילין). Estes são os filactérios, caixinhas de couro que são colocadas uma sobre a cabeça, próxima da região da testa, e outra atada nos braços com uma cinta. A importância dessas caixinhas está nas mensagens colocadas dentro delas em pequenos pergaminhos, os quais contêm quatro parágrafos da Torá. Os *tefilin* são considerados uma ligação com o Eterno.

Os conteúdos dos pergaminhos falam da existência de um D-us único e indivisível, com a ordenança de amar a Ele sobre todas as coisas. Nos pergaminhos também existe a ordenação de atentar para os seguintes procedimentos a artefatos religiosos: colocar os *tefilin* como sinal entre os olhos e sobre o coração; ensinar aos filhos a inserir uma *mezuzah* (umbral), que é um pergaminho colocado dentro de um receptáculo nos umbrais das portas com o mesmo conteúdo escrito dos *tefilin*; usar *tsitsit* (franjas) nos cantos das vestimentas para lembrar das leis da Torá e obedecê-las. A ordenança de colocar *mezuzot* nos umbrais das portas faz referência às marcas feitas pelos hebreus com sangue de cordeiro para evitar a praga do destruidor (*Shemot* 12:7-13).

A Torá exorta o povo judeu a obedecer veementemente às leis do Eterno para que o mundo seja melhor, pois, se as leis não forem cumpridas, sofrimento e morte se abaterão sobre o povo. Isso inclui a consagração dos primogênitos e a posse da terra de Israel. Os *tefilin* narram a relação do homem com o Eterno, com preceitos fundamentais para o judeu.

No século XII, houve uma discordância entre dois grandes sábios da lei judaica, *Rashi* e *Rabeinu Tam*, sobre a ordem desses quatro parágrafos. Por essa razão, para cumprir a ideia de *Rabeinu Tam*, muitos judeus rezam com um segundo par de *tefilin*, mas a maioria da população masculina de judeus coloca somente *Rashi*.

O costume determina que o filactério deve ser usado durante o período do dia, de preferência pela manhã, mas, devido às atividades cotidianas do mundo moderno, muitos homens judeus infelizmente tardam em colocar seus *tefilin*. Alguns estudiosos que vivem para o estudo da Torá passam muitas horas do dia usando-o.

A maior importância dos *tefilin* é a ligação que faz com o Eterno. Essa ligação é bem aparente em um dia como o sábado e em dias festivos, por isso nessas datas não é necessário usar os *tefilin*. Assim, a conexão com o Eterno é muito importante para os judeus, razão por que devem usar o *tefilin* diariamente.

4.2 Justiça, imersão e oração

O preceito mais discutido, dada sua importância, é a *tzedakah* (צדקה) – que significa "justiça" ou "caridade" –, uma ordenança que merece muita atenção e cuidado. O total de ordenanças (*mitzvot*) dadas pelo Eterno é de 613, as quais se dividem em *mitzvot* positivas (que se devem cumprir) e *mitzvot* negativas (que não se devem fazer) – a *tzedakah* é uma *mitzvah* positiva.

Está escrito em *Devarim* (15: 8) que se deve dar *tzedakah* para os pobres: "com certeza abrirás tuas mãos". Em *Vaykrá* (25: 35-36) está assim registrado: "e teu irmão viverá contigo". Também aquele que vê um homem pobre e lhe dá as costas está transgredindo a *mitzvah* da justiça.

O *Kitzur Shulchan Aruch* (capítulo 34) organiza as leis relativas às práticas de *tzedakah*. Nessa perspectiva, não a praticar é violar uma *mitzvah*, é não ser solidário, é não fazer caridade. Quando a *tzedakah* é violada, adentra-se no âmbito negativo da ordenação.

Fazer a caridade é praticar a Torá, pois é cumprimento das diretas ordenanças do Eterno: "Não endureça o coração nem feche sua mão para o irmão pobre, quando não endurece o coração e faz a justiça os céus abrem suas portas" (*Devarim* 15:7).

O profeta Isaías (*Yeshayahu* 1:17) aconselha que o povo deve aprender a fazer o bem e procurar o que é justo, ajudar o oprimido, fazer justiça ao órfão e tratar das causas das viúvas. A fé verdadeira somente se erigirá por meio da *tzedakah*.

Assim, o reino da verdadeira justiça se estabelecerá quando existir sacrifício para o cumprimento da lei da justiça e da caridade. E continua Isaías: "fazer *tzedakah* é mais agradável para o Eterno do que qualquer sacrifício" (*Yeshayahu* 21:3). O ser humano só será redimido mediante a *tzedakah*, que pode ser interpretada e praticada de maneiras diferentes, pois mostra vários desdobramentos. A lógica é: quem demonstra compaixão, receberá compaixão, pois o Senhor está perto dos pobres e miseráveis. Conclui-se que abrir a porta ao necessitado é estar no caminho do Senhor.

Toda pessoa está obrigada a praticar atos de *tzedakah* segundo sua possibilidade. Não existe alguém tão pobre que não possa fazê-lo, e até mesmo aquele que subsiste de receber *tzedakah* tem algo, de modo que pode ajudar. Dessa forma, não está livre de cumprir esse preceito. É o melhor de todos os sacrifícios porque demonstra atuação direta do Senhor por intermédio dos que o observam.

Outro preceito de suma importância para os judeus é o da purificação nas águas. Na Torá, a imersão na *mikvah* (מקוה – cisterna para imersão) é uma ordenança que tem a função de pureza e higienização espiritual, além de higienizar o corpo. Nesse sentido, o gesto é uma instituição de cunho espiritual. Todas as vezes que os homens entravam em batalhas, a ordenança do Eterno para a purificação envolvia o banho e a imersão em água corrente. Também os objetos e as pessoas doentes passavam pela submersão em águas correntes.

Segundo a tradição judaica, os casais que possuem vida sexual ativa devem frequentar a *mikvah* sempre que se aproximarem intimamente para que seja mantida a pureza do casal e da família. Nas várias tradições judaicas, a imersão é feita mais pelas mulheres, tendo em vista suas regras periódicas. Os grupos hassídicos são uma exceção, sendo natural a imersão diária entre homens e mulheres.

Os judeus acreditam no momento da impureza mensal das mulheres, durante os dias das suas regras, em que está terminantemente proibido tocá-las por aproximadamente duas semanas. Esse ciclo menstrual é o que determina a regularidade da imersão na *mikvah*. Fazendo uma junção dos conhecimentos antigos e os da ciência moderna, nesse período natural as mulheres expelem o óvulo e outras partículas não necessárias. Nessa perspectiva, o judaísmo entende que o óvulo, por ser uma célula morta, está carregado das impurezas da morte e, visto que é proibido impurificar-se com os mortos, essa tradição foi estabelecida.

> Definitivamente a função não é de um banho de higiene pessoal. De acordo com a lei judaica, a pessoa deve se limpar profundamente para imergir na *mikvah*, significando que o início da purificação começa antes, no pensamento e no arrependimento dos pecados.

A *mikvah* é um lugar onde se possa acumular água e caiba uma pessoa de pé e de cócoras. Deve ter água corrente em seu meio; no entanto, em locais nos quais não existe essa possibilidade, criou-se o costume, desde tempos remotos, de acumular água da chuva numa cisterna e fazer com que a água contida nela corra para dentro da *mikvah*. Pode ser uma piscina, o mar, uma cisterna ou um rio. No entanto, é preciso que se verifiquem as condições da água a fim de certificar-se de que está apta para a imersão. Muitos lugares são privilegiados com rios, lagos e mar, no entanto, deve-se ter atenção para não correr perigo, procurando sempre águas mais límpidas e com temperatura adequada para não adoecer.

A *mikvah* é tão prioritária na vida dos judeus que em muitas comunidades se opta primeiro pela construção de um lugar para as imersões e, em seguida, a edificação da sinagoga. Entende-se que a reunião de culto pode se realizar nas casas ou em outros lugares chamados de *judiaria*.

Nas sinagogas e judiarias realizam-se as *tefilot* (תפילה – rezas), que em congregação são feitas em *miniam*. Durante os seis dias da semana, são realizadas com o uso dos *tefilin* entre os homens na primeira reza, o *Shacarit* (oração da manhã), dedicada ao patriarca Abraão. No período da tarde, realiza-se o *Mincha* (oração da tarde), dedicada ao patriarca Isaque. Na parte da noite, reza-se o *Arvit* (oração da noite), dedicada ao patriarca Jacó. Nesses três momentos são adicionados salmos, outras partes da Torá e uma oração específica chamada *Amidah* (Oração de Pé).

Nas orações da manhã e da noite, inclui-se a profissão de fé judaica, o *Shemá Israel* (Ouve Israel), que está contido nos pergaminhos dos *tefilin* e nas *mezuzot* (umbrais). No dia de sábado e nas datas comemorativas, são acrescentadas ou omitidas partes específicas da Torá nas *tefilot*.

Reúne-se o *miniam*, constituído pelo quórum mínimo de dez homens judeus para a leitura do rolo da Torá durante a semana – conforme ilustrado na Figura 4.1 a seguir –, como preparação da leitura do sábado e outras celebrações festivas.

FIGURA 4.1 – *Miniam* reunido na oração da manhã fazendo a leitura preparatória para o sábado

As mulheres também realizam suas orações da mesma maneira que os homens, no entanto são isentas de utilizar os *tefilin*, a *kipah* (כיפה – cobertura/solidéu) e o *talit* com seus *tsitsit* (טלית e וציצית – manto sagrado e as franjas), indumentárias exclusivas de uso masculino. Também são proibidas de rezar junto com os homens na sinagoga ou na judiaria, pois isso acarretaria possíveis transtornos de concentração na liturgia entre os homens, além de tratar-se de recato das mulheres. Assim, elas são separadas por uma cortina ou biombo ou ficam em lugares mais altos para não ser vistas pelos homens.

O manto sagrado, *talit*, é ordenado no *Tanach*, no livro de Números, em que o Eterno diz que os filhos de Israel deveriam usar franjas nas bordas dos vestidos pelas gerações e colocar nos cantos um barbante azul para que, quando avistados, recordassem dos mandamentos do Senhor e os cumprissem. Nos tempos antigos, a roupa de quatro cantos era a vestimenta cotidiana das pessoas; os judeus nas épocas bíblicas vestiam mantos longos para cobrir seus corpos e cabeças. Hoje, o material que confecciona o *talit* é seda ou lã.

O objetivo dessa *mitzvah* é uma recordação permanente das origens e da razão por que os judeus existem. Como tratamos anteriormente, cada letra do alfabeto hebraico corresponde também a um algarismo numérico, e o valor numérico do vocábulo *tsitsit* corresponde a 600. Os cordões das franjas nos cantos do *talit* têm oito fios cada, e em cada canto cinco nós que unem os oito fios, que, somados, dão o número 13, fazendo alusão às 613 *mitzvot*. Assim, além da recordação permanente, também impele o indivíduo diariamente ao serviço divino e à submissão à vontade do Eterno.

O uso habitual do *talit* é na oração da manhã. Diferencia-se em dois tipos: o *gadol* (grande) e o *katan* (pequeno), que fica por debaixo da camisa. O manto grande é usado nas cerimônias de casamento. Um homem morto também é envolvido no seu *talit* para ser sepultado, porém tem os *tsitsit* retirados, pois com a morte acaba a obrigação das *mitzvot*.

Outra indumentária característica dos judeus e de uso exclusivo dos homens é a *kipah*. Na Torá, os sacerdotes tinham a obrigação, em seu uniforme, de utilizar uma cobertura na cabeça para os trabalhos do Templo. Esse costume passou para o povo como símbolo de humildade, uma vez que andar com a cabeça coberta é reconhecer que existe alguém que está sobre todas as coisas, o Criador. Aarão, o primeiro sacerdote, que só andava de cabeça coberta, tinha uma característica de personalidade muito especial, que era amar a paz e persegui-la. Assim, a *kipah* também faz relembrar na vida diária a busca permanente da paz, por isso usar cobertura é demonstrar aos demais que se está disposto a compartilhar.

Uma ordenança que também merece destaque é o *peot* (פאות – borda), parte preservada de cabelos nas laterais da cabeça, região da têmpora (*Vayikrá* 19:27). No Talmude aparece como modo de diferenciação dos povos idólatras, que tinham o costume de raspar as laterais da cabeça e a barba.

Existe uma discussão sobre o tema no que tange ao modo correto de conservar os cabelos laterais da cabeça. A unanimidade é proteger a têmpora, não raspando aquela região, mas deixar crescer depende normalmente da tradição seguida. Como mencionado anteriormente, os *Temanim* e algumas tradições *Azquenazim* deixam crescer, enquanto grupos sefarditas e o movimento hassídico Habade conservam os pelos nas têmporas e cortam para que não fique muito grande como em outras tradições.

4.3 Sinagogas, bênçãos e atos de bondade

Segundo a tradição judaica, as primeiras sinagogas surgiram à época do patriarca Jacó, no entanto, foram admitidas como instituições religiosas somente no momento do exílio babilônico. A *beit haKenesset* (בית כנסת – casa de reunião) tornou-se o lugar de reunir as comunidades para o estudo da Torá com todos os benefícios para as grandes decisões coletivas. A palavra tem origem grega e significa "congregação", mas, dependendo da tradição e do país, recebe outra denominação.

Foram registradas à época da destruição do Segundo Templo 394 sinagogas em Jerusalém. Suas funções entre as comunidades judaicas diaspóricas substituíram o papel do Templo; no entanto, essas comunidades já não podiam mais realizar os sacrifícios. Para atuar como lugar da fé judaica, foi necessário primeiramente reunir um *miniam* e congregar os judeus em torno de um *Sefer Torah* (Livro da Lei).

A sinagoga é o lugar em que as liturgias e as tradições são praticadas, onde se realizam os casamentos, as rezas, as circuncisões, as cerimônias de maioridade para meninos e meninas, as festas tradicionais do ano, as confraternizações, mas, acima de tudo, é um local de refúgio. Esses templos religiosos se constituíram como lugar fundamental para manter unidos os israelitas em torno da Torá, e foi justamente essa união que proporcionou a sobrevivência do povo hebreu no mundo.

As bênçãos do Eterno são relembradas várias vezes ao dia por meio das *brachot* (ברכות – bênçãos). Elas são elementos que trazem o Senhor para o mundo terreno, como abrir a porta e pedir a alguém de fora que entre na casa, que entre na vida da pessoa. Elas também são mandamentos da Torá, maneiras muito fortes de conexão das pessoas que estão fazendo as bênçãos com o Criador.

São muitas as formas de se conectar com o Eterno; diferentes canais de comunicação são estabelecidos quando realizamos a *mitzvah* de recitar bênçãos. Quando o fazemos, atraímos para nossa casa e nossos familiares proteção espiritual contra todo tipo de coisa ruim. Importante ressaltar que, quando alguém diz uma bênção, ao fim os que ouviram devem dizer *amen* (significa "que assim seja"), pois assim é como se a própria pessoa também tivesse feito a bênção, momento de criação de um anjo.

Amen é um acrônimo de *Al Melech Naaman* (Deus Rei de Confiança) e denota aceitar as palavras sagradas do outro; de imediato, recebe-se uma recompensa do Céu. Recitar as bênçãos corresponde a ter atitudes de reconhecimento da grandiosidade do Eterno em criar e manter o mundo em ordem; é elevar-se a si mesmo e tudo o que está em volta, pois as atitudes humanas devem ser em honra do Eterno.

As bênçãos devem ser recitadas diariamente até centenas de vezes em diferentes momentos, incluindo as rezas da manhã, da tarde e da noite. Sobre todos os alimentos, antes do consumo, antes de executar qualquer *mitzvot*, quando em admiração, pela vida, pela própria história do povo hebreu. Essa é uma maneira de reconhecer o comando do universo nas mãos do Criador e sua interferência misericordiosa nas provas e expiações do povo judeu.

Segundo o *PrkiAvot* (1:2, tradução nossa), "o mundo se sustenta graças a três coisas: o estudo da Torá, o serviço religioso e em *Guemilut Chassadim*" (גמילות חסדים – atos de bondade). Os atos de bondade são concretizados de inúmeras formas: ajudar no casamento dos noivos, levar a paz entre marido e mulher, levar a paz entre as pessoas, consolar um enlutado, honrar a memória dos mortos, respeitar os genitores, emprestar dinheiro a quem necessita e cobrar somente se ele puder pagar, fazer *tzedakah*.

A *tzedakah* está incluída nos atos de bondade, não sendo praticada no sábado nem nos dias festivos, tendo alcance somente entre os vivos. Dessa forma, tais atos se estendem a todas as direções, em todos os tempos e a todas as pessoas, e se constituem nas atitudes que evitarão os sofrimentos nos momentos difíceis da humanidade, ganhando lugar no *Olam haBaa* (mundo a vir).

4.4 Casamento, gravidez e nascimento

Na visão judaica sobre o casamento (*Kidushim* – חתונה), o casal não se une somente pelo casamento debaixo da *Chupah* (caixa), mas se reúne, pois tem uma mesma alma que se divide em dois ao nascer e volta a se juntar ao casar. São partes incompletas de uma unidade até o momento do reencontro no matrimônio.

O matrimônio é uma instituição divina que serve mais do que simplesmente formalizar uma relação; é um processo por meio do qual duas partes da mesma alma voltam a completar-se. Também simboliza a união do Eterno com o povo judeu.

Os costumes do casamento na cultura judaica exigem que, antes de tomar a decisão de contrair o matrimônio, o casal consulte as autoridades religiosas de sua congregação para estabelecer a cerimônia por *chupah* ou não, verificando se a data marcada é permitida para a realização do evento. No casamento judaico, ambos devem ser judeus, solteiros e também não podem ser filhos de adultério. São inúmeras as leis sobre o matrimônio, e é necessário ser rabino para realizar o casamento, pois, se o oficiante não dominar as leis pertinentes, este pode ser anulado.

Geralmente o rabino pede a *ketubah*, contrato matrimonial judaico dos pais do casal. No caso de alguém já ser divorciado, solicita-se a cópia do *guet* (documento de divórcio). Também é possível ter uma cópia dos documentos de casamento dos pais ou outro documento que confirma a judaicidade dos noivos. Na *ketubah* estão delineadas as responsabilidades do marido para com a esposa, com o objetivo de proteger a dignidade dela. Para que tenha validade, é necessário que a *ketubah* esteja compilada corretamente de acordo com as instruções ditadas pela lei judaica.

Um costume interessante são as sete voltas que a noiva realiza em torno do noivo, as quais têm diversas simbologias: os sete dias da criação, a formação de uma muralha protetora ao redor do marido, o papel da mulher na proteção da família e na destruição das muralhas que debilitam a família. Além disso, pode simbolizar a mulher desvendando os mistérios do noivo para transformá-lo em seu marido.

Realizam-se as *Sheva brachot* (Sete bênçãos) embaixo da *chupah*, momento em que o rabino faz a *bracha* (a bênção específica da ocasião) e bebe vinho junto com os noivos. O noivo coloca o anel no dedo da noiva enquanto diz as palavras de compromisso em sinal do enlace. A *ketubah*, depois de assinada, é lida em público.

Cobertos sobre o manto sagrado do noivo, os dois escutam as palavras finais e ele quebra a taça de vinho utilizada nas *brachot* embaixo da *chupah*. O gesto simboliza que, da mesma maneira que a taça não pode ser consertada, os noivos nunca mais voltarão ao passado e estão comprometidos para sempre, nos momentos felizes e tristes. Depois do casamento, eles devem dedicar sete dias para comemorar entre si, sentindo o prazer e a alegria de estar juntos.

Veja na Figura 4.2 a seguir o lugar onde os noivos são reunidos para celebrar a cerimônia de casamento.

Figura 4.2 – *Chupah* montada para um casamento judaico

A gravidez (*hariuch* – הריון) é um processo que deve ocorrer naturalmente entre judeus casados. Nos nove meses de gestação, tudo o que a mãe faz afeta o neném, por isso ela deve ter muito cuidado com a alimentação. É preciso atenção redobrada com a *kashrut* e com o que ela presencia, devendo ver somente coisas puras, pois até isso tem influência sobre a criança em gestação.

A mulher grávida e o pai necessitam agregar mais *tzedakah* em suas vidas nesses meses de gestação – todos os dias o esposo deve recitar o Salmo 20 e, depois, repetir o segundo versículo do capítulo. Na tradição judaica, a notícia da gestação deve ser dada depois do terceiro mês para evitar mau-olhado. Na preparação para receber o bebê, a recomendação é não comprar muitas coisas – somente aquilo que é necessário –, fazendo isso somente com o passar do tempo.

É proibido executar qualquer intervenção médica que possa afetar o neném. Sobre os jejuns (seis por ano), as mulheres grávidas devem jejuar somente em dois, *Tysha beAv* e *Yom Kipur,* que são os mais importantes. No entanto, estes só devem ser realizados se o médico permitir; caso necessitem alimentar-se, devem consumir alimentos em poucas quantidades e em intervalos de tempo, sem, no entanto, ficar saciadas, pois são dias de expiação.

A indução do parto está proibida na lei judaica; porém, se houver risco para mãe e para o bebê, deve ser feita. A regra geral é prezar pela saúde, cesárias no sábado são proibidas, mas, caso um parto seja natural, é importante que as pessoas envolvidas nas transgressões do sábado não sejam judias; se forem, devem buscar desrespeitar as leis o mínimo possível. Ademais, o esposo deve recitar salmos nesse período tão significativo.

No momento que a mulher dá à luz entra em um processo de impureza. Se o nascido for do sexo masculino, ela deve esperar sete dias para poder ir na *mikvah*; se for do sexo feminino, o tempo de espera é de 14 dias – em caso de cesariana, essa situação de impureza não é aplicável. É muito importante que o esposo não se encontre na sala de parto no momento do nascimento. Também ganha especial relevância a presença de salmos afixados nas paredes da sala de partos, maternidades, hospitais e na casa do recém-nascido, para que a criança já nasça envolvida pelas coisas da Torá. O nascimento dos filhos (*leidah* – לידה) é um dos maiores milagres da natureza, e o pai e a mãe devem dizer bênçãos, agradecendo pelo momento, pela vida da criança.

Os procedimentos de adaptação pós-parto variam de acordo com os costumes de cada comunidade. Se é um menino, os pais devem se preparar para o *Brit Milá* (ברית מילה – pacto da circuncisão), em que se faz um *kidush* com uma festa para celebrar o nascimento, dando nome ao recém-nascido. Depois do nascimento, a mãe não pode fazer jejum durante dois anos, pois está amamentando – levando em consideração a explicação anterior sobre o jejum de mulheres grávidas.

4.5 Pacto da circuncisão

A ordenança do pacto da circuncisão se encontra na *parashah Lech Lechá*. O recém-nascido deve ser circuncidado no oitavo dia, o que quer dizer que se deve esperar a passagem de um sábado. Nesse dia, a aproximação com o Eterno é muito maior e, como a circuncisão é um pacto com Ele, antes do pacto a criança se eleva ao Criador.

Quem aplica os procedimentos de circuncisão é denominado *moel*, aquele que detém os conhecimentos necessários para executar o procedimento. Não precisa ser um rabino, mas é importante a participação de um líder religioso nesse momento tão significativo para a criança e para os pais.

Os estudiosos do judaísmo buscaram explicações com os cientistas que auxiliam no entendimento de procedimentos como o da circuncisão. Chegaram à conclusão de que é justamente nesse período de oito dias que a cicatrização se torna mais eficiente, pois é o momento em que o corpo começa a processar a vitamina K.

Como tratamos anteriormente, tudo resulta da combinação numérica criada por Deus e está materializada em suas palavras por meio da Torá. Assim, para a *Kabbalah*, assunto que abordaremos mais adiante, a circuncisão está relacionada ao número oito, pois o número sete é o da natureza e está relacionado com a própria existência do mundo material. O número oito é o cume da transcendência, momento do término do ciclo da vida; é o sobrenatural, pois ultrapassou a matéria e transcendeu as regras da natureza.

A prática da circuncisão passou por reviravoltas nos períodos inquisitórios. Por isso, muitas comunidades deixaram de realizá-la, a fim de evitar a condenação e a morte na fogueira. Em determinados países protestantes e católicos, práticas judaicas foram proibidas. Os judeus tiveram de conviver com perseguições e preconceitos durante vários momentos dos últimos quatro séculos. Muitas comunidades se afastaram, rumando para o interior da

África Subsaariana, Leste Europeu e Região Amazônica, entre outros lugares. Na busca pelo afastamento das sociedades que as perseguiam, muitas foram vencidas pelo tempo e pela distância. O reduzido número de *moelim*, a falta de recursos e condições e a própria situação política e geográfica das localidades impediram a prática da circuncisão.

Com a criação do Estado de Israel, a globalização e a evolução das políticas de tolerância, as comunidades judaicas saíram do isolamento e muitas famílias passaram a fazer *teshuvah* (retorno às práticas judaicas). Começaram a se comunicar com centros de judaísmo para voltar a formar e capacitar os especialistas nas várias áreas de atuação na cultura judaica, dentre elas a de *moel*.

4.6 Carreira e sucesso; envelhecimento, falecimento e luto

Muitos leigos têm uma visão errada dos judeus e dizem, por exemplo, que todos são ricos. Ledo engano. As diferenças de classe abrangem todas as culturas e dependem muito do lugar onde vivem, do sistema político e econômico dos países nos quais habitam. Em lugares onde não há diferenças de classes, logicamente todos os membros das comunidades compartilham dos mesmos benefícios. Podemos citar os *kibutzim*, comunidades agrícolas autossustentáveis baseadas no modelo soviético.

Boa parte das famílias religiosas, habitantes dos grandes núcleos urbanos, vive da prática da Torá. Formam-se rabinos ou profissionais específicos para determinadas atividades como o abate de animais e a preparação de comidas *kasher*, mas a maioria se mantém com atividades comerciais variadas.

Os judeus que não são religiosos se envolvem em variadas ocupações, formam-se em profissões como as de qualquer pessoa com boas condições econômicas. No entanto, é importante ressaltar que a maioria deles crê que todo o êxito alcançado está relacionado diretamente com as bênçãos e a misericórdia do Eterno.

Fazendo alusão ao mencionado anteriormente, nenhum judeu relacionado às comunidades judaicas ativas passa por situação de pobreza extrema, pois a própria comunidade auxilia com emprego e abrigo. Todavia, levando em consideração a quantidade de descendentes de judeus em países como o Brasil, é comum avistar pelas ruas mendigos e famílias em situação de risco. Em Israel, assim como no Brasil, existe amparo do Estado por meio de políticas públicas que visam diminuir as diferenças de classes e evitar situações deploráveis de mendicância. Podemos citar como exemplo, no Brasil, o Programa Bolsa Família e o ensino público.

Outro aspecto da vida com o qual o judaísmo lida é o **envelhecimento**, que faz parte do ciclo da vida; no entanto, a maneira como as pessoas passam pelas fases é que as define no seu íntimo. Do mesmo modo como a inteligência e a riqueza são presentes do Eterno para os seres humanos, a beleza também.

Cada presente vem com um desafio. Um dos enfrentados pela beleza é a coerência. Todo o conceito de beleza parte do paraíso, do Jardim do Éden, lugar onde toda a aparência externa refletia a aparência interna; dessa maneira, tudo o que era belo e bom externamente também o era internamente. Depois que Eva e Adão comeram o fruto e a árvore[1] da Sabedoria do Bem e do Mal, o bom e o belo se separaram.

Nesse entendimento, no mundo material as coisas belas não são necessariamente boas, e vice-versa. Daí parte a possibilidade do engano, pois o externo não reflete o interno. Assim, é preciso sabedoria e sensibilidade para discernir o externo do interno, ou o belo do feio, ou o bom do ruim.

---

1 Na versão judaica, Eva e Adão comeram, além do fruto, também a árvore.

Os mais vaidosos procuram sempre meios específicos para retardar ou ocultar os sinais de envelhecimento, submetendo-se a procedimentos cirúrgicos a fim de sentirem-se mais aceitos socialmente. Deve ficar claro que a Torá reprova essas condutas e orienta para que os judeus encarem o tempo com naturalidade e principalmente na prática da Torá, pois ela mesma proporciona, rejuvenesce e prolonga a vida.

Ser jovem ou idoso depende do ponto de vista, pois nem sempre ser mais velho é sinal de sabedoria, assim como ser mais jovem não é sinônimo de vitalidade e beleza. Porém, a idade está relacionada ao tempo, por isso subentende-se que, quanto mais tempo, mais conhecimento. A grande questão recai sobre como o tempo foi utilizado.

Na sociedade moderna, na qual trabalhar muitas horas é o meio de garantir a sobrevivência, muitas pessoas perdem um precioso tempo em atividades que restringem o acesso ao conhecimento. Entretanto, a quantidade de informação adquirida também não quer dizer sabedoria, pois essa virtude está relacionada ao bom uso e à seleção do que se recebe. Se alguém passou a vida em atividades vãs ou acorrentado ao trabalho, não poderá se desenvolver como os que foram criados livres e voltados para o estudo da Torá e a prática das virtudes.

A morte é a separação do corpo físico do corpo espiritual, momento de abandono das *mitzvot* e retorno ao outro mundo no qual habitam os antepassados à espera da ressurreição ou da próxima encarnação. A reencarnação é aceita pelo judaísmo e compreende a crença no retorno dos espíritos que habitam o mundo das almas para o mundo material, visando à sua evolução como alma que busca a perfeição até o momento onde não será necessário mais reencarnar e, assim, poderão esperar a redenção e, consequentemente, a ressurreição dos mortos.

A crença da reencarnação no judaísmo supõe que, após completar os objetivos traçados pelo Eterno, o judeu não necessitará mais reencarnar. Alguns acreditam que existe um pequeno osso localizado nas proximidades da coluna vertebral e do crânio e que ele será o restituidor nos corpos que não se desintegrarem, como o corpo dos *tzadikim* (justos), porque estes não necessitam mais da reencarnação e seus corpos serão ressuscitados com a vinda do Messias.

Logo após o falecimento, devem-se abrir as portas e janelas e cobrir o rosto do morto com um pano branco, de preferência linho, retirar todos seus pertences e roupas, colocar o corpo no chão com os pés voltados para a porta; próximo da cabeça se acendem duas velas para iluminar o caminho da ascensão da alma. É proibido cremar um corpo de judeu, e ninguém deve se alimentar no mesmo local onde se está preparando e velando o morto. O processo de preparação do corpo compreende importante etapa nos procedimentos fúnebres. Fazendo a *taharah* (lavagem do corpo), costura-se com linho branco uma mortalha envolvendo o morto e, depois, se for do sexo masculino e tiver passado pelo *Bar Mitzva*, deverá ser envolvido pelo seu manto sagrado.

As cerimônias fúnebres compreendem um conjunto de rezas específicas retiradas da Torá que servem para ajudar na elevação dos mortos e auxiliar no consolo dos enlutados. Forma-se um *miniam* para o *kadish* e são estabelecidas regras para esses dias, como derramar as águas dos recipientes, por conta das impurezas da morte, e tapar os espelhos para que a alma em ascensão, ao passar por sua antiga casa terrena, não reflita sua imagem.

Acompanhar um féretro é um *mitzah* muito forte, assim como honrar a boa memória dos mortos e rezar pela ascensão das suas almas. É proibido sepultar no sábado, sendo costume que cada homem presente ajude a enterrar o morto jogando um pouco de terra sobre seu esquife ou usando uma ferramenta para ajudar a cobrir o túmulo. É preciso ter muito cuidado para nunca jogar com rapidez a terra, a fim de que não pareça que se está querendo livrar-se do morto. Finalmente, como símbolo de complacência e misericórdia, coloca-se uma pedra, encerrando o enterro.

São oito os parentes que devem praticar o luto: pai e mãe, filho e filha, irmão e irmã, esposo e esposa. É costume de tempos remotos fazer a *keriah*, que compreende um rasgo na roupa em sinal de luto. Nos sete dias, os enlutados devem permanecer em casa e praticar uma série de cuidados relacionados à tradição, como atividades de misericórdia, acendimento de velas e rezas específicas.

Síntese

Neste capítulo, abordamos os principais momentos da vida de um judeu, desde o nascimento até o momento da morte. Apontamos as características fundamentais da prática religiosa e suas peculiaridades essenciais que constituem os traços definidores dos judeus praticantes. Dentre essas práticas, o *Shabat* talvez seja a mais importante de todas.

Também conhecemos outros aspectos significativos dos judeus, como suas vestimentas tradicionais e seus significados, o banho ritual e as leis de pureza, os alimentos "kasherizados" e todo o ciclo da vida, desde o nascimento e o pacto da circuncisão até a morte e os procedimentos de velório e luto.

Indicações culturais

Um violinista no telhado é uma comédia musical de 1971. Narra a história de um leiteiro que vive numa comunidade de judeus em uma aldeia da Rússia czarista do início do século XX. No filme, várias canções judaicas são tocadas e cantadas e diversos aspectos da cultura e da tradição judaica são tratados.

UM VIOLINISTA no telhado. Direção: Norman Jewison. EUA: MGM, 1971. 179 min.

Atividades de autoavaliação

1. O sábado é de grande importância para a cultura judaica, tendo em vista sua característica de repouso, já que no sétimo dia o Eterno parou toda a sua obra. Aponte nas alternativas seguintes quais atividades e características **não** estão relacionadas ao sábado:

    A) Proibição de realizar quaisquer atividades econômicas.
    B) Permissão de preparar comidas e outras atividades não econômicas, como lavar a roupa.
    C) Estudar a Torá, reunir-se com a família, rezar na sinagoga, fazer *kidush* com o vinho e o *havdalah*.
    D) Antes do sábado deve-se organizar tudo para as atividades desse dia a fim de evitar transgressões.
    E) Acendimento da vela do sábado e o *Kabbalah Shabat*.

2. Em Levítico aparecem algumas características de animais que poderiam ser consumidos tendo em vista a pureza dos seus corpos, sendo, assim, aptos para a nutrição de um hebreu. A esse respeito, analise as afirmações a seguir.

    I. A *kashrut* corresponde às leis de pureza alimentar e está estritamente proibida sua prática entre pessoas que não têm descendência judaica.
    II. Na *kashrut* estão as proibições de misturar carne de gado e seus derivados com laticínios, estabelecendo horas de consumo entre um alimento e outro.
    III. Comer carne e peixe no mesmo prato, alimentar-se de sangue e de animais dilacerados não são práticas observadas na *kashrut*.

Assinale a alternativa que apresenta a resposta correta:

A] As afirmações I e III são verdadeiras.
B] As afirmações II e III são verdadeiras.
C] Todas as afirmações são verdadeiras.
D] Todas as afirmações são falsas.
E] Somente a afirmação II é verdadeira.

3. Sobre as sinagogas, marque a opção **incorreta**:
   A] São templos judaicos com finalidades estritamente religiosas e atendem somente às comunidades de judeus.
   B] A construção das sinagogas teve início após a destruição do Templo de Jerusalém e da diáspora.
   C] Além da característica religiosa, também tem função política e econômica, visando à ascensão social dos seus membros.
   D] Local que também se destina a eventos sociais como casamentos e festas religiosas, que visam à continuidade da tradição judaica.
   E] Pontos de referência para encontrar os judeus membros de uma comunidade local.

4. Sobre o matrimônio, aponte a alternativa que **não** corresponde à tradição judaica:
   A] O matrimônio é uma instituição divina que serve mais do que simplesmente para formalizar uma relação; é um processo por meio do qual duas partes da mesma alma voltam a se completar.
   B] É comum a conversão de não judeus por desejarem o casamento judaico. Após os procedimentos legais do judaísmo, são aceitos pela comunidade, que emite o *guet*.
   C] Os costumes do casamento na cultura judaica exigem que, antes de os noivos tomarem a decisão do enlace, devem consultar as autoridades religiosas da sua congregação para estabelecer se casam ou não por *chupah*.

d) Geralmente, o rabino pede a *ketubah*, contrato matrimonial judaico dos pais do casal.
e) No caso de alguém já ser divorciado, é solicitada a cópia do *guet*, documento de divórcio.

5. A ordenança do pacto da circuncisão é o grande divisor de águas para estabelecer a diferença entre homens judeus e não judeus. Assim, o recém-nascido deve ser circuncidado no oitavo dia. A esse respeito, analise as afirmações a seguir.
   I. O pacto da circuncisão foi estabelecido por D-us ao patriarca Abraão e a todos os seus descendentes.
   II. Todo homem judeu que não se circuncidou na época certa deverá fazê-lo logo que tenha a oportunidade.
   III. Muitos judeus não foram circuncidados porque sofreram perseguições e foram obrigados a deixar essa prática.

   Assinale a alternativa que apresenta a resposta correta:
   a) Todas as informações são falsas.
   b) As informações II e III são verdadeiras.
   c) Somente a informação III é falsa.
   d) Somente a informação III é verdadeira.
   e) Todas as informações são verdadeiras.

Atividades de aprendizagem

Questões para reflexão

A prática da circuncisão passou por reviravoltas nos períodos inquisitórios, e muitas comunidades deixaram de realizá-la para evitar a condenação e morte na fogueira. Em determinadas localidades e países de protestantes e católicos, práticas judaicas foram proibidas. Os judeus que não são religiosos se envolvem em variadas ocupações, por exemplo profissionais liberais formados em muitas profissões como as de qualquer pessoa com boas condições econômicas, principalmente comerciantes. No entanto, é importante ressaltar que a maioria deles crê que todo o êxito alcançado está relacionado diretamente com as bênçãos e a misericórdia do Eterno.

Com base no trecho e pensando no que foi visto neste capítulo, responda às questões a seguir.

1. É possível afirmar que o homem judeu é somente aquele que passou pelo procedimento do Brit Milá? Comente.
2. Existe judeu pobre? Por que as pessoas afirmam que todos os judeus são ricos?

Atividade aplicada: prática

1. Visite uma sinagoga ou judiaria da sua cidade e anote suas impressões. Caso não tenha na sua cidade, procure na internet algum vídeo que mostre os rituais judaicos e tome nota sobre as práticas que mais lhe chamaram a atenção.

5
AS COMEMORAÇÕES JUDAICAS

As comemorações judaicas estão baseadas na história do povo hebreu e obedecem ao calendário lunar. Neste capítulo, trataremos das principais comemorações do calendário judaico, dando destaque a suas liturgias, bem como à importância delas para a continuidade da tradição ancestral do povo judaico. O calendário é lunissolar e está adaptado aos ciclos da Lua. Está dividido em doze: Tishrei (תשרי), Cheshvan (חשוון), Kislev (כסלו), Tevet (טבת), Shevat (שבט), Adar (אדר), Nissan (ניסן), Liyar (אייר), Sivan (סיוון), Tamuz (תמוז), Av (אב), Elul (אלול).

Também apresentaremos os aspectos históricos e os fundamentos das festas de *Sucot* e *Simchat Torah*. Apontaremos importantes aspectos do dia 10 de Téved e a relevância das festas de *Tu Bishvat* e *Purim*, suas narrativas históricas e seus costumes. Abordaremos ainda a história e os fundamentos das festas de *Pessach*, *Yom Kipur*, *Hanukah* e suas características litúrgicas.

As celebrações judaicas envolvem uma série de momentos e eventos que constituem as tradições desse povo. No Quadro 5.1 estão elencadas as mais significativas, identificando também a data em que ocorrem.

QUADRO 5.1 – As celebrações judaicas

Evento	Acontecimento	Data
Rosh Hashanah	Ano Novo judaico	Elul e Tishrei
Yom Kipur	Dia da Expiação	9 Tishrei
Sucot	Festa das Cabanas	Erev dia 14/15-21 Tishrei
Shemini Atzeret	Conexão do Oitavo Dia	22/23 de Tishrei
Simchat Torah	Alegria da Torá	22/23 de Tishrei
Hanukah	Festa das Luzes	24-3/4 de Tevet
Esser beTevet	Jejum do cerco de Jerusalém	10 de Tevet
Tu Bishvat	Ano Novo das Árvores	15 de Shevat
Purim	Festa do Sorteio	13-14/15 de Adar
Pessach	Festa da Páscoa	15/16-21/22 de Sivan
Pessach Sheni	Segundo Pessach	14 de Liar
Sefirat haÔmer	Contagem de Ômer	49 dias entre Pessach e Shavuot
Lag BâÔmer	33 do Ômer	No dia 33 da contagem entre Pessach e Shavuot
Shavuot	Festa das Semanas/Pentecostes	5-6/7 Sivan
Tisha BeAv	Destruição das muralhas de Jerusalém	17 de Tamuz à 9 de Av
Tu BeAv	Dia Feliz	15 de Av

A partir de agora, vamos descrever e detalhar cada uma delas, destacando seus aspectos mais significativos.

5.1 Cabeça do Ano e Dia da Expiação

Rosh Hashanah (ראש השנה – Cabeça do Ano) é considerado no calendário judaico o primeiro dia da criação. Os dois dias iniciais do mês de *Tishrei* marcam o início do ano novo, momento em que cada pessoa deve fazer um balanço das relações estabelecidas com o Eterno e com a humanidade.

Tornou-se um tempo de arrependimento e oração para planejar melhores condutas e como será o ano que começa. É um momento de seriedade e gravidade, dia de juízo divino e temeridade, que compreende os *Yomim Noraim* (Dias Terríveis), que se estendem até *Yom Kipur* (יום כיפור – Dia da Expiação). Trata-se da circunstância de pedido de perdão e arrependimento.

Rosh Hashanah compreende a *teshuvah* (retorno/arrependimento) do pecado para as boas ações. Tradicionalmente se sopra e se ouve o som do *shofar*, considerado por muitos a principal *mitzvah* desse período – muitos judeus se dirigem à sinagoga para ouvir o som do *shofar* (chifre).

O *shofar* é um instrumento de sopro, feito de chifre de carneiro da montanha; dele são tirados três toques ou melodias: *Tekyah*, com um som amplo; *Shevarym*, com um som mais pausado; e *Truah*, um som com muitas pausas. São diferentes costumes de tocar o *shofar*.

A noite de *Rosh Hashanah* é um momento festivo em que todos participam com suas famílias para realizar um *seder* (ordem), em que se organiza um banquete festivo. As mulheres acendem velas em recordação do momento da criação e pelo julgamento e todos se saúdam desejando que o Eterno escreva o nome da pessoa no Livro da Vida.

No *seder* se come tradicionalmente a romã, recitando bênçãos para que as alegrias do novo ano sejam muitas, cheias de *mitzvot* como as 613 sementes da fruta. Também são consumidas maçãs que, ritualisticamene, são meladas no mel e, em seguida, levadas à boca para que o ano seja bom e doce. Além disso, prepara-se a cabeça de um animal *kasher*, normalmente cabeça de peixe para que sejam a frente, e não a traseira. Também são consumidos beterraba, damasco, leguminosas e alho-poró.

Entre *Rosh Hashanah* e *Yom Kipur* existe o período de *Yomim Noraim*. *Yom Kipur* é o mais terrível de todos, dia em que o Eterno perdoa e no qual não se come, não se bebe, não se usam calçados de couro para demonstrar piedade, não se toma banho ou se passam unguentos perfumados. Ao fim dele se executa o som do *shofar* para recordar às pessoas aquilo que fizeram mal, se provocaram pranto ou se provocaram a fúria do Eterno com o sofrimento dos semelhantes.

Atos de maldade que causam lágrimas fecham os portões do perdão. Assim, deve-se procurar a aproximação com as desavenças, buscando consolar os que sofreram danos; são inúmeras as tentativas de sanar os danos até lograr êxito. Antes do Dia Terrível se realiza a *kaparah* (expiação), momento em que se abate uma galinha para as mulheres e um galo para os homens e, depois, se prepara o animal e se oferece aos necessitados. Outra situação é a doação de dinheiro como forma de *kaparah*.

Na crença judaica, no *Yom Kipur* se revela a presença de D-us de maneira muito forte, o que limpa os pecados das pessoas. Entretanto, isso não depende somente do *Yom Kipur*, mas também da *teshuvah* delas. A *teshuvah* (retorno) compreende o arrependimento e o regresso para a Torá, o que significa que, quando a pessoa que estava saindo dos preceitos se arrepende e assume a responsabilidade de não voltar a transgredir, inicia-se o processo de *teshuvah*, que limpa os pecados junto com o *Yom Kipur*.

Depois, em nível superior de espiritualidade, a pessoa não comete transgressão nem existe mais a intenção de transgredir. No entanto, o Eterno é como o infinito e as pessoas possuem a infinita capacidade de aproximação dEle, e mesmo o ser humano sendo limitado, é possível estar constantemente se aproximando do Eterno.

Todas as *mitzvot* têm uma medida, em que os observantes devem saber quando já foi cumprida a obrigação. Torna-se algo que não tem fim, pois não é possível em nosso mundo limitado concebermos coisas ilimitadas. É muito difícil saber quando alcançamos verdadeiramente o primeiro nível da *teshuvah*, o segundo nível ou nível superior, que é o de aproximação de D-us.

5.2 Festa das Cabanas e Alegria da Torá

Dentre as *mitzvot* está a festa de *Sucot* (סוכות – Cabanas), que compreende construir a *sucah* (cabana) para relembrar a proteção do Eterno e a bênção sobre os Quatro *Minim* (espécies) e que tem seu desfecho no *Simchat Torah* (שמחת תורה – alegria da Torá). É o prenúncio do inverno, a bênção sobre os *minim* representa a confirmação do preparo e precaução para essa estação.

Na *sucah* as pessoas ficam expostas às forças da natureza e aos perigos de um mundo que não teme ao Eterno. Por isso, a fragilidade dessa habitação nos mostra que devemos confiar na proteção do Senhor, que fez o povo hebraico viver em cabanas durante 40 anos no deserto porque duvidou do Seu poder. Toda uma geração ficou condenada a perecer no deserto, e somente depois seus descendentes veriam a Terra Prometida.

Por isso, a festa lembra esse período em que o povo de Israel ficou exposto aos perigos e às intempéries. No entanto, o Eterno os protegeu pela fé, com nuvens de glória. Dentro da cabana e durante sete dias de comemoração, toda a família deve fazer as principais refeições, recitar salmos e principalmente estar alegre com a comemoração, e ainda, se possível, dormir.

Na tradição é preferível construir a *sucah* antes de *Yom Kipur*, pois logo depois é festa de *Sucot* e muitas coisas deverão ser concluídas, como as comidas e os enfeites das cabanas. Também é um período de fé e esperança no Eterno, sete dias de comemoração iniciados a partir de 15 de *Tishrei* nos quais são realizadas as bênçãos sobre as Quatro Espécies durante a semana, menos *Shabat*.

As *brachot* (bênçãos) devem ser realizadas durante todo o dia, de preferência antes das orações matinais (*Shacharit*). Deve-se fazer as bênçãos sobre as Quatro Espécies de vegetais, que são: uma palma de tamareira (*lulav*), dois ramos de salgueiro (*aravot*), uma cidra (*etrog*) e três ramos de murta (*hadassim*).

A prática das bênçãos sobre as espécies serve para recordar os quatro tipos de judeus: o *etrog* tem sabor e aroma e representa o judeu que estuda e pratica os ensinamentos da Torá; o *Iulav*, que tem sabor mas não tem aroma, simboliza o judeus que estudam a Torá, mas não a praticam; a murta tem aroma mas não tem sabor e representa o judeu que não estuda, mas busca praticar o pouco que sabe de Torá; por fim, o salgueiro, que não tem sabor nem aroma, representa o judeu que não estuda nem pratica os ensinamentos da Torá.

A parte litúrgica da comemoração começa após o *Arvit* (oração da noite), quando é feito o *Kidush* (bênção sobre o vinho). O jantar fornece comidas típicas para a ocasião, como a chala redonda (pão), mergulhando-a no mel antes de comer.

Deve-se receitar as tradicionais orações da festa que relembram a obrigação de acender a vela de *Yom Tov* (Dia Bom/Dia Festivo); a oração que recorda o povo chegar até o dia presente e o mandamento de segurar o *lulav*; e outras complementares realizadas em *Shacharit*, *Mincha* (oração da tarde) e *Arvit*.

Shemini Atzeret (שמיני עצרת – detido no oitavo dia) define o término de *Sucot*, é uma festa independente no dia posterior, culminando no outro dia com a festa de *Simchat Torah*, que marca o término do estágio conclusivo da leitura da Torá. É um evento de muita alegria porque o Eterno elegeu o povo hebreu e entregou a Torá; a alegria de *Simchat Torah* é maior que a de toda a *Sucot*, que é um costume que está escrito como *mitzvah* na Torá. Justamente por não ser uma *mitzvah*, esse dia se torna mais alegre, pois é uma alegria elegida, plena, que surge do mais profundo do ser.

Assim, por meio do estudo da Torá, as pessoas projetam a energia concentrada nela para este mundo, o mundo material, e ela é a própria essência do Eterno. Assim, quando estudada na terra, se projeta a própria essência do Eterno; no entanto, tal essência se projeta no nível intelectual de estudo da Torá.

A alegria de *Simchat Torah* leva os judeus às ruas para comemorarem e dançarem com a Torá. Eles agradecem ao Eterno pelo recebimento do livro que permite a conexão com o mundo espiritual e se alegram pela possibilidade de estudá-lo com profundidade e de ser o Povo do Livro.

5.3 *Hanukah* e 10 de Tevet

A festa de *Hanukah* (חנוכה – dedicação) comemora um grande milagre ocorrido com o povo de Israel na época do Segundo Templo, período em que Israel estava ocupado pelo império macedônico de Alexandre. Os macedônios, objetivando desmoralizar os israelitas, passaram a atrapalhar as práticas litúrgicas no Templo de Jerusalém, além de impedir a *Brit Milá* (circuncisão), o *Shabat* e outras manifestações da cultura judaica.

Israel começou a resistir à ocupação grega passando a combater no sistema de guerrilhas. Liderado pelos *Reshmonaim*, uma família de *cohanim* (sacerdotes), venceram a principal batalha e retornaram ao Templo para acender as lâmpadas da *menorah*. Suas luzes jamais deveriam se apagar, por isso as lâmpadas deveriam sempre estar reabastecidas para a continuação da chama.

Os sacerdotes, ao buscarem óleo para reabastecer as lâmpadas, perceberam que os recipientes que continham o líquido foram profanados pelos inimigos que haviam invadido o Templo. Entretanto, encontraram uma quantidade de óleo intocada que era suficiente para deixar acesas as luzes da *menorah* por mais um dia; para produzir mais óleo, seriam necessários oito dias. Foi então que o Eterno fez um milagre: o óleo encontrado durou oito dias, tempo suficiente para a produção de mais combustível para as lâmpadas. Assim, a festa é comemorada durante oito dias e celebra o milagre de vencer uma guerra contra inimigos tão poderosos quanto os macedônios.

A obrigação da festa está no acendimento de oito chamas de *Hanukah* na *hanukiah*, um candelabro de oito braços feito especificamente para o festejo. Segundo as leis que incidem sobre o festejo, as velas devem ser acesas logo após o pôr do sol – elas, e também o óleo de oliva, devem ser suficientes para, no mínimo, meia hora de luz.

No primeiro dia se acende uma chama; no segundo dia, duas; e assim sucessivamente. Vale lembrar que isso deve ser feito com o *shamash*, vela ou chama sobressalente que serve especificamente para acender as chamas da *hanukiah*. O procedimento ocorre da esquerda para a direita, acrescentando a cada dia uma chama até completar os oito braços do candelabro.

Tanto o óleo de oliva quanto a vela devem ser *kasher*, evitando profanar a *mitzvah*, assim como fizeram os macedônios. Para recordar os milagres realizados naquela época e nos dias atuais, além da *bracha* de agradecimentos pela vida e pela manutenção e proteção para chegar nos tempos atuais, também recita-se uma bênção de ordenança do Eterno para acender as velas de *Hanukah*.

No ano de 423 a.e.v., *Nevuchadnetsar* (Nabucodonosor), rei da Babilônia, rodeou a cidade de Jerusalém e iniciou o cerco para mais tarde efetivar sua destruição. Cinco *taanit* (jejum) estão vinculados a esse acontecimento catastrófico: o 10 de *Teved*; depois, o 17 de *Tamuz*, relacionado aos babilônios que penetraram as muralhas de Jerusalém; posteriormente, o 9 de *Av*, quando Nabucodonosor destruiu o Templo; a seguir, o 3 de *Thisrei*, quando Guedália, colocado como govenador de Jerusalém para reconstruir a cidade e organizar um novo assentamento judaico, foi traído e assassinado; e 13 de *Adar*, quando o malvado Haman decretou a morte dos judeus.

O dia 10 de *Teved* (חנוכה ו עשר בטבת) é um *taanit* de recordação do momento terrível do cerco de Jerusalém, o começo da destruição de toda a cidade e do Templo, porém sua gravidade não é comparável ao 9 de *Av*. Por ser o início de grande desgraça para Israel, tornou-se uma data que lembra os tristes eventos posteriormente ocorridos.

Tradicionalmente, a data marca um momento no qual devemos ser extremamente cuidadosos, pois o sítio, a conquista e a destruição de Jerusalém se devem à falta de amor ao próximo – havia ódio entre os hebreus, por isso o Templo de Jerusalém foi destruído. Na cidade sitiada, as pessoas não podiam sair nem entrar e eram obrigadas a viver juntas e buscar soluções para os acontecimentos. Se o amor entre o povo de Israel tivesse sido verdadeiro e tolerante, o *galut* (exílio) não teria ocorrido.

5.4 15 de Shevat e *Purim*

A comemoração de *Tu Bishvat* (ט"ו בשבט) é conhecida como Festa das Árvores e acontece no dia 15 do mês de *Shevat* do calendário judaico – oscila entre janeiro e fevereiro. Também conhecida como *Rosh Hashana* das Árvores, marca o início do ano para as árvores. É a comemoração da vida, pois está escrito em *Devarim* (20: 19): "O ser humano é como a árvore do campo".

Quando os hebreus entraram na terra de Israel, a Terra Prometida, encontraram-na cheia de árvores. O Eterno orientou que não se acomodassem com aquela quantidade; ao contrário, deveriam plantar mais para as próximas gerações. Além disso, em *Devarim* (14: 28-29), o Eterno recomendou que todo o Israel, depois de três anos, coletasse a décima parte dos produtos do ano e guardasse nas cidades. Ali iriam os que não tinham porção da terra nem herança – os levitas, os estrangeiros, os órfãos e as viúvas que estivessem em meio ao povo – e comeriam e se saciariam para que as bênçãos do Senhor recaíssem sobre todos.

Eram vários os *minhaguim* (costumes) envolvidos e, nessa ocasião, aumentou a quantidade de frutas no consumo. No século XVII, as comunidades se dedicaram a consumir 30 tipos diferentes; o *seder* era realizado com essas frutas variadas, além de se tomarem quatro copos de vinho, numa mistura de vinho tinto e vinho branco, e de lerem as passagens que falavam desse dia.

No fim do século XIX, os judeus passaram a plantar árvores nos bosques e arborizar os lugares sem vegetação; também nos núcleos de ensino divulgavam aos estudantes a importância da natureza e do meio ambiente, cuidando sempre de limpar os bosques.

Já a festa de *Purim* (פורים) está diretamente relacionada aos acontecimentos da *meguilah* de Ester – conforme visto no Capítulo 2 deste livro – e relembra o período dos acontecimentos no período de exílio na Babilônia do reinado do Rei Assuero. Conta sobre a salvação dos hebreus das mãos do maldoso *Haman* e seu plano para exterminar os judeus. *Mordechai*, da família de Ester, esposa de *Achashverosh*, descobriu a trama e, juntos, jejuaram e desfizeram a trama maligna.

O *Hag Purim* é celebrado no dia 14 de *Adar*, sendo realizado o tradicional *Taanit Ester* (Jejum de Ester). Ele começa ao nascer do dia, na véspera, e termina no pôr do sol com a festa que se inicia ao anoitecer e dura até o fim do dia.

Na manhã do *Taanit Ester* as *tefilot* são feitas, incluindo-se o *Aneinu* (responda-nos), uma reza adicional, com leitura da Torá, e a súplica *Avinu Malkenu* (Nosso Pai, Nosso Rei), uma oração complementar recitada pela congregação. As maneiras de proceder dependem também do dia da semana em que cairá o festejo, tendo em vista os anos bissextos e os meses de *Adar I e Adar II*.

Dentre os costumes praticados em *Purim* pelas comunidades judaicas está o *Mishloah Manot* (Enviar porções/bocados) aos outros judeus. Em algumas comunidades foi adotada a prática de doar meio *shekel* (moeda israelense) para recordação dos impostos da época, mas em outras mundo afora o costume está em fazer *tzedakah* (justiça/caridade) com a moeda disponível. Também as pessoas vestem fantasias alegres e coloridas.

O jantar festivo *seudah Purim* é realizado com muita comida, doces e bebidas alcoólicas, chegando a ser uma *mitzvah* ficar inebriado e sem poder distinguir entre a maldição e a bênção sobre *Haman* e *Mordechai;* são liberados da obrigação as crianças, as mulheres e os idosos. Nessa ocasião, aqueles que não podem fazer uso de etílicos cumprem a *mitzvah* indo dormir.

5.5 Páscoa, Segunda Páscoa, *Shavuot*, *Lag baÔmer* e *Sefirat haÔmer*

No judaísmo, dois eventos fundamentais marcam as coordenadas da cultura e da experiência hebraica: a criação do universo e a saída do Egito. Ambos vêm continuamente recordados em todas as rezas e em muitas bendições.

No entanto, se a criação não pode ser revivida, é um dever preciso de cada hebreu considerar a si próprio em cada momento, como se tivesse acabado de sair da escravidão egípcia, reviver aquele momento uma vez no ano por meio dos exatos preceitos e rituais, narrando aos próprios filhos.

A narrativa bíblica do Êxodo narra a fuga no dia 14 de *Nissan* e coloca o fim da servidão egípcia na noite de 15 de *Nissan,* o mês hebraico da primavera. *Pessach* (פסח – Páscoa) é, de fato, também chamada de *Festa da Primavera*, do retorno à vida na natureza com o florescer, com a liberdade novamente adquirida, é a páscoa judaica. Igualmente, *Pessach* é chamada de *Festa da Liberdade*. O nome hebraico *Pessach* indica um salto, um pulo, uma passagem, porque o Anjo do Senhor veio e espremeu a vida dos primogênitos egípcios, passou por cima e descartou as casas dos hebreus que marcaram os umbrais das portas de sangue de cordeiro, o sacrifício pascoal.

A festa dura sete dias – na diáspora, são oito – e os dois primeiros e os dois últimos são de festa solene. Trata-se de um evento familiar, em que as famílias se reúnem, porque foram elas, inteiras, a saírem do Egito atravessando o Mar Vermelho em direção à liberdade. Esse evento é revivido na data da libertação, sendo narrado (por meio do livro de *Hagadah Pessach*) durante o *Seder* de *Pessach*, o banquete festivo.

Deve haver muita ordem, porque se volta para um ritual preciso, que visa suscitar questões e discussões. Sobretudo os mais jovens são os que mais perguntam, e cada interrogativa se refere ao significado da história bíblica e como esses ensinamentos servem para os dias de hoje.

Pessach é uma festa marcada pela ausência de alimentos levedados, já que os hebreus, em fuga, não tiveram tempo para fazer levedar os pães. Além disso, o levedo representa a soberba, que faz inflar a si próprio sem razão, pois não é ela que leva à liberdade interior e exterior. Nessa festa, come-se também o *maror*, a erva amarga, em recordação da amargura que o povo hebreu sofreu durante a escravidão. A *matza*, pão ázimo, é o pão da aflição e da pobreza, "o pão do humilde".

A primeira e a segunda noites de *Pessach* são feitas com um entrelaçado de contos, leituras, comidas, rituais e tudo completamente incomum em comparação aos outros dias do ano, cantos e alegria retida, parcial. Por que a alegria é retida? Porque a libertação dos hebreus ocorreu ao preço de muitos egípcios, e não é possível se alegrar plenamente quando o próprio bem-estar é acompanhado inevitavelmente da desgraça de outros.

Depois de segura, e passados doze meses da saída do *Mitzraim*, no dia 14 de *Nissan* a congregação fez a oferenda de *Pessach*. No entanto, muitos hebreus não conseguiram ofertar com a comunidade, pois seus corpos estavam impurificados com cadáveres. Assim, foi estabelecido pelo Eterno que os distantes e os impurificados deveriam fazer a oferta um mês depois, quando já não mais estivessem impuros. Esse momento é denominado *Pessach Sheni* (פסח שני – Segunda Páscoa), porque foi realizado pela segunda vez no segundo mês.

Shavuot (שבועות – sete semanas) é um dia único, original e carregado de energia, ocorrido em 6 de *Sivan*. É a festa de manifestação do Eterno, pelo qual Ele entrega a si mesmo com a Torá. Podemos alcançar o Eterno por meio das conexões realizadas pelo estudo e pela prática dos conhecimentos da Torá. O momento marca o encontro do mundo espiritual com o material, uma data de conexão do plano astral com o físico, em que a matéria se elevou ao espírito e, então, a Torá foi materializada. *Moshe Rabenu* subiu o Monte *Horev* (Sinai) e ali houve a conexão por intermédio de *Moshe Rabenu* das Leis do Eterno para o povo hebraico.

Shavuot lembra e fortalece essa conexão com a alegria e o regozijo no estudo da Torá, uma festa com data marcada para comemorar as palavras do Eterno. Por isso, a bendição para o estudo da Torá transmite que ela nos é dada no presente, pois existe a conexão constante, dependendo de cada pessoa a maneira de desfrutar dessa revelação.

O Eterno entregou a Torá em três partes, para um povo de três partes, por meio do terceiro irmão, no terceiro mês. Ela tem três partes visto que está constituída dos cinco livros de *Moisés*, os *Neviim* (Livros dos Profetas) e o *Ketubim* (Escritos). Um povo triplo, porque está constituído de *Cohanim* (sacerdotes), *Leviim* (ajudantes dos sacerdotes) e *Israelim* (restante do povo Israelita); e Moisés, o mais jovem dos irmãos de Miriam e Aarão; e o tempo de *Sivan*, terceiro mês do calendário judaico (recebimento da Torá).

Os três meses até o recebimento da Torá têm características específicas. *Nissam ou Nissim* (milagre) é o mês da saída do Egito. O Eterno se revelou de maneiras miraculosas e retirou da escravidão as tribos de Israel; Ele se manifestou fora das leis da natureza, coisas advindas diretamente do Criador, interferindo nos fenômenos da natureza para materializar a Torá.

O segundo mês é *Aiar ou Liar*, durante o qual temos a contagem de Ômer; não somente contar os dias, mas o refinamento da pessoa para aproximar-se do Criador. Quando o povo hebreu era cativo em *Mitzraim*, estava mergulhado em 49 portais de impureza, e ao longo do caminho até o Monte *Horev* teve tempo de se purificar para receber a Torá.

No terceiro mês, em *Sivan*, a Torá foi recebida, tornando-se um meio de vincular os mundos espiritual e material, de maneira que um não anulou o outro. Assim, quando existe a combinação do material e do espiritual, gera uma terceira coisa, o sagrado materializado. Não é necessário destruir o material para somente viver no espiritual nem se dedicar ao material a ponto de ignorar o espiritual, mas a combinação dos mundos em equilíbrio.

Em *Nissan*, o Eterno manifestou-se de cima para baixo, do espiritual para o material; em *Aiar* ou *Liar*, a manifestação foi de baixo para cima, do plano material para o espiritual, momento em que os hebreus passaram por uma preparação que culminou em *Sivan*, a combinação desses estados de coisas.

Nessa perspectiva, a Torá deixa o legado do ensinamento de como viver no mundo material, preenchendo-o de espiritualidade e santidade. Segundo a tradição judaica, isso ocorrerá com a vinda do Messias, da mesma maneira como no recebimento da Torá. Assim, com a presença do *Mashiach*, o mundo estará cheio da presença divina e as pessoas poderão enxergar o espiritual estando no material.

Tempos mais tarde, na época da destruição do *Beit haMikdash Sheni* (Segundo Templo), o dia 18 de *Liar* do calendário judaico se tornou muito especial e alegre, momento em que se comemora *Lag Baômer* (ל״ג בעומר – trigésimo terceiro dia da contagem do Ômer).

Existe a *mitzvah* de *Sefirat haÔmer* (ספירת העומר – Contagem), entre os dias de *Pessach* e *Shavuot*; então, a contagem 33 é específica, a partir de uma oferenda de cevada (Ômer) que se ofertava em dias posteriores à *Pessach*. A ideia da contagem resume o elo entre os judeus, pois, quando saíram do Egito, sabiam que deveriam contar 49 dias e, depois na contagem, 50 receberiam a Torá, culminando na festa de *Shavuot*, a festa de entrega da Torá.

O dia 33 foi de muita alegria, encerrando um ciclo de misteriosa mortandade. Nas determinações cronológicas da história, Rav Akiva foi um dos sábios mais importantes da Torá do povo judeu. Foi contemporâneo da destruição do Segundo Templo. Até os 40 anos de idade ele não havia estudado nada e era considerado analfabeto entre os hebreus cultos da época.

Quando passou a estudar a Torá, tornou-se um grande sábio, chegando a ter 24 mil discípulos, com os quais se debruçava sobre a *Kabbalah*, a parte mais profunda e mais elevada da Torá. Em determinado ano, uma praga se abateu sobre os discípulos de Rav Akiva, levando à morte quase todos – quando a peste cessou, no dia 18 de *Liar*, na contagem de número 33, restavam somente cinco. Essa praga aconteceu entre os dias de *Pessach* e *Shavuot*, tempo intermediário que é considerado também de tristeza e luto.

Outra história aconteceu envolvendo Rav Shimon Bar Yohai, uma geração posterior à de Rav Akiva. Um dos cinco estudantes sobreviventes da peste, Rav Shimon, interpretou e expressou a parte mais interna da Torá. Sobre ele, contam que esteve 13 anos estudando a Torá junto com o filho, Rav Elazar, em uma caverna quando se escondiam dos romanos que haviam decretado sua morte. Nos anos que permaneceu na gruta escreveu um livro sob inspiração divina chamado *Zohar* (O Livro de Esplendor), com conhecimentos que tratam da *Kabbalah*.

No dia 33 da conta de Ômer do ano, Rav Shimon sabia que iria falecer, por isso reuniu seus melhores estudantes e os preparou para ensinar os segredos mais elevados e mais místicos de toda sua vida. Os discípulos estudavam todos os dias, e nas noites acendiam fogueiras e se sentavam próximos ao mestre para receber os ensinamentos. Dessa prática veio o costume de acender fogueiras em *Lag baÔmer*. Apesar de ser o dia de falecimento de Rav Shimon, ele pediu aos discípulos que nesse dia as pessoas se alegrassem. A festa em Israel é realizada na cidade de *Meron*, na frente da tumba de Rav Shimon Bar Yohai, e cercada de muita alegria, músicas, fogueiras, no meio de um período considerado também de tristeza.

Com base nessas duas histórias, a de Rav Akiva e a de Rav Shimon Bar Yohai, considera-se a importância do dia 33 de contagem de Ômer. *Zohar* passou a ser a primeira e grande referência, por meio dos conhecimentos passados que ajudaram o povo hebreu a sair da *Galut* (exílio) com misericórdia, pelo estudo da parte mais profunda da Torá.

5.6 9 de *Av* e 15 de *Av*

Tishá BeAv (ט׳ באב – 9 de *Av*) é um dia de muita tristeza e luto para o povo hebreu, pois marca a destruição do *Beit haMikadash*, no ano de 583 a.e.v., e, depois, o *Beit haMikdash Sheni*, no ano de 70 e.v. Além desses acontecimentos, outras tragédias também ocorreram nessa data, por isso se faz um *taanit* de 24 horas, dia de consternação refletido nos comportamentos das pessoas: senta-se no chão nas sinagogas e judiarias das comunidades e dedica-se às leituras que narram aqueles momentos de dor.

Os rabinos das *yeshivot* na época de 9 de *Av* gostam de narrar a história da noite que o Imperador Napoleão Bonaparte saiu para caminhar e escutou pessoas chorando. Percebeu que vinha de uma sinagoga e, ao observar de perto, as viu sentadas lendo seus livros, lamentando e chorando. Havia pouca luz, com algumas velas acesas, o que pareceu muito comovente para o imperador.

Então, perguntou a uma pessoa que estava próxima o que estava acontecendo, que grande tragédia teria acontecido com aquelas pessoas para que estivessem se lamentando daquela maneira.

Napoleão foi informado de que nada de novo havia ocorrido, que se tratava do povo judeu que se lamentava pela destruição do seu sagrado templo e pela perda da sua cidade, que em comum acordo as comunidades se juntavam em suas cidades para fazer *taanit* e lamentar a tragédia da destruição do seu templo sagrado, o qual duas vezes havia sido destruído e duas vezes reconstruído. O imperador perguntou quando se sucederam essas desgraças e, ao saber que haviam ocorrido mais de 1.700 anos atrás, comentou cheio de assombro que o povo que por mais de mil anos se reúne para fazer jejum e lamentar a perda do seu templo vai ter o mérito de um dia vê-lo reconstruído e retornar à sua terra.

Entre 17 de *Tamuz* e 9 de *Av* – um período que dura três semanas – é costume estudar as leis sobre o *Beit haMikdash*, a penetração das muralhas de *Yerushalayim* e, posteriormente, a destruição do *Beit haMikdash*. Como ambas as datas estão relacionadas com a destruição do templo, é momento de muita reflexão sobre os escritos da Torá.

Estudar as leis do *Beit haMikdash* não é somente um costume, está baseado no *midrash* da visão profética de *Yecheskel* (Ezequiel) sobre a reconstrução do Terceiro Templo, escrito no *Sêfer Yecheskel* (Livro de Ezequiel). A visão foi recebida na época do exílio da *Bably*. O Eterno se manifestou e mostrou de que maneira deveria ser construído o templo, mas *Yecheskel* se queixou a Ele dizendo que seria muito difícil falar da construção se o povo não tinha condições de fazê-lo. Então, o Eterno respondeu que a reconstrução não deveria ser interrompida e que por isso *Yecheskel* deveria mostrar as instruções de como realizar a obra. Estudar as leis de reconstrução equivale ao início do soerguimento – é como iniciar a reconstrução do templo.

Da mesma maneira como na atualidade, não se pode oferecer os *Korbanot* (sacrifícios) quando se estudam as leis a eles referentes. É como se estivesse oferecendo o *korban*: estudar a reconstrução do templo é o mesmo que construí-lo.

Tu BeAv (ט"ו באב – 15 de *Av*) é considerado um dia de muita alegria – na tradição judaica, nunca existiu um dia como esse e *Yom Kipur*. Todos os dias 15 dos meses do calendário judaico a lua está cheia, pois os meses seguem o ciclo lunar; outras duas festas que acontecem no dia 15 de *Nissam (Pessach)*, 15 de *Tshrei (Sucot)* são dias de extrema alegria e importância, mas *Tu BeAv* suplanta *Yom Kypur*.

Muitos acontecimentos alegres ocorreram nesse dia durante o processo histórico do povo hebreu. Um deles – que se tornou símbolo desse dia – foi a revogação do decreto de proibição de casamento entre as tribos de Israel e os sobreviventes da tribo de Benjamim (Juízes 21:11). Os benjamitas, orientados pelos sábios, desceram para *Siloh*, onde nesse dia era celebrada uma antiga festa anual ao Eterno, lugar em que as mulheres israelitas dançavam entre os vinhedos procurando por maridos. A partir de então, a data passou a ficar conhecida como o dia dos "namorados" em Israel. Vale lembrar que se diferencia dos dias dos namorados em outros países, nos quais o evento foi criado com finalidade econômica.

O dia representa a queda e o soerguimento: quanto mais baixo cai uma pessoa, mais alto é capaz de se reerguer. *Tu BeAv* vem logo depois de *Tishá BeAv* (um dia de extrema tristeza), momento em que a Lua está cheia, e tem um poder muito elevado, pois é a alegria que vem logo depois da descida. Nem a elevação de 15 de *Nissan* é tão grande, pois *Pessach* aconteceu no momento da saída de *Mitzraim*, quando os hebreus ainda não possuíam a ferramenta pelas quais as pessoas conseguiam se vincular com o Eterno de forma tão profunda, a Torá.

A ascensão de 15 de *Nissan* não é tão elevada quanto a de 15 de *Av*. Da mesma maneira acontece com *Sucot*, que é uma projeção da época dos tabernáculos; não vem depois de uma decadência para uma posterior ascensão. Como *Tishá BeAv* é uma grande decadência para o povo hebreu, o *Tu BeAv* é a grande subida.

A partir desse dia o Sol vai ficando menos perceptível em Israel e começa um período de noites mais longas. Na tradição judaica, a noite foi feita para estudar Torá, período em que aumentam os estudos, pois, para aqueles que agregam o estudo da Torá, também será agregada a vida.

Esse soerguimento se expressa no fortalecimento do estudo da Torá em quantidade e tempo. Agregando-se mais tempo – conforme o aumento das horas da escuridão das noites – e qualidade ao estudo, com mais concentração e maior profundidade, atraem-se as bênçãos do Eterno, o que permite que se viva a alegria.

SÍNTESE

Neste capítulo abordamos as principais festividades do povo judeu. Vimos que o *Rosh Hashanah* é a data comemorativa da criação do mundo, a festa de Ano Novo judaico e também o dia do julgamento. Conhecemos também *Sucot, Shemini Atzeret* e *Simcha* Torah, festas muito importantes que relembram o período em que os judeus viviam em cabanas e o recebimento da Torá. Além delas, há também a festa de *Hanukah*, que recorda o milagre do azeite e das luzes no templo e a triste celebração da lembrança da destruição das muralhas de Jerusalém; *Tu Bishvat* e o Ano Novo da Árvores e a comemoração do povo judeu na festa de *Purim*; a Páscoa judaica em *Pessach*; as rememorações da invasão e da destruição do Templo de Jerusalém em 9 de *Av* e o festivo de 15 de *Av*.

Assim, o povo judeu vem rememorando seus acontecimentos históricos e fortalecendo sua identidade cultural. São comemorações celebradas por todas as comunidades judaicas do mundo, independentemente das tradições e dos lugares onde estão inseridas.

Indicações culturais

Ushpizin é um filme israelense de 2004, dirigido por Gidi Dar, que mostra a vida de Moshe e Mali, um casal de *Hassidim* que passa por necessidades financeiras e deseja a bênção de ter um filho. Durante a festividade de *Sucot* recebem visitas indesejadas, mas são abençoados com um dinheiro inesperado e com a gestação.

USHPIZIN. Direção: Gidi Dar. Israel: Picturehouse, 2006. 90 min.

Atividades de autoavaliação

1. *Rosh Hashanah* é a festa do Ano Novo judaico, na qual os judeus do mundo inteiro se reúnem para comemorar esse dia. Assim como o Ano Novo dos cristãos, grande variedade de comida e muita alegria fazem parte desse evento anual. Sobre o Ano Novo judaico marque a alternativa correta:
   a) Os judeus consideram essa data como referência para o primeiro dia da Criação.
   b) Os judeus festejam esse dia para recordar a saída do Egito, momento crucial para a formação dos judeus.
   c) A cultura judaica considera o *Rosh Hashanah* uma data de abnegação e jejum pela diáspora.
   d) *Rosh Hashanah* comemora a reconstrução do Templo de Jerusalém.
   e) A celebração também marca o recebimento da Torá.

2. *Yom Kipur* marca a expiação do povo judeu, momento de instrospecçao, arrependimento dos pecados e perdão do Eterno. Em todo o mundo judaico as sinagogas e judiarias observam essa data com muita reverência. Com base nesse contexto, analise as afirmações a seguir.
   i. Em *Yom Kipur*, os judeus expiam seus pecados com atos de bondade; deve ser feita a *kaparah* e são realizadas rezas específicas para o dia, além do jejum.

II. O jejum deve ser realizado por todos os judeus, além dos sacrifícios de bois ou carneiros e galinhas, ato denominado *kaparah*.

III. Não se toma banho ou se passam unguentos perfumados e, ao fim do dia, executa-se o som do *shofar* para recordar o que se fez de mal.

Assinale a alternativa que apresenta a resposta correta:

A] Todas as afirmações são falsas.
B] As afirmações I e III são verdadeiras.
C] Somente a afirmação II é verdadeira.
D] Somente a afirmação III é falsa.
E] Todas as afirmações são verdadeiras.

3. *Sucot* é considerado um grande festejo que envolve toda a comunidade judaica. Marque a alternativa que **não** está relacionada com essa festa:

A] A comunidade faz a leitura da *meguilah* de *Ester,* reúne-se para festejar usando fantasias, dançam e bebem até não conseguir distinguir *Haman* de *Mordechai.*
B] São construídas cabanas para fazer parte das atividades diárias como comer, beber e até dormir, motivo de recordação dos anos em que o povo hebreu viveu em cabanas no deserto.
C] A festa utiliza as quatro espécies: *etrog, lulav, hadassim* e *aravot*. Todos esses são unidos nas mãos e com bênçãos são levemente movimentados em todas as direções.
D] Após o período do festejo que dura sete dias, no oitavo comemora-se *Shemini Atzeret*, momento crucial que culmina na festa de *Simcha* Torah.
E] Enfeitam-se as cabanas, existem rezas especiais para esse dia e se come pão redondo mergulhado no mel.

4. Assinale a alternativa correta sobre a festa de *Hanukah*:
   A) Liderados pelos *Reshmonaim*, os judeus resistiram à ocupação grega passando aos combates no sistema de guerrilhas.
   B) Nabucodonosor, rei da Babilônia, rodeou a cidade de Jerusalém e iniciou o cerco para mais tarde efetivar a destruição dela.
   C) Guedália foi colocado como govenador de Jerusalém para reconstruir a cidade e organizar um novo assentamento judaico.
   D) Tradicionalmente, a data marca um momento em que devemos ser extremamente cuidadosos, pois o sítio à conquista e a destruição de Jerusalém se devem à falta de amor ao próximo.
   E) No festejo se utiliza uma *menorah* de sete braços como recordação da sarça ardente vista por Moisés na caverna.

5. *Pessach* é chamada "Festa da Liberdade", mas também é conhecida como "Festa da Primavera", do retorno à vida na natureza com o florescer. Nesse sentido, analise as afirmações a seguir.
   I. O nome hebraico *Pessach* indica salto, pulo, passagem, porque o Anjo do Senhor veio e espremeu a vida dos primogênitos egípcios e passou por cima e descartou as casas dos hebreus.
   II. *Pessach* é uma festa marcada pela ausência de alimentos levedados, pois os hebreus, em fuga, não tiveram tempo para fazer levedar os pães e também porque o levedo representa a soberba.
   III. *Pessach* é uma festa familiar, pois as famílias se reúnem porque foram elas, com todos os membros, que saíram do Egito e atravessaram o Mar Vermelho em direção à liberdade.

   Assinale a alternativa que apresenta a resposta correta:
   A) As afirmações II e III são verdadeiras.
   B) Somente a informação III é falsa.
   C) Todas as informações são verdadeiras.
   D) Somente a informação III é verdadeira.
   E) Todas as informações são falsas.

Atividades de aprendizagem

Questões para reflexão

Leia o trecho do texto "1973: Síria e Egito atacavam Israel" no Calendário Histórico da DW Notícias.

> No dia 6 de outubro de 1973, tropas egípcias e sírias atacaram Israel. Em pleno feriado do Yom Kippur, estourava o quarto conflito armado do Oriente Médio, que ficou conhecido como "Guerra de Outubro".
>
> Em Israel, o maior feriado religioso judeu é o Yom Kippur, um dia de completa tranquilidade e de jejum: os transportes públicos param, o rádio e a televisão não fazem transmissões, e quem tem um mínimo de fé religiosa renuncia à comida e à bebida. As sinagogas ficam mais cheias: é o dia de pedir perdão pelos grandes e pequenos pecados do ano que se encerra.
>
> Isso era o que se esperava também em 1973: na véspera do Yom Kypur, o país iniciou o tradicional retiro religioso, e os postos de fronteira com os territórios palestinos foram fechados. Porém, fatos fora do comum ocorreram no dia 6 de outubro. Começara o quarto conflito armado do Oriente Próximo, depois denominado Guerra do Yom Kippur ou Guerra de Outubro.

Fonte: Philipp, [s.d.].

Com base no texto, responda às questões a seguir.

1. Essa guerra foi considerada a mais triste para Israel, pois perderam mais cidadãos que em todas as anteriores. No seu entendimento, o que levou os judeus a não prepararem uma defesa contra possíveis ataques externos?
2. É possível afirmar que o sofrimento causado pela guerra também foi uma expiação para Israel? Esse exemplo pode ser usado para outros povos do mundo? Comente sua resposta.

Atividade aplicada: prática
1. Escolha uma das festividades judaicas e compare com as da sua cultura, apontando semelhanças e diferenças.

A DIÁSPORA JUDAICA E OS NOVOS COSTUMES

Durante séculos os judeus ficaram conhecidos como o povo sem pátria, pois, apesar de possuírem características culturais, identidade étnica e histórica que os vinculassem à sua antiga pátria, estavam majoritariamente destituídos dos seus territórios por motivos políticos vinculados à história dos grandes impérios que se sucederam no domínio das suas antigas terras. Neste capítulo, trataremos da trajetória dos judeus na diáspora e o aparecimento dos novos costumes.

Assim, buscamos narrar a história dos judeus diaspóricos mostrando as diferenças culturais surgidas em consequência dos novos fatores geográficos, sociais e históricos da dispersão. Por volta do século VII a.e.v., foi mais seguro viver nos países islâmicos que nos cristãos, tendo em vista a perseguição e o surgimento da Inquisição. No entanto, grupos islâmicos mais radicais e intolerantes também causaram dor e sofrimento.

Aqui apresentaremos a história e as características dos judeus *sefarditas* e *asquenazitas*, além de outros grupos espalhados em diferentes localidades do mundo, explanando e ressaltando algumas das características dos seus costumes. Também narraremos um pouco da história dos *anussim*, marranos ou criptojudeus, destacando aspectos culturais deles, bem como a condição atual em que vivem. Trataremos ainda sobre o sionismo, explicitando alguns elementos da história e peculiaridades do movimento hassídico.

6.1 A história da diáspora

No século I, ano 65 da e.v., Géssio Floro, governador de Roma, na província da Judeia em Israel, aumentou a opressão e passou a controlar a cobrança de tributos e as arrecadações das ofertas em ouro para o *Beit haMikdash* (Templo). O estopim para uma grande revolta em Jerusalém derivou da invasão do Templo e do saque de todos os seus artefatos e arrecadações em ouro, além do assassinato de cidadãos proeminentes. Os hebreus entraram em confronto com os exércitos romanos e retomaram a cidade, declarando Israel novamente independente.

Esse fato deu origem à Primeira Grande Guerra Judaica contra a ocupação do Império Romano. Géssio Floro foi derrotado e obrigado a retirar-se com o que sobrou do seu exército para a Síria. O Imperador de Roma Nero mandou exércitos para abafar a revolta, os quais foram derrotados em *Beit Horon*. Em 66 e.v., o império enviou o General Vespasiano – que mais tarde se tornaria imperador de Roma – com seu filho Tito para tomar Jerusalém e sufocar a revolta. No entanto, retomar o poder sobre o território hebreu não foi tão fácil devido à resistência dos judeus. Para piorar a situação, o império passava por grave crise política nas mãos do Senado e de Nero, que sucumbiu a uma conspiração e cometeu suicídio. O fato obrigou Vespasiano a retornar a Roma.

A Tito, então, coube a responsabilidade de reconquistar Israel e acabar com a revolta, ficando com o comando de quatro legiões: a Quinta Legião, a Macedônica; a Décima Legião, a Cretense; a Décima Quinta Legião, a de Apollo ou *Apolinaris*; e a Décima Segunda Legião, a Fulminata – todas somavam mais de 60 mil soldados. A luta tomou grandes proporções, a cidade foi sitiada até que definitivamente capitulou em 70 da e.v. As forças de Tito conquistaram Jerusalém e o templo de Zorobabel foi totalmente destruído pelas forças romanas.

Os que resistiram à ocupação continuaram lutando contra o império e rumaram para a Fortaleza de Massada. Permaneceram em combate por mais três anos, até que capitularam. Estima-se que aproximadamente 1 milhão de hebreus foram mortos e outros milhares escravizados e enviados a outras partes do império, iniciando o processo de diáspora.

Entre os anos de 115 e 117 da e.v., grandes grupos de judeus dispersados pelo Império Romano entraram em guerra contra Roma na conhecida Revolta do Exílio ou Segunda Guerra Judaico-Romana (ou Guerra de Kitos). O Império dos Partos formou alianças com as comunidades judaicas que viviam fora da Judeia para vencer a expansão romana e, em troca, assumiu o compromisso de devolver a Judeia aos judeus e reconstruir o Templo de Jerusalém.

Os combates se estenderam nas comunidades de Cirenaica, Síria e Judeia. Os romanos, temendo a continuidade da aliança entre os judeus espalhados e os partos, passaram a utilizar de diplomacia. Seu novo imperador, Adriano, prometeu reconstruir o Templo e tolerar o retorno para Israel em troca da paz com os israelitas, que aceitaram e depuseram as armas.

Os romanos consideravam a província da Judeia como uma das mais problemáticas. Isso se devia à cultura hebraica, sempre um foco de rebelião dadas a cultura fechada e uma religiosidade que se diferenciava de todas as outras do mundo conhecido, pois estava diretamente relacionada a questões étnicas, com código de leis gravados em livros e uma única divindade. Esse conjunto de aspectos dificultava a desagregação dos judeus, obstáculo que Roma não tinha enfrentado em nenhuma outra província do Império.

Com o passar do tempo, os romanos sufocaram os inimigos partos e passaram a ignorar as promessas feitas aos hebreus.

Considerando Jerusalém uma cidade romana, determinaram a construção de um templo pagão no lugar do destruído pelos romanos de Tito. Para piorar, passaram a cobrar impostos para o Templo de Júpiter e também a proibir as práticas culturais dos judeus como a própria circuncisão.

No ano 132 da e.v., milhares de judeus novamente se juntaram para iniciar outra resistência à ocupação romana dos seus territórios. Conhecidos como Terceira Guerra Judaico-Romana, ou Revolta de *Bar Kochba*, os combates contra as forças de Roma duraram aproximadamente quatro anos. O império retomou *Yerushaláyim* e mais de 500 mil judeus foram assassinados.

Visando, então, a acabar com a relação cultural dos judeus com seu território, Adriano resolveu denominar a região de "Palestina", fazendo referência aos povos de origem grega que habitaram uma pequena porção do litoral e sempre estiveram em guerra com os hebreus. O termo deriva da palavra hebraica *Peleshet*, que significa "invasor", "divisor". Além de modificar o nome do território dos hebreus, o imperador também mudou o nome da capital *Yerushaláyim* para *Aélia Capitolina*.

Os exércitos romanos e seus aliados, no intuito de terminar de vez com a possibilidade de uma reação para reconquista de *Yerushaláyim*, organizaram uma verdadeira perseguição de guerra aos grandes grupos de hebreus que, organizados, tentavam resistir à expulsão dos seus territórios tradicionais. Dadas a tamanha violência e a perseguição dos exércitos romanos, restou aos hebreus a fuga para diversos lugares do Velho Mundo na conhecida Grande Diáspora Hebreia.

Os hebreus, levados às grandes migrações e praticantes da sua antiga religião, espalharam-se pelas regiões circunvizinhas, incluindo partes da Europa e do Mar Mediterrâneo sob ocupação romana. Alguns grupos migraram para a Península Arábica, outros mais para o Oriente rumo às terras pérsicas, Extremo Oriente e Leste Europeu.

> Fato que merece destaque, de grande relevância histórica e pouco citado por estudiosos foi a permanência em Israel de grupos de hebreus considerados mais úteis para a manutenção administrativa da política imperial. Muitos foram mantidos em *Yerushaláyim* e regiões próximas devido à sua importância estratégica para o império de Roma, que necessitava de nativos para o gerenciamento do seu sistema.

Os que permaneceram estavam proibidos de praticar a religião judaica; muitos sábios mestres da Torá foram assassinados e inúmeros rolos do livro sagrado foram queimados em público. Além disso, por decreto, Adriano proibiu o retorno das comunidades judaicas para Canaã. Aqueles que partiram para a Europa se viram obrigados a ceder suas estruturas sociais para as relações de poder cultural e político estabelecidas militarmente pelos latinos de Roma.

Os lugares mais próximos de Israel – como a Grécia e as ilhas mediterrâneas – receberam levas de hebreus que fugiam das perseguições e dos massacres. Alguns grupos migraram para o norte da África em direção ao Oceano Atlântico; outros cruzaram o Mediterrâneo e se fixaram na Galícia e na Península Ibérica. Devido às disparidades culturais com romanos e outros povos latinos, muitos migraram mais ainda para o Leste, rumando para terras geladas e desconhecidas.

Mesmo sem pátria, os dispersos tinham reforçadas suas identidades na união das suas comunidades pela religiosidade da antiga cultura, mantendo a observação das tradições e dos códigos de moral contidos na Torá. Fiéis aos costumes e à religião e convertidos numa nação sem pátria e sem território, passaram a participar e a influenciar a vida pública dos países onde estavam fixados.

Os judeus se destacavam em várias atividades públicas, como administradores e contadores, e também por se constituir numa população letrada. Ainda assim, não se misturavam com outros grupos que não pertenciam ao seu povo. Mesmo distantes uns dos outros, mantiveram as particularidades identitárias, como a língua e o sábado. Além disso, mesmo com a dispersão em vários lugares do mundo, conservaram a união graças à Torá, que continuava ditando as regras da cultura hebraica.

Para os judeus, a dispersão causou mudanças em seus modos de vida, mas, em consequência, difundiu o monoteísmo para o mundo por meio da sua cultura, que se apresentou como uma religião caracterizada pela salvação e que sustentava o arrependimento dos pecados, as orações e as ações justas. Até hoje isso é reproduzido em diversas religiões.

6.2 Os judeus sefarditas

O termo *sefarditas* (ou *sefardim* – ספרדים) deriva de *Sefarad*, nome hebreu da palavra *Espanha*. Os judeus *sefardim* são de origem espanhola – entre eles todos os que habitavam a Península Ibérica. Com o tempo, todos os de pele mais escura que habitavam as regiões do Oriente Médio e países do Mediterrâneo também ficaram conhecidos como *sefardim*.

A imigração dos judeus na Espanha está vinculada à destruição do *Beit haMikdash* pelos exércitos de Tito e sobretudo à revolta de *Bar Kochba*. Muitos chegaram à Península Ibérica e edificaram importantes comunidades nas cidades de Granada, Mérida, Tarragona, Toledo, Córdoba e também nas Ilhas Baleares.

Na expansão do seu império, os muçulmanos avançaram sobre as terras ibéricas e ocuparam a península a partir do ano 711 e.v., inaugurando uma nova etapa para a história do povo hebreu. A cultura judaica era tolerada e as comunidades se transformaram em significativos parceiros comerciais e com habilidades intelectuais necessárias para auxiliar na administração do império islâmico.

A conquista dos reinos cristãos do Norte ocasionou a derrubada dos reinos Taifas, pequenos reinos islâmicos existentes na Península Ibérica, e a invasão árabe dos Almorávides do norte da África. Islâmicos mais radicais começaram a perseguir os judeus, que foram obrigados a fugir das cidades que habitavam havia séculos para outros reinos cristãos e passaram a auxiliar tais reinos com seus conhecimentos e tecnologias.

Do século X ao XII, graças ao conhecimento da língua árabe e suas noções de ciências, tornaram-se imprescindíveis para a administração e a organização dos reinos cristãos. Essas características no período medieval proporcionaram o alcance do desenvolvimento científico e humanístico, sendo recordado como uma fase importante para o judaísmo na Europa.

Os judeus, dentre os grupos minoritários, foram os únicos admitidos na Europa em território cristão, pois seriam o testemunho da própria religião cristã, e era imprescindível garantir a sobrevivência deles e do judaísmo. Conforme os territórios foram sendo conquistados pelos muçulmanos, os judeus se tornaram vassalos diretos da coroa, denominados "cofres" do patrimônio real, considerados como "propriedade" do rei e obrigados a pagar-lhe impostos para permanecer em territórios cristãos.

Ainda, algumas famílias foram convertidas em funcionários importantes da coroa, responsáveis pela coleta de impostos para o rei. No entanto, durante o século XIV a situação mudou, e os cristãos foram dominando todas as tarefas administrativas. Na cidade de Toledo não existia um governo, e isso gerou uma crise econômica e política. Devido ao destaque do trabalho com o rei e sua condição de vassalos, os judeus eram enxergados como representantes do rei, e isso acarretou a invasão e a destruição de judiarias, locais onde os judeus se reuniam para rezar e se confraternizar.

Os judeus, por não serem católicos, estavam em constante assédio. Muitas calúnias pairavam sobre eles: acusavam suas comunidades de envenenar a água, de bruxaria, assassinato de crianças e do aparecimento da peste negra. Fanáticos passaram a atacar e destruir por completo as judiarias, além de matar os que se recusassem a se batizar e a aceitar a fé cristã católica.

O episódio marcante, o qual não foi reprimido, foi a destruição das sinagogas e o assassinato dos judeus de Sevilha. Isso serviu de motivador para causar a expansão do ódio, que passou para Andaluzia, se espalhando e levando o terror a outras comunidades judaicas da Espanha. Eles foram mortos aos milhares e suas mortes passaram impunes pela história. Para não serem assassinados, muitos passaram a converter-se ao catolicismo e, para piorar o triste quadro, foi criado o Tribunal do Santo Ofício – ou da *Santa Inquisição*, como ficou mais conhecida –, que objetivava enfrentar a proliferação do protestantismo, além de investigar e julgar casos de heresia.

Nesse contexto, o judaísmo passou a ser proibido e diversos judeus foram convertidos à força; assim, muitas famílias tornaram-se católicas, mas praticavam às escondidas o judaísmo. Para os cristãos, esses judeus conversos também eram considerados hereges, pois continuavam praticando a antiga religião – na época, isso se transformou num problema social e político.

No século XV, os reis católicos tentaram acabar com a influência do judaísmo sobre os conversos. Já no fim desse século Granada foi conquistada, finalizando o processo de reconquista da Península Ibérica pelos europeus, um período de mudanças com Estado centralizado na monarquia. O novo modelo europeu, baseado no catolicismo espanhol, não admitia minorias, que, por sua vez, deveriam desaparecer ou ser assimiladas.

Em 1492, a coroa real espanhola decretou que todos os judeus que não se submetessem à fé católica deveriam deixar o território espanhol. Os judeus migraram aos milhares, não sendo possível estimar a real quantidade; outros permaneceram em solo espanhol convertidos ao cristianismo.

A comunidade judaica se tornou uma das principais responsáveis pela organização de toda uma estrutura complexa de administração estatal. Também foi a primeira vítima do Estado consolidado que não permitia dentro das suas fronteiras crenças distintas da fé praticada pela nobreza.

Numerosas famílias que migraram tiveram como destino Portugal, por conta da proximidade geográfica; todavia, em 1496, o casamento do Rei Manoel I com uma princesa católica da Espanha acabou originando um novo decreto de expulsão dos judeus da Península Ibérica, que rumaram para o Marrocos, o país da África que mais recebeu judeus exilados. Os *sefardim* que se dirigiram ao Egito se integraram às comunidades do Delta do Nilo e outra parte voltou para Jerusalém. Os turcos otomanos confiaram nos *sefardim* como minoria leal e laboriosa; os sultões os utilizavam como médicos pessoais, professores, ministros e diplomatas, entre outras atividades, gozando de certa liberdade até para desenvolver seus conhecimentos.

Na Itália, estabeleceram-se nas regiões que não estavam dominadas pela Espanha. No século XVI, já existia em Roma uma sinagoga dos judeus catalães e outra dos castelhanos de Aragão. Países como Inglaterra, Holanda e França também receberam exilados *sefardim*.

A composição dos judeus era muito variada, mas todos estavam unidos por uma língua comum, o ladino (hebraico-espanhol), e pelo sentimento da herança cultural, social e econômica que adquiriram em *Sefarad*. As comunidades se agrupavam e continuavam seguindo as mesmas tradições, as mesmas organizações sociais, o mesmo modo de vida que tiveram em *Sefarad* – "ilhas" de Espanha espalhados por várias partes do mundo.

Ao saírem do Império Otomano ou do norte da África, e quando puderam voltar para a Espanha em fins do século XIX beneficiados por leis de permissão para descendentes de espanhóis, optaram por outros países e regiões. Rumaram para Estados Unidos, França e América Latina, pois a Espanha não tinha atrativos que os fizessem querer voltar, como a democracia ou a liberdade de religião, comércio e desenvolvimento.

Com a Primeira Guerra Mundial, muitos judeus que viviam nos países envolvidos migraram novamente; algumas famílias retornaram para a Espanha, fazendo renascer a prática do judaísmo. No entanto, a vida em comunidade foi interrompida com o início da Guerra Civil Espanhola em 1936, pois os falangistas*, grupo no poder, incorporavam toda a ideologia da supremacia católica branca como essência da nacionalidade e, unidos ao nazifascismo, passaram a perseguir minorias. Foi o fim da prática judaica na Espanha. Supõe-se que naquela época existiam entre 400 e 450 famílias de judeus inseridas na comunidade, as quais, com o acirramento dos conflitos, foram obrigadas a migrar novamente para outros países.

A Espanha se tornou local de passagem para os judeus *sefardim* que migravam para o continente americano. Muitos deles foram salvos dos campos de concentração nazista por leis do século XIX, que permitiam aos descendentes de espanhóis retornarem àquele país.

Em 1956, o antigo protetorado espanhol e francês de Marrocos, com sua independência aliada aos efeitos da independência de Israel anos antes, fez migrar os judeus para a Espanha e para a França, que evitavam o problema com os muçulmanos que os retalhavam. Os judeus *sefardim*, assim como os outros grupos, se tornaram transculturais na diáspora e, além de conservarem o idioma hebraico, criaram o ladino. A maioria deles está na América, em Israel e em outros países europeus, como França e Itália.

6.3 Os judeus asquenazes

Os asquenazes (ou *ashkenazim* – אשכנזים) são judeus brancos advindos do Leste Europeu e da Europa Central. O termo vem da denominação hebraica medieval da região dos reinos germânicos. Eles constituíam minoria populacional em relação aos sefardim, com relatos de suas comunidades espalhadas pela Rússia, pela Polônia, pelos Estados germânicos, pela Áustria-Hungria e por outros reinos do Leste.

Os asquenazes, assim como outros grupos de judeus, conseguiram manter a prática da Torá, em parte porque se beneficiaram de governantes mais tolerantes com os judeus e principalmente pela distância da Igreja Católica e do Tribunal da Inquisição. Essas comunidades passaram a adquirir características dos povos do Leste Europeu, dadas as trocas culturais com as comunidades dos lugares onde viviam, e possuem como idioma – além do hebraico – o *idish*, uma mistura de hebraico com línguas indo-europeias.

Dentre as teorias que recaem sobre suas origens, a mais polêmica está relacionada ao povo *Kuzari* ou *Khazar*, detentor de um império com grande extensão territorial que abrangia uma área com fronteiras que se estendiam ao Norte pelo Rio Volga, ao Sul entre o Mar Negro e o Mar Cáspio, onde estava a cordilheira do Cáucaso, a Leste pelo mar do Aral e a Oeste pela Áustria e pela Hungria.

A influência e o poder dos *khazares* geraram a miscigenação entre os povos do Leste e Centro Europeu e Asiático. Os povos subjugados tiveram suas províncias anexadas às tribos guerreiras e ao sistema administrativo e expansionista dessa etnia. Dentre esses povos, o judeu não foi exceção. Nessa perspectiva, é importante ressaltar que os rabinos desses judeus não aceitam a mistura com os *Khazares* nem com outros povos; no entanto, os historiadores e geneticistas afirmam com veemência as misturas (Costa et al., 2013).

A geografia do Império Khazar, com suas encostas montanhosas, impediu a entrada do império islâmico para a região que dominavam. O povo *Khazar* lutou mais de 100 anos contra a expansão islâmica, utilizando a cordilheira do Cáucaso como muralha natural, e assim manteve sua autonomia em relação aos muçulmanos e também aos reinos cristãos e ao Império Bizantino.

Os *khazares* possuíam grande organização política e administrativa dos seus territórios e um exército regular. Durante a época do Império Huno, participaram como aliados até a morte de Átila. Naquela época, os costumes religiosos dos *khazares* envolviam politeísmo e sacrifícios variados, com grande quantidade de xamanismos e outros rituais.

Nos séculos VIII e IX, o povo *Khazar* estava sob influência das três religiões abraâmicas: o islamismo, o cristianismo e o judaísmo. Supõe-se que os judeus diaspóricos que viviam nas regiões controladas pelos *khazares* influenciaram partes proeminentes daquela sociedade, com casamentos e alianças que provocaram a prática e a conversão ao judaísmo talmúdico, iniciando um processo de amálgama não somente cultural, mas também genético entre esses dois grupos distintos.

No século XIII, a expansão do Império de Gengis Khan desmantelou por completo a civilização *Khazari*, obrigando as populações judaicas da região a migrarem para os países eslavos e germânicos. Mais tarde, nos séculos XVIII e XIX, passaram pelas perseguições da Igreja e dos reis católicos, além dos czares da Rússia.

Em fins do século XIX, a onda antissemítica na Europa criou o movimento sionista, que buscava comprar terras em Israel para aumentar e fortalecer as comunidades judaicas que ali habitavam. O movimento adquiriu muitas terras e incentivou a emigração de judeus de todo o mundo, em especial os asquenazes perseguidos.

Já no século XX, foram também perseguidos pelos stalinistas da Rússia e pelos nazifascistas da Europa. Após o Holocausto, a Organização das Nações Unidas (ONU) reconheceu a independência do Estado de Israel, que aumentou seus investimentos em infraestrutura e potência militar para garantir a segurança dos judeus expatriados, sobreviventes das perseguições.

Na atualidade, grupos asquenazes não aceitam a versão dos *khazares*, pois esta tem sido utilizada pelos inimigos de Israel justificando que eles não possuem a genética semítica. Importante ressaltar que as misturas derivadas das fricções étnicas são uma realidade, e isso não quer dizer que não possuam origem judaica, mas que também descendem de outros povos, assim como os outros judeus espalhados pelo mundo.

Os asquenazes que não aceitam a versão histórica da migração pelo Cáucaso acreditam que depois da destruição do Templo levas de judeus em diáspora migraram para várias partes da Europa, mas não para o Leste Europeu pelas cordilheiras do Cáucaso. Dentro de uma análise mais específica das migrações judaicas, na realidade, o caminho pela Ásia Central e pelo Leste Europeu desvia do Império Romano, justamente os destruidores do *Beit haMikdash* e responsáveis pela diáspora.

Não se pode negar, por meio dos vestígios arqueológicos, que comunidades judaicas estavam fixadas na região dos Alpes e Pirineus em meados dos séculos VIII e IX da e.v. Esses grupos se incluem naqueles que migraram para a Península Ibérica: uns fixaram-se nessas regiões e depois migraram provavelmente para França e Estados germânicos; outros, concentrados em *Sefarad*, também migraram por motivos distintos para aquelas áreas de fronteira entre Espanha e França.

É possível observar os variados *minchaguim* (tradições) entre os asquenazes, tanto no que diz respeito aos vários movimentos hassídicos quanto aos movimentos ortodoxos mais tradicionais. Podemos perceber vários grupos com características mais eslavas, ao passo que outros possuem aspectos mais germânicos; na maioria dos grupos de judeus asquenazes são perceptíveis os traços e as características semíticas.

6.4 Outros grupos judaicos e costumes

Como já sabemos, a diáspora judaica espalhou os judeus por várias partes do mundo, como Rússia, Iêmen, Pérsia e até mesmo China. As constantes migrações e o contato com grande variedade de povos ocasionaram enorme miscigenação, gerando diferentes comunidades com novos costumes nos lugares mais longínquos. Entre elas, podemos citar os judeus orientais, que nasceram em antigas comunidades espalhadas pelo mundo islâmico. Dentre estes incluímos os que não pertencem aos *sefardim* e são provenientes de Síria, Líbano, Egito, Iraque, Irã, Iêmen e outros.

Os judeus sírios e libaneses viveram por séculos nos mesmos lugares e contavam dezenas de milhares até meados do século XIX. Com o início do sionismo*, as famílias começaram a migrar para Israel. Com a criação do Estado de Israel, os judeus sírios migraram aos milhares, permanecendo algumas centenas de pessoas; com as guerras dos países árabes contra Israel, os que restaram foram proibidos de sair do país entre 1967 e 1991, até que, por meio de acordos diplomáticos, milhares tiveram a permissão de deixar a Síria, contanto que o destino não fosse o Estado judeu.

Os poucos judeus que permaneceram – algumas centenas – possuíam muitos bens e imóveis e se recusaram a deixar o país, aproveitando toda a antiga estrutura de casas e sinagogas deixadas pelos que migraram. Na atualidade ainda há os que vivem na Síria, mas parte de estruturas como museus e antigas sinagogas foi destruída pelos fundamentalistas do Estado Islâmico*.

Com os judeus do Líbano ocorreu um efeito contrário: a criação do Estado de Israel e as guerras com os países árabes levaram milhares de judeus a migrarem para Beirute, à época considerada um lugar seguro e de liberdade onde cristãos, judeus e muçulmanos podiam viviam com certa tranquilidade.

Antes disso, muitos judeus libaneses haviam se convertido ao cristianismo visando a mais segurança. Isso porque os cristãos possuíam maior proteção dos países europeus, ao passo que os judeus continuavam sofrendo algum tipo de perseguição e preconceito em todo o mundo.

Na década de 1970, a relativa tranquilidade dos habitantes do Líbano mudou com a chegada dos soldados da Organização pela Libertação da Palestina (OLP), que passaram a perseguir e a assassinar os judeus e os cristãos libaneses. Para piorar, veio uma sangrenta guerra civil que obrigou milhares de libaneses cristãos a migrarem para várias partes do mundo.

O fim da guerra civil e a autonomia do Líbano em relação aos extremistas árabes só foram possíveis graças às alianças realizadas entre os exércitos cristãos libaneses e o exército de Israel, que, juntos, conseguiram expulsar a OLP. No entanto, quando Israel se retirou da guerra, outro grupo armado de muçulmanos conhecido como *Hezbollar* se organizou para continuar os combates. Ocupou todo o sul do Líbano, na região de fronteira com o norte de Israel, e se tornou um problema tanto para libaneses cristãos quanto para israelenses. Na década de 1980 os judeus libaneses e os judeus que viviam no Líbano se dispersaram – a maioria migrou para Israel ou Estados Unidos, mas ainda restam alguns, embora não exista mais uma comunidade judaica.

Judeus *mizrahi* são judeus egípcios que constituíram comunidades judaicas centenas de anos atrás. Na cidade do Cairo, capital do Egito, com um grupo minoritário, organizaram-se e passaram a viver no centro da cidade, focando atividades comerciais. As habitações, os comércios e as sinagogas se concentraram em um mesmo local e deram origem a um bairro de judeus, no qual famílias muçulmanas praticamente não existiam. Durante muitos anos foi um lugar de paz, onde coabitavam judeus, cristãos e muçulmanos até meados do século XIX. Depois da guerra entre Israel e Egito em 1967, judeus egípcios foram obrigados a partir.

Os judeus passaram a ser perseguidos e mortos, buscando refúgio em Israel, França e Estados Unidos. Com a fuga deles, o bairro judaico foi ocupado pelos comerciantes egícios muçulmanos, algumas sinagogas foram convertidas em mercados e outras, fechadas. Devido à sua antiga arquitetura, o local se transformou em mais um sítio histórico e arqueológico do Egito.

Persi são judeus do Irã, país islâmico com maior concentração desse grupo na atualidade – um contingente populacional de mais de 10 mil pessoas. Segundo os historiadores judeus do Irã, a comunidade se formou na época do Imperador Dário, o Grande, pois podia viver livremente no império da antiga Pérsia seguindo suas tradições. Assim, Ciro é considerado um dos salvadores dos judeus no mundo.

A comunidade foi criada há aproximadamente 2.800 anos – as provas são as tumbas de *Ester* e *Mordechai* em Hamadam, de Daniel (Susa) e do profeta *Habakuk* (Toyserkan). Na atualidade existe uma associação judaica em Teerã, fundada em 1927, cujo objetivo é proteger a cultura judaica naquele país. Seu estatudo abrange atividades sociais, religiosas, culturais e de caridade.

O Irã tem várias sinagogas e as comunidades praticam as atividades religiosas sem maiories problemas. Em Teerã dispõem de uma biblioteca com grande variedade de livros sobre todos os temas e são toleradas pelos muçulmanos, com representantes no parlamento islâmico para defesa dos seus interesses. Além disso, contam com cinco centros de estudos para a comunidade nos três níveis de ensino (fundamental, médio e superior), inspecionados pela Associação Judaica de Teerã e pelo Ministério de Educação irani. Há ainda outras escolas espalhadas pelo país que oferecem educação que alcança até crianças e jovens iranianos não judeus. Importante ressaltar que é permitido que essas pessoas estudem em praticamente todas as escolas do Irã.

A comunidade judaica também dirige um hospital que oferece serviço gratuito à população, e quase todos os atendidos são muçulmanos. O desenvolvimento da comunidade também se mostra por meio da grande quantidade de restaurantes judaicos que servem comida *kasher*. O Irã se constituiu como um dos principais destinos dos judeus diaspóricos, com antigos cemitérios espalhados pelo país, até com mártires de origem judaica enterrados que lutaram na Revolução Iraniana e na guerra entre Irã e Iraque.

Com a criação do Estado de Israel, muitos migraram por livre vontade, mas devemos ressaltar que os judeus moradores do Irã não concordam com a criação do Estado sionista, por isso não são perseguidos. Eles acreditam ou temem que por algum motivo venha outra diáspora e preferem ficar onde estão; os que acreditaram em Israel, migraram logo depois da sua criação – até o período que antecedeu a Revolução dos Aiatolás.

> *Italkim* são os judeus italianos que foram aprisionados em guetos durante a Idade Média na cidade-Estado de Veneza. Sua característica cosmopolita proporcionou-lhes em alguns momentos certa autonomia, tendo em vista terem participado de funções administrativas de Estado em cidades como Gênova e Roma.

A grande instabilidade política europeia e a ascensão ao poder de grupos de nobres, intolerantes aos judeus, nos governos dos reinos, ducados e baronatos italianos intensificaram as perseguições, além de levar a manter as comunidades nos inúmeros guetos localizados praticamente em todas as principais cidades da Itália. No século XIX, os judeus de fato foram libertados dos guetos por Napoleão Bonaparte. Após a queda dele, muitos foram mortos ou expulsos, dependendo da situação e da utilidade momentânea dos governantes. Assim como vários outros grupos de judeus perseguidos, os *italkim* também usavam sobrenomes das cidades onde viviam.

Uma cidade italiana que ficou conhecida pelo grande número de judeus foi Tolentino, na Província de Macerata, região de Macas. Com as guerras e perseguições, muitos migraram para a Espanha da virada do século, outros seguiram para países vizinhos e grande quantidade se dirigiu à América (Estados Unidos e Brasil, por exemplo). Dos poucos judeus que ainda viviam na Itália, muitos não eram *italkim*; destes, mais de mil foram deportados para os campos de concentração de Auschvitz no ano de 1943, em meio à Segunda Guerra Mundial. Na atualidade, a Itália tem comunidades prósperas de judeus, principalmente em Milão e Roma.

Os judeus *teyman* (Iêmen) seguem a Escola *Sephar* de Rambam, quando ele ainda estava no Egito. A influência do *Talmud* e do *Shulchan Aruch* é muito grande entre essas comunidades. Durante séculos comercializaram no Mar Vermelho e muitos permaneceram isolados, conservando a cultura judaica de forma surpreendente.

O hebraico que falam se diferencia um pouco pela pronúncia de algumas letras, assim como os sefarditas, asquenazes e outros; também possuem seus sotaques e usam *peot* (bordas) nos cabelos. Para muitos estudiosos e importantes autoridades rabínicas, são os que guardam as características genéticas e culturais mais aproximadas dos antigos judeus, como cor da pele mais morena, cabelos mais crespos e ondulados, culinária, práticas judaicas como os *tefilin*, sotaque, entre outras.

Ainda existem outros grupos como os etíopes, que reivindicam a descendência de Salomão e a Rainha de *Shabah* e são conhecidos como *falashas*. Também podemos citar grupos africanos como os judeus igbos, da Nigéria, os hebraicos (Amazônia) e os chinos e nipônicos, entre outros. Muitos deles já tiveram parte das suas comunidades vivendo em Israel, como os *falashas* e os hebraicos da

Amazônia; há os que ainda buscam o reconhecimento do Estado sionista para fazer *aliah* (ascensão), que politicamente se refere à migração legal para Israel com o apoio do Estado, tudo isso baseado na Lei do Retorno[1].

6.5 Judeus *anussim* – forçados, marranos e criptojudeus

Estudos apontam que as expedições à Espanha eram rotineiras desde o século X a.e.v. pelos marinheiros fenícios e hebreus. Após a destruição do Segundo Templo no ano 70 e.v., todos os primeiros imigrantes judeus-ibéricos teriam se unido àqueles que haviam sido escravizados pelos romanos durante as guerras judaico-romanas (70 e 135 e.v) e dispersos para o Extremo Oeste.

Uma estimativa, reconhecida como exagerada, coloca o número levado para a Ibéria durante esse período em 80 mil. Esses dados apontam que ali permaneceram por mais de mil anos. Cristãos, judeus e muçulmanos viveram juntos na Península Ibérica durante longo período sem grandes problemas, mas a partir do século XIV começaram os ataques e as perseguições. O fim do século marcou o início das conversões forçadas dos judeus ao catolicismo, em um cenário cujas opções eram a conversão ou a morte.

Foi o início da criação de leis que restringiam a movimentação dos judeus, obrigando-os a viverem em guetos. Para continuar com vida, muitos aceitaram o batismo – presume-se que mais da metade dos judeus ibéricos converteu-se ao catolicismo, passando a ser conhecidos como *cristãos novos*. Na península, a distinção entre cristãos novos e os outros católicos foi utilizada de maneira a discriminar os conversos.

---

1 Uma das mais importantes leis do Estado Moderno de Israel, que permite que qualquer judeu do mundo e seus descendentes até terceiro grau emigrem.

Na metade do século XV, os conversos formaram uma classe de prósperos comerciantes; dominavam importantes profissões relacionadas às artes, à escrita e às ciências e se constituíram como detentores de muitos bens. Os católicos se sentiam ameaçados em seus espaços, negócios e influências, e isso causou o ódio e o sentimento de cobiça pelos bens e pelo progresso dos cristãos novos.

Os conversos estavam obrigados a praticar a fé católica, mas levavam a efeito a antiga religião clandestinamente. Os católicos passaram a delatar ao Tribunal da Inquisição as várias famílias de cristãos novos por práticas proibidas de judaísmo. Todo material encontrado com inscrições hebraicas era queimado, e seus detentores, presos e julgados pela Inquisição.

Em Saragoça, no ano de 1854, os padres inquisidores pretendiam investigar e julgar as várias pessoas suspeitas de práticas proibidas de judaísmo. As denúncias giravam em torno de como os conversos se portavam aos sábados, como enterravam seus mortos e também sobre outras reuniões e condutas da vida diária que diferiam das práticas católicas.

Muitos dos investigados e condenados faziam parte dos homens bons da cidade, membros da administração pública e do governo local. Os condenados tinham todas as posses confiscadas pela Igreja e as execuções deles eram marcadas para o cerimonial do Auto de Fé, no qual o Estado e a Igreja executavam as penas.

Em 1485, o inquisidor Pedro de Arbués, principal responsável pelas investigações, foi assassinato em Saragoça. O ato foi atribuído aos judeus conversos proeminentes, o que fez com que aumentassem a perseguição e as violentas represálias para todos os cristãos novos.

Em 1492, os reis católicos Fernando de Aragão e Isabel de Castela decretaram a expulsão dos judeus da Península Ibérica e acirraram as perseguições e condenações do Tribunal da Inquisição. Muitos judeus e outros considerados inimigos da Igreja Católica e da Coroa Espanhola foram condenados nos procedimentos dos

Autos de Fé. Tal decreto coincidiu com o período de jejum de *Tishá BeAv*, data que recorda a destruição do *Beit haMikdash*, e para os *sefaradim* estava iniciando uma nova diáspora. Para trás restaram os cemitérios e suas riquezas confiscadas. Às vésperas da expulsão, estima-se que somente um terço dos judeus ainda não havia sido convertido forçadamente. A expulsão pode ser considerada uma limpeza étnica, pois foram excluídos da vida social e eliminados da Espanha definitivamente.

Os que migraram para Portugal tiveram de, um pouco mais tarde, mudar para a América ou aceitar a conversão. Esse país passou a perseguir os judeus, que foram expulsos e obrigados à conversão nos portos e outras saídas do Estado. Os forçados, obrigados a deixar a Península Ibérica definitivamente, acreditavam que na América seriam mais tolerados e poderiam manter mais distância da Igreja e do Tribunal do Santo Ofício. Dentre os países que mais recebeu judeus forçados está o Brasil, e grande parte deles se concentrou primeiro no Nordeste – isso nas primeiras décadas da colonização. Acredita-se que, de cada três europeus que chegavam à colônia, um era judeu convertido. Esses convertidos praticavam o judaísmo de maneira clandestina e procuravam formar comunidades.

> Devemos destacar a importância dos cristãos novos para a formação socio-histórica do Brasil. Mesmo proibidos de praticar o judaísmo, mantinham relações entre as comunidades de maneira discreta para evitar o tribunal inquisitório. Nesses momentos da história da colonização brasileira, formaram as comunidades nos principais pontos de urbanização e depois em Minas Gerais, Rio de Janeiro, Rio Grande do Norte, São Paulo, Belém do Pará, Manaus e outros.

Esses indivíduos "subterrâneos" faziam negócios entre si, incluindo casamentos endógamos e outros trâmites. Com o fim da

Inquisição, algumas famílias fixaram-se em arraiais espalhados pelo interior, criaram seus cemitérios e enterravam os mortos segundo os costumes dos antepassados, envoltos em mortalhas e direto na terra.

O judaísmo clandestino foi o elo com a antiga herança. A vida dupla passou a fazer parte do cotidiano dessas famílias no Brasil, pois também na colônia a Inquisição estava presente e interessada nas investigações de heresia. Muitos colonos portugueses usavam o tribunal inquisitório para chantagear cristãos novos objetivando lucros e favores.

Com a ocupação holandesa no Nordeste do Brasil, os judeus *sefaradim* refugiados na Holanda – país que tolerava e possuía grande quantidade de cidadãos hebraicos – vieram para o Brasil. Muitas famílias de cristãos novos no Brasil também procuraram abrigo entre os holandeses.

A primeira sinagoga das Américas – *Kahal Zur Israel* (Congregação Rochedo de Israel) – foi construída na cidade de Recife. Nessa época, pode-se dizer que no Brasil existia uma comunidade judaica solidificada graças à liberdade de religião que gozavam sob o governo holandês. Mais tarde, com o início das guerras de reconquista portuguesa, as comunidades judaicas foram obrigadas a fugir para a América do Norte e outros pontos da colônia. Aos que permaneceram no Brasil recomeçava o dilema da clandestinidade. Os judeus conversos se espalharam pelos outros pontos de colonização do país e, assim, muitas comunidades isoladas foram criadas nos sertões, buscando a sobrevivência no comércio e fugindo das perseguições da Igreja.

Mesmo com o fim da Inquisição os judeus sofriam preconceitos, e muitos lugares de culto acabaram destruídos e queimados. Em seus cemitérios passaram a constar sobre os túmulos a cruz e a imagem de Jesus como símbolos da aceitação ao cristianismo católico. Algumas comunidades esconderam as práticas judaicas por debaixo da fé católica para assim proteger a herança cultural de possíveis imposições violentas da sociedade cristã.

O judaísmo consciente foi praticado até o século XIX, quando a Igreja intensificou um último fluxo inquisitorial pelos sertões do Brasil visando acabar com heresias e judaísmos que confundiam a cabeça dos fiéis e poderiam pôr em risco a hegemonia da Igreja, ameaçada pelas religiões protestantes. Séculos de perseguição sistemática contra os judeus ocasionaram o isolamento de muitas famílias no interior do país – era comum até mesmo o enfrentamento delas com tribos indígenas e exploradores de riquezas (garimpeiros, jagunços e latifundiários). Em virtude desse cenário, muitos foram deixando sua cultura e aceitando em definitivo a prática e a crença nos dogmas da Igreja Romana.

No Brasil, os judeus convertidos e praticantes ficaram conhecidos como *anussim* ou *marranos*. São judeus *sefaradim* que foram forçados a aceitar o catolicismo, mas que continuaram com práticas e liturgias do judaísmo; parte dessas práticas foi transformada em sincretismo.

No limiar do século XX, o que restou da prática judaica passou à inconsciente em muitas dessas famílias e, mais tarde, ganhou consciência à medida que a democracia e a tolerância iam se solidificando no país. Nos últimos anos do século, o fenômeno do retorno ao judaísmo ganhou extensão e amparo de muitas comunidades do Brasil e do mundo. Entre esses costumes podemos citar a observação do céu para contar as três primeiras estrelas que anunciavam o início do novo dia, restrições alimentares, a reza da Lua Nova, a lavagem dos mortos, as mortalhas, as pedras sobre os túmulos, as maneiras de abate de animais (*shechitah*), o acendimento das velas na sexta-feira e o *Seder de Shabat* (Jantar de Sábado).

Grande parte dos brasileiros tem sobrenome de cristãos novos devido, no primeiro momento, à vinda de grande quantidade de judeus conversos e, depois, à miscigenação com indígenas, africanos e europeus. Por causa das proibições às novas gerações, muito da cultura foi perdida, restando apenas alguns hábitos e os sobrenomes aos descendentes.

Dentre os milhares de judeus que na atualidade retornam ao judaísmo no mundo, o caso dos *anussim* passa pelo reconhecimento do Estado de Israel e de outras comunidades judaicas do Brasil e do mundo.

6.6 Movimentos hassídicos

O chassidismo teve início com o Rabino Baal Shem Tov (Dono de Nome Bom). Seu nome era Israel Ben Eliezer, nascido em 22 de maio de 1760, em 6 de *Sivan* de 5520 do calendário judaico. Era conhecido como místico, e seu pai, um rabino famoso, faleceu quando ele era muito jovem. Para se sustentar trabalhava num orfanato.

Seu bisavô era o Rabino Nachman de Braslev, originando uma linhagem de *tzadikim* (justos). O estudo da *Hassidut* é considerado uma novidade trazida sobre outras áreas da Torá que já existiam antes. Baal Shem Tov revelou conhecimentos que estavam ocultos para muitos na Torá.

Hassid (חסידים – piedosos) é aquele que faz mais do que a Lei manda, pratica além da *halachah* (o caminho/ir/andar). Desde a época do *Talmud*, o conceito de *Hassid* existia, sendo utilizado para referir-se às pessoas religiosas que se preocupavam em praticar mais do que a Torá exigia; no entanto, não existia um movimento organizado dessa prática.

Para os *chussidim*, a prática da *Hassidut* impulsiona as forças celestes, objetivando transformar as energias das emoções; não busca apenas alterar as energias emotivas, mas a origem dessas emoções. Mesmo a pessoa que não tem a alma elevada como a dos *tzadikim* nem evoluiu muito nas suas potencialidades íntimas poderá captar as energias que emanam da divindade.

Os conceitos da *Kabbalah* a partir de então tornaram-se acessíveis ao intelecto por meio das parábolas e dos exemplos humanos; assim, a *Hassidut* passou a explicar a *Kabbalah*, aproximando assuntos que anteriormente eram captados somente por um grupo seleto de judeus. O que antes era compreendido somente pelo intelecto divino, agora também passou a ser pela alma animal.

Baal Shem Tov fez muitos discípulos que originaram movimentos hassídicos, entre os quais os maiores são Breslev, Vigur, Satmer, Habad e Vignitz. Importante ressaltar que o movimento nasceu no Leste Europeu, portanto, de origem ashkenazim. Era comum o uso da *Kabbalah* entre esses grupos asquenazes, praticada mais entre os sefarditas, considerados mais esotéricos por conta da tradição do estudo e uso da *Kabbalah*, sendo a maioria dos antigos grandes cabalistas de origem *sefaradi*.

O objetivo de Baal Shem Tov era tornar o chassidismo mais racional e menos emotivo, diferenciando-o da prática de outros grupos ortodoxos. Os movimentos possuem um líder religioso, o *Rebbe*, que centraliza toda a tradição do grupo conectada em sua imagem; também mantêm grande vínculo emotivo com seu líder, o qual é responsável por toda a congregação, que, além de segui-lo em suas orientações espirituais e emocionais, estabelece certo vínculo econômico.

Diferenciando-se dos outros grupos hassídicos, o movimento *Habad* destacou-se por ser a linha que mais procurou aderir ao objetivo racional de Baal Shem Tov, sendo cada *Hassid* responsável por si próprio e o aperfeiçoamento ocorrendo por meio da razão com o estudo. Além da busca do aperfeiçoamento intelectual, a base da filosofia de Shem Tov também está calcada na humildade, na modéstia e na tolerância para os judeus que não praticavam a religião – os *hilonim* (seculares).

O movimento de *Hassidut Breslev*, assim como o *Habad*, também vem buscando abertura para o mundo, e as doutrinas desses grupos pregam entre seus *Hassidim* a conduta pautada na humildade e na modéstia, expandindo sua filosofia entre os *hilonim* e tolerando outros grupos religiosos de judeus.

Para o *Rebbe de Lubavich*, Menachem Schneerson (2005), o hassidismo em geral constitui um enfoque de mundo que abrange tudo e um modo de vida que vê propósito central do judeu como o elo entre o Criador e a Criação. O judeu é uma criatura feita do "céu" e da "terra", de uma Alma Divina, que realmente é uma parte de D-us investida dentro de um recipiente terreno constituído por um corpo físico, e uma Alma Animal, cujo propósito é concretizar a transcendência e a unidade da sua natureza e do mundo em que vive, dentro da unidade absoluta de D-us.

A concretude desse objetivo envolve uma correlação em dois sentidos: um é o descendente até a terra; e o outro, da terra em sentido ascendente. Em cumprimento do primeiro, o homem extrai a santidade da Torá e dos seus mandamentos, divinamente outorgados para permear com ele cada fase da sua vida diária e seu entorno – sua parte nesse mundo; em cumprimento do segundo, faz uso de todos os recursos disponíveis, tanto os criados por D-us quanto os feitos pela humanidade.

O chassidismo do movimento *Habad* é um dos maiores e mais difundidos do mundo. A palavra *Habad* é a abreviação das palavras *Hochma* (Sabedoria), *Bina* (Compreensão) e *Daata* (Conhecimento). São as três *sefirot* (fronteiras) ou *Midot* (atributos) intelectuais das dez que compõem a Árvore da Vida (Figura 6.1).

As outras *sefirot* estão relacionadas às emoções *Hessed* (Bondade e Benevolência), *Guevurá* (Disciplina, Contenção, Disciplina e Força), *Tiferet* (Beleza, Compaixão e Verdade), *Netzach* (Ambição, Vitória e Eternidade), *Hod* (Submissão e Humildade), *Iessod* (Fundamento e Vínculo), *Malchut* (Liderança, Nobreza e Sabedoria) e, acima de todas elas, *Keter*, a Coroa de D-us, conforme ilustrado na Figura 6.1.

Figura 6.1 – As *sefirot* e a Árvore da Vida transliteradas em espanhol

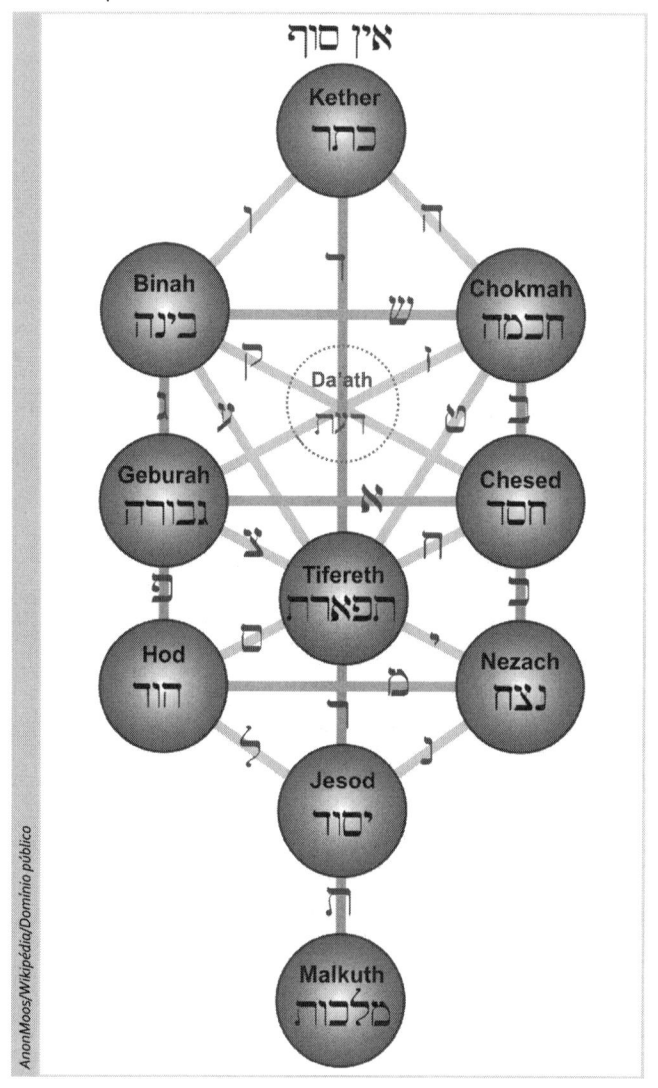

AnonMoos/Wikipédia/Domínio público

A *Hassidut* propõe a comunicação de forças que advêm do cerne da Coroa do Eterno, *Keter*, a vontade do Criador, de onde todas as coisas materiais e imateriais derivam e tudo o que existe é movimentado pelo prazer, sendo ele contido dentro do íntimo de *Keter*.

Baal Shem Tov observa quatro características para o estudo e a interpretação da Torá:

1. *Pshat* ou *Pashut* (simples) – É a interpretação literal dos escritos; constitui a maneira mais utilizada para o trato com pessoas leigas, jovens e crianças.
2. *Remez* – Utiliza conceitos mais complexos e profundos e significa alusão ou indicação; procura interpretações nas alegorias.
3. *Drash* – Procura atingir explicações por meio do *Midrash*; significa interpretação e busca conhecimentos para as conclusões em outras fontes, dando ênfase ao pensamento mais lógico.
4. *Sod* – É a parte mística da interpretação, a mais utilizada pelos kabalistas e esotéricos; significa segredo.

O hassidismo, por meio da *Kabbalah* e de meios próprios, tenta captar as essências que estão ocultas em todas as obras de Torá e mistura as quatro características apontadas por Baal Shem Tov para estudar e interpretar os ensinamentos das escrituras.

São cinco os níveis da Alma, que recebe nesses níveis cinco nomes, e a *chassidut* (estudo de temas chassídicos) busca transformar o mundo para a vinda do Messias, procurando alcançar o nível de *Iechidah* (Unidade). Historicamente *Davi haMelech* (o Rei) revelou o nível *Nefesh* (Alma), considerado o mais baixo da alma, ou alma animal; *Eliyahu haNavi* (Elias, o Profeta) revelou *Ruach* (Vento), considerada a alma divina; *Moshe Rabenu* revelou *Neshamá* (Sopro), alma mais pura que a alma divina; *Adam haRishom* (Adão, o Primeiro) revelou *Haiah* (Vida), a essência vivente; e o *Mashiach* será o primeiro a chegar no nível de *Iechidah*.

Os cinco níveis da Alma são específicos, estão relacionados às *sefirot* da Árvore da Vida; *Iechidah* é a essência da Alma, estando sobreposta acima dos outros níveis, sendo única; é o *pinimiut* (íntimo) de *Keter*. O nível de *Nefesh* é *Malchut* a *Midah* feminina, sendo que *Ruach* está para as outras seis *Midot* masculinas emotivas. *Neshamah* é a parte intelectual *Hochmah, Binah* e *Daat*; são *Haiah,* que também é *Keter*, sendo *Iechidah* sua *pinimiut*.

Mesmo que o nível de *Iechidah* se encontre também nos cinco níveis da Alma, pois sua essência está em tudo, isso não quer dizer que a *Iechidah* seja a fonte e a reguladora que encerra por dentro as características desses níveis. Ela é um ponto fundamental de onde derivam os outros quatros níveis; é a unicidade caracterizada pela ausência de elementos que o componham, sendo simples e puro.

Dado o seu aspecto de simplicidade e pureza, possibilita o surgimento de qualquer característica. Nesse sentido, é possível admitir que os outros quatro níveis da Alma surgiram da *Iechidah,* essência da vida que está acima de qualquer forma. O *Mashiach*, em nível de *Iechidah*, revelará em cada pessoa a verdadeira essência da vida, sendo a *Iechidah* presente desde o início da Criação, pois o espírito do Senhor *Ruach Hakadosh* está em todas as coisas.

Todas as novidades que a *Hassidut* trouxe para o mundo popularizaram entre os judeus as revelações da *Kabbalah*, a mística da Torá, transformando as emotividades do sentimento religioso em algo mais racional, tirando da inércia pessoas que abandonavam o estudo da Lei Divina.

O estudo de *Hassidut* vem com explicações diferentes sobre a Torá em todas as suas partes e coloca novas percepções sobre cada uma das quatro características de análise e interpretação da Torá (*Pshat, Remez, Drash* e *Sod*), sendo a peculiaridade dos *Hassid* viver segundo esses entendimentos.

Síntese

Vimos que os judeus foram massacrados e seu templo destruído pelos exércitos romanos no ano 70 da e.v. Foram expulsos violentamente dos seus territórios e obrigados a viver em terras estrangeiras servindo os habitantes delas.

Com o passar do tempo, mesmo com certo isolamento as fricções étnicas com os povos estrangeiros dos lugares onde viviam produziram nas comunidades diaspóricas novos costumes, que originaram as particularidades dos vários tipos de judeus no mundo.

Os judeus que migraram para o Leste Europeu adquiriram hábitos e características físicas daqueles povos, assim como os que foram para regiões da África Subsaariana e outros lugares, como o Oriente Médio e o Extremo Oriente.

Na América portuguesa são registrados fluxos de migrações em diferentes épocas. Os primeiros constituem grandes levas de judeus expulsos da Península Ibérica que, evitando a conversão, foram perseguidos e mortos pela Inquisição; no fim, aceitaram o catolicismo e entraram para a história como *anussim*, marranos ou criptojudeus.

Outras levas de judeus advindas da Europa e do Marrocos, já no fim do século XIX e início do século XX, tiveram histórias bem diferentes: foram relativamente toleradas nos países de destino – no caso dos Estados Unidos, uniram-se às comunidades já existentes e, na América Latina, criaram novas.

Também abordamos o movimento hassídico, criado por Baal Shem Tov, que traz nova perspectiva para a interpretação e a vivência da Torá, com o ideal de despir o véu da ocultação da Torá. A filosofia da *Hassidut* objetiva a crença do judeu na Torá não somente pela fé, mas pela razão; em consequência, a perfeição estará presente e a redenção virá.

Indicações culturais

A Estrela Oculta do Sertão, documentário filmado em 2005, mostra a vida das famílias de judeus marranos habitantes do Seridó, na Região Nordeste do Brasil. Dirigido por Elaine Eiger, contou com o apoio técnico da historiadora Anita Novinsky, do genealogista Paulo Valadares e do antropólogo Nathan Wachtel.

A ESTRELA oculta do sertão. Direção: Elaine Eiger. Brasil, 2005. 84 min.

Atividades de autoavaliação

1. O templo de Zorobabel foi destruído pelos exércitos comandados por Tito no ano 70 da e.v. Os judeus foram expulsos dos seus territórios, obrigados a migrar e impedidos de retornar à antiga pátria. Marque a opção que **não** corresponde aos acontecimentos da época da destruição do Templo:

   a] A primeira revolta em Jerusalém derivou da invasão do Templo pelos romanos, do roubo das ofertas e do assassinato de cidadãos proeminentes.

   b] Nas batalhas iniciais da Primeira Grande Guerra Judaica contra a ocupação do Império Romano, o povo judeu derrotou os romanos e obrigou-os a se retirarem para a Síria com o que havia sobrado do seu exército.

   c] Os judeus reergueram o Templo de Jerusalém sob a liderança de Zorobabel e também reconstruíram Jerusalém e as principais cidades arrasadas, além de reorganizar a nova administração do Reino de Judá.

   d] Entre os anos de 115 e 117 da e.v. grandes grupos de judeus dispersados pelo Império Romano entraram em guerra contra Roma na conhecida Revolta do Exílio ou Segunda Guerra Judaico-Romana.

   e] Um exército de Israel resistiu durante muitos anos na conhecida Fortaleza de Massada, até ser destruído em definito, sendo famosa a Batalha dos Zelotes.

2. Os judeus *sefardim* são de origem espanhola, entre eles todos os que habitavam a Península Ibérica e migraram para outras regiões do mundo. Sobre os *sefardim*, analise as informações a seguir:
    I. A chegada dos judeus à Espanha está vinculada com a destruição do Templo de Jerusalém pelos exércitos de Tito e sobretudo com a revolta de *Bar Kochba*.
    II. Nos primeiros momentos, os judeus, dentre os grupos minoritários, foram os únicos admitidos na Europa em território cristão, pois seriam o testemunho da própria religião cristã, sendo imprescindível garantir a sobrevivência deles e do judaísmo.
    III. Muitos judeus, para não serem assassinados, passaram a converter-se ao catolicismo e, para piorar esse triste quadro, foi criado o Tribunal do Santo Ofício (ou da Santa Inquisição, como ficou mais conhecido) que objetivava investigar e julgar casos de heresia.

    Assinale a alternativa que apresenta a resposta correta:
    A] As afirmações II e III são verdadeiras.
    B] Somente a afirmação III é falsa.
    C] Todas as afirmações são verdadeiras.
    D] Somente a afirmação III é verdadeira.
    E] Todas as afirmações são falsas.

3. Os *ashkenazim* são judeus provenientes do Leste Europeu e existem várias histórias sobre a verdadeira origem deles. Assinale a alternativa que **não** tem correlação com a história desse grupo:
    A] Essas comunidades passaram a adquirir características dos povos do Leste Europeu e possuem como idioma, além do hebraico, o *idish*, mistura de hebraico com línguas indo-europeias.

B] Dentre as influências que recaem sobre suas origens, está a relacionada ao povo *Kuzari* ou *Khazar*, detentor de um império que possuía grande extensão territorial.

C] Supõe-se que os judeus diaspóricos que viviam nas regiões controladas pelos *Khazar* influenciaram partes proeminentes daquela sociedade, com casamentos e alianças que provocaram a prática e a conversão ao judaísmo.

D] Os asquenazes são considerados os judeus geneticamente mais puros, motivo por que destratam judeus de outras origens étnicas, como os africanos e sul-americanos.

E] Os asquenazes possuem pele branca e normalmente olhos mais claros, assemelhando-se aos povos de origem alemã e eslava, mas sem perder as características semitas.

4. Marque a opção correta sobre a história dos judeus *anussim*:
   A] São judeus asquenazes que, após as perseguições no Leste Europeu, migraram para a América buscando refúgio.
   B] São judeus convertidos à força pela Igreja Católica, muitos dos quais foram condenados à morte pelo tribunal do Santo Ofício.
   C] Conseguiram proeminência no Estados Unidos e criaram a maior comunidade judaica do mundo.
   D] A maioria migrou para o Brasil, onde conseguiu se organizar e criar comunidades bem organizadas.
   E] São judeus oriundos dos países árabes que migraram em decorrência das perseguições perpetradas pelos muçulmanos.

5. O estudo da *Hassidut* é considerado uma novidade trazida sobre outras áreas da Torá que já existiam antes. Baal Shem Tov revelou conhecimentos que estavam ocultos para muitos judeus na Torá. Sobre o hassidismo, analise as afirmações a seguir.
   I. O conceito de Hassid existia, era utilizado para se referir às pessoas religiosas que se preocupavam em praticar mais

do que a Torá exigia; no entanto, não havia um movimento organizado dessa prática.

II. Para os *hassidim*, a prática da *Hassidut* impulsiona as forças celestes, objetivando transformar as energias das emoções; não busca apenas alterar as energias emotivas, mas a origem dessas emoções.

III. O movimento hassídico é muito antigo, os registros apontam para o período pré-diaspórico; os primeiros mestres da *Hassidut* eram contemporâneos ao Templo de Zorobabel.

Assinale a alternativa que apresenta a resposta correta:

A] As afirmações II e III são verdadeiras.
B] Todas as afirmações são falsas.
C] Somente a afirmação III é verdadeira.
D] Somente a afirmação III é falsa.
E] Todas as afirmações são verdadeiras.

Atividades de aprendizagem

Questões para reflexão
Leia o trecho do texto "Os judeus e as divisões geoculturais", da Associação Brasileira dos Descendentes dos Judeus da Inquisição (Abradjin).

> Espalhados através dos continentes, os Judeus assimilaram grande parte da cultura dos povos entre os quais viveram, e muitas vezes o casamento exógeno acompanhado de conversões ao judaísmo trouxe para o grupo grande número de elementos, o que veio marcar profundamente o tipo físico desses Judeus: Louros em regiões europeias, morenos no norte da África, quase mulatos no Iêmen, negros na Etiópia e no sul da Índia, mongólicos na Ásia Central; altos aqueloiros, atarracados outros, dolicocéfalos ou mesocéfalos, uns com o nariz grande, outros com ele curto etc.

> Em cada área geográfica, por seu isolamento relativo, desenvolveram costumes, tradições, linguagens, rituais diferentes e características, além do uso de nomes segundo as línguas locais. Individualizaram-se, regionalizaram-se através dos séculos.

Fonte: Os judeus..., 2012.

Com base no texto, responda às perguntas:

1. Com base no texto, podemos afirmar que existem judeus puros no sentido genético e cultural? Comente sua resposta.
2. Escreva com suas palavras quais os motivos da grande variedade de judeus na atualidade.

Atividade aplicada: prática

1. Sabemos que a diápora espalhou os judeus pelo mundo, e é comum encontrar sobrenomes dessas pessoas espalhadas em vários lugares. O Brasil se destaca pela grande quantidade de descendentes desse povo. Elabore uma pesquisa dos sobrenomes da sua família e compare com as listas de judeus que existem na internet. Depois, descubra se você também tem algum descendente hebraico.

CONSIDERAÇÕES FINAIS

Nesta obra, objetivamos disponibilizar os conhecimentos básicos da cultura judaica. Tendo em vista a infinidade de textos e leis que estruturam essa cultura, isso seria impossível em apenas este espaço. Na atualidade, o judaísmo também se apresenta como uma religião, no entanto, é a identidade de um povo que foi construída durante milhares de anos.

Importante ressaltar que não pretendemos tecer críticas ou elaborar novas hipóteses científicas sobre a história e os fenômenos aqui narrados. Se assim o fizéssemos, fugiríamos da própria constituição do judaísmo como cultura e religião e estaríamos adentrando numa seara que difere em sua essência da proposta da fé judaica, que entende a própria existência como dádiva do Altíssimo, tendo Ele como o principal protagonista da história hebraica, sendo os miráculos realizados incompreensíveis para a razão humana.

Assim, chegamos ao final deste livro deixando claro que nosso objetivo não foi convencer você de verdades absolutas, de uma doutrinação, muito menos de fazer prosélitos. A proposta foi a de proporcionar a todos uma visão do mundo na ótica dos judeus religiosos, com suas práticas e vivências.

No decorrer do trabalho, foi possível passar pela história da formação do povo hebreu, suas andanças pelo deserto, sua formação desde os primeiros seres humanos narrados na Gênesis, até a fixação das tribos de Israel na Terra Prometida de Canaã. Também abordamos as narrativas feitas pelos profetas, suas orientações e asseverações.

Tivemos a oportunidade de vislumbrar um pouco a constituição das leis judaicas por meio do Talmude e dos grandes pensadores do judaísmo. Da mesma maneira, compreendemos essencialmente as ordenanças, *mitzvot*, e sua importância para a constituição do ciclo de vida dos judeus. Expusemos a história da diáspora, suas implicações e consequências para a atual configuração do povo judeu no mundo, com seus novos costumes e diferenciações na prática do judaísmo, bem como as variadas comunidades estabelecidas nos lugares mais longínquos.

Por fim, explicitamos as mais importantes datas festivas que marcam o calendário judaico, fatores que, juntos com as *mitzvot* diárias, são imprescindíveis para a caracterização da cultura dos judeus espalhados pelos quatro cantos do mundo.

GLOSSÁRIO

a.e.v.: *ante-era-vulgaris*. Usado para indicar acontecimentos ocorridos antes da era comum.

e.v.: *era-vulgaris*.

Estado Islâmico: grupo sunita que professa a doutrina *wahabista* e pretende a criação de um Estado teocrático sob a *sháriah* (lei islâmica).

Falangista: simpatizante ou membro da *Falange Española Tradicionalista y de las Juntas de Ofensiva Nacional Sindicalista* (FET y de las JONS), partido único da Espanha de Francisco Franco, ramo político do Movimento Nacional, ou Nacional-Católico.

Fenícios, filistinos ou filisteus: termos utilizados pelos hebreus para se referir aos estrangeiros.

Gênesis: palavra grega (γένεση), nome feminino que significa "criação", "origem", "nascimento".

Halachah: caminho a ser seguido pelos judeus. O plural da palavra é *halachot*, que é o conjunto de todas as obras de leis e mandamentos judaicos.

Midrash: explicações detalhadas de conhecimentos da Torá por meio de histórias, parábolas e enigmas reunidas em livros.

Mitzvot: pl. mandamentos, ordenanças; sing. *mitzvah*.

Nazirato: constituía-se na consagração de pureza praticada por alguns dos antigos hebreus. Esses homens viviam com regras de abstenção – por exemplo, não bebiam vinho, não cortavam os cabelos e não comiam coisas impuras – vizando o desvio dos pecados. Muitas vezes, os nazireus eram consagrados mesmo antes de nascer.

Parashah: significa "capítulo" em hebraico e "porção" em português.

Páscoa: adaptação do hebraico *pessach*, traduzido para o português como "passagem", principal festa dos judeus.

Purim: no costume judaico todos usam fantasias. Entre os costumes está, além da leitura da *meguilah* e das comidas típicas da tradição, também o ato de beber até o efeito etílico não permitir a diferença entre *Mordechai* e *Haman*. No entanto, aqueles que não bebem devem ir dormir para que, da mesma maneira, no sono não consigam discernir entre os dois personagens históricos.

Satan: um anjo do Senhor que tem como tarefa provar os homens a fim de alcançarem a justificação.

Sefirot: emanações de luz iniciais pelas quais o Eterno criou o mundo. Atributos de D-us, a Árvore da Vida.

Septuaginta: primeira tradução da Torá para o grego. Conhecida como *Versão dos Setenta* porque foi traduzida por setenta e dois rabinos em setenta e dois dias.

Sionismo: política de retorno aos antigos territórios dos hebreus.

Tanach: conjunto de livros que compõem a bíblia hebraica, conhecida como *Velho Testamento* pelos cristãos.

Torá: os cinco livros principais constituintes da cultura judaica; Pentateuco hebraico.

Urim e Tumim: pedras que brilhavam e respondiam questões sagradas ao sumo-sacerdote. Segundo a tradição judaica, essas coisas eram reveladas somente a Moisés.

Yeshivot: pl. escolas; sing. *yeshivah*.

REFERÊNCIAS

13 princípios. **Chabad.org**. Disponível em: <https://pt.chabad.org/library/article_cdo/aid/66f842/jewish/13-Princpios.htm>. Acesso em: 1º set. 2019.

CHABAD, N. **Sefer HT"T**. Israel: Kehot, 2007.

CONNER, W. T. **Revelação e Deus**. Tradução de Almir S. Gonçalves. Rio de Janeiro: Juerp, 1975.

COSTA, M. D. et al. A Substantial Prehistoric European Ancestry amongst Ashkenazi Maternal Lineages. **Nature Communications**, v. 4, n. 2543, Oct. 2013. Disponível em: <https://www.nature.com/articles/ncomms3543>. Acesso em: 5 abr. 2019.

DELUMEAU, J. (Org.). **As grandes religiões do mundo**. Tradução de Pedro Tamen. 2. ed. Lisboa: Presença, 1999.

ELLISEN, S. A. **Conheça melhor o Antigo Testamento**. Tradução de Emma Anders de Souza Lima. São Paulo: Vida, 1999.

FERREIRA, O. L. **Mesopotâmia**: o amanhecer da civilização. São Paulo: Moderna, 1993.

FREEMAN, T. O Fator Adão. **Chabad.org**. Disponível em: <https://pt.chabad.org/library/article_cdo/aid/827440/jewish/O-Fator-Ado.htm>. Acesso em: 5 abr. 2019.

FRIDLIN, J.; GORODOVITS, D. (Trad.). **Bíblia Hebraica**. São Paulo: Sêfer, 2012.

GAARDER, J.; HELLERN, V.; NOTAKER, H. **O livro das religiões**. Tradução de Isa Mara Lando. Rio de Janeiro: Companhia das Letras, 2000.

HADAS-LEBEL, M. Histoire de la langue hébraïque. **Massorti France**, 8 jul. 2008. Disponível em: <https://www.massorti.com/L-HEBREU-A-TRAVERS-LES-AGES>. Acesso em: 5 abr. 2019.

HURWITZ, S. **Shvarch HaMoadim**: Laws and Customs of the Festivals. New York: Empire Press Company, 1996.

IZECKSOHN, I. **História dos judeus**. Rio de Janeiro: Edição do autor, 1974. v. 1.

JERPHAGNON, L. **História das grandes filosofias**. Tradução de Luís Eduardo L. Brandão. São Paulo: M. Fontes, 1992.

JOSEFO, F. **História dos hebreus**. Tradução de Vicente Pedroso. 5. ed. Rio de Janeiro: CPAD, 2001.

KABBALISTIC Tree of Life (Sephiroth) 2.svg. **Wikipedia.org**, [s.d.]. Disponível em: <https://pt.wikipedia.org/wiki/Ficheiro:Kabbalistic_Tree_of_Life_(Sephiroth)_2.svg>. Acesso em: 5 abr. 2019.

KEHILAT ISRAEL. **History of the Jews in Spain**: Origins and History of Sephardic Jewry. 2018. Disponível em: <http://kehillatisrael.net>. Acesso em: 5 abr. 2019.

LEGACY. **Mapa do caminho percorrido pelo povo hebreu**. Disponível em: <http://legacy.etap.org/demo/grade6_history/lesson3/instruction1tutor.html>. Acesso em: 18 jun. 2019.

LIVINGSTON, D. A Universal Flood: 3000 B.C. **Bible Archaeology**, 11 dez. 2005. Disponível em: <http://www.biblearchaeology.org/research/flood/3370-a-universal-flood-3000-bc>. Acesso em: 28 ago. 2019. <http://davelivingston.com/universalflood.htm>

MCCLELLAN, M. Abraham and the Chronology of Ancient Mesopotamia. **Answers Research Journal**, Williamstown, n. 5, p. 141-150, Oct. 2012.

MORASHÁ. **A Torá e os profetas**. Ed. 100, jun. 2018. Disponível em: <http://www.morasha.com.br/leis-costumes-e-tradicoes/a-tora-e-os-profetas.html>. Acesso em: 5 abr. 2019.

_____. **O que é o Talmud?** Ed. 43, dez. 2003. Disponível em: <http://www.morasha.com.br/leis-costumes-e-tradicoes/o-que-e-o-talmud.html>. Acesso em: 23 jul. 2019.

NEUSNER, J. (Ed.). **The Babylonian Talmud**: a Translation and Commentary. Massachusetts: Hendrickson, 2005.

_____. **The Jerusalem Talmud**: a Translation and Commentary. Massachusetts: Hendrickson, 2011.

O MUNDO dos patriarcas. **Torre de Vigia** – Biblioteca On-Line, [s.d.]. Disponível em: <https://wol.jw.org/pt/wol/d/r5/lp-t/1102003104>. Acesso em: 18 jun. 2019.

OS JUDEUS e as divisões geoculturais. **ABRADJIN**, 25 jul. 2012. Disponível em: <http://anussim.org.br/os-judeus-e-as-divisoes-geo-culturais/>. Acesso em: 5 abr. 2019.

PHILIPP, P. 1973: Síria e Egito atacavam Israel. **DW Notícias**, [s.d.]. Disponível em: <https://www.dw.com/pt-br/1973-s%C3%ADria-e-egito-atacavam-israel/a-294655>. Acesso em: 18 jun. 2019.

PIAZZA, W. O. **Religiões da humanidade**. 2. ed. São Paulo: Loyola, 1991.

PRKI AVOT. A ética dos pais. In: SIDDUR: Tehillat haShem. New York: Kehot Publication Society, 2005.

PROTHERO, S. **As grandes religiões do mundo**. Tradução de Joel Macedo. Rio de Janeiro: Campus, 2010.

RAANAN, Y. Gerações de luz. **Chabad.org**, 2016. Disponível em: <https://pt.chabad.org/library/article_cdo/aid/3351821/jewish/Geraes-de-Luz.htm>. Acesso em: 5 abr. 2019.

REEBER, M. **Religiões**: mais de 400 termos, conceitos e ideias. Tradução de Luiz Cavalcanti M. Guerra. Rio de Janeiro: Ediouro, 2002.

SCHNEERSON, M. M. Prefácio do Rebe. In: ZALMAN, S. **Likutei Amarim**: Tanya. Buenos Aires: Kehot Lubavitch Sudamericana, 2005. p.11-12.

STRUM, D. **Maimônides**: Rambam. São Paulo: Agência Judaica, 2007.

TALMUD Bava Batra. The William Davidson Talmud. **Sefaria**, [s.d.]. Disponível em: <https://www.sefaria.org/Bava_Batra.15a.2?lang=bi&with=all&lang2=en>. Acesso em: 15 ago. 2019.

THINGS you didn't Know About the Talmud. **Mayim Achronim**, [s.d.]. Disponível em: <https://www.mayimachronim.com/things-you-didnt-know-about-the-talmud/>. Acesso em: 5 abr. 2019.

TINCQ, H. Deux archéologues contestent la réalité historique de la Bible. **Le Monde**, 7 avr. 2006. Disponível em: <https://www.lemonde.fr/vous/article/2002/06/06/deux-archeologues-contestent-la-realite-historique-de-la-bible_279000_3238.html#meter_toaster>. Acesso em: 5 abr. 2019.

TORÁ. Português-hebraico. **A Lei de Moisés e as haftarót**. Tradução de Meir Matzliah Melamed. São Paulo: Sefer, 1962.

BIBLIOGRAFIA COMENTADA

FRIDLIN, J.; GORODOVITS, D. (Trad.). **Bíblia Hebraica**. São Paulo: Sêfer, 2012.

A Bíblia Hebraica é uma tradução para o português que não contém os textos em hebraico. Apresenta o entendimento dos mestres judeus sobre os conhecimentos bíblicos, com uma visão diferenciada em algumas passagens, tendo em vista ser a interpretação do judaísmo.

É reconhecida pela sua complexidade religiosa, abrangendo os principais escritos que compõem a cultura judaica. Está constituída da Torá e seus cinco livros: Gênesis, Êxodo, Levítico, Números e Deuteronômio. A obra também contempla o *Neviim* (Profetas): Josué, Juízes, Samuel, Reis, Isaías, Jeremias, Ezequiel e Os Doze (Oseias, Joel, Amós, Obadias, Jonas, Miqueias, Naum, Habacuc, Sofonias, Ageu, Zacarias e Malaquias; e o *Ketuvim* (Escritos): Salmos, Provérbios, Jó, Cântico dos Cânticos, Rute, Lamentações, Eclesiastes, Ester, Daniel, Ezra-Neemias e Crônicas.

GANTZFRIED, S. **Kitsur Shulchan Aruch**. Tradução de Yossef Benzecry. São Paulo: Maayanot, 2013. v. I-II.

Obra escrita pelo rabino e legislador judeu Shlomo Gantzfried (1762-1839), foi publicada em vários idiomas. No Brasil, foi traduzida e editada pela Maayanot e já conta com várias edições. Compila o entendimento majoritário dos grandes mestres do judaísmo sobre as leis e os costumes judaicos. É um livro imperdível para judeus praticantes e aqueles que pesquisam as culturas dos povos.

MELAMED, M. M. (Trad.). **Torá**: a Lei de Moisés. São Paulo: Sêfer, 2001.
O livro é fundamental para estudantes do judaísmo, pois traz em hebraico toda a Torá Escrita, além da tradução do Rabino Meir Matzliah Melamed. A obra também tem as discussões dos antigos mestres do *Talmud* e do *Midrash* sobre trechos específicos da Torá e figuras que ilustram determinadas situações. Também contém *Haftarot*, seleções dos livros do *Neviim* (profetas) e cinco *Miguilot*: Ester, Cântico dos Cânticos, Livro de Rute, Lamentações e Eclesiastes.

ZALMAN, S. **Likutei Amarim**: Tanya. São Paulo: Sêfer, 2017. v. 1-7.
Obra mestra do Rabino Shneur Zalman (1745-1812), fundador e primeiro Rebbe de Habad Lubavitch. O livro é considerado a Torá Oral do Hassidismo Habad por ser o núcleo do pensamento filosófico e prático. Expressa ideias sob o formato de análises metafísicas, sendo o resultado de 20 anos de experiência pessoal no assessoramento e conselho do mestre para seus seguidores.

APÊNDICE

Dicas de fonemas, grafias do hebraico e abreviaturas

- Na transliteração, utilizamos o modo erudito do hebraico praticado em Israel.
- O encontro consonontal *Sh* representa a letra *Shim* ש do hebraico e emite o fonema como a letra *x*.
- Os encontros consonontais *ch* e *kh* representam a letra *Chaph* ou *Khaph* כ, que emite o som da letra *r* bem forte, como no ínicio de palavras e também da letra *k*.
- A letra *h* maiúscula representa a letra *Het* ח e também emite o som da letra *r* bem forte.
- A letra *h* em minúsculo representa a letra *he* ה, que emite o som da letra *r*, porém bem fraca, quase imperceptível.
- No plural, palavras masculinas terminam com -*im* e as femininas com –*ot*. Por exemplo, *halachah* está no singular e *halachot* está no plural.
- As comunidades judaicas se referem de maneira diferenciada na localização dos acontecimentos históricos. Objetivando facilitar a análise histórica, normalmente se utilizam as abreviações *a.e.v.* (antes da era vulgar ou comum) para acontecimentos anteriores ao século I; da mesma maneira, *e.v.* (era vulgar) indica os acontecimentos posteriores ao século I.
- Quando aparece *ca.* antes das datas significa "cerca de".

RESPOSTAS

Capítulo 1
1. e
2. d
3. a
4. c
5. c

Capítulo 2
1. b
2. d
3. b
4. e
5. b

Capítulo 3
1. c
2. d
3. a
4. b
5. e

Capítulo 4
1. b
2. c
3. c
4. b
5. e

Capítulo 5
1. a
2. b
3. a
4. a
5. d

Capítulo 6
1. b
2. d
3. c
4. b
5. a

SOBRE O AUTOR

Emílio Sarde Neto é doutor em Geografia pela Universidade Federal do Paraná (UFPR), mestre em Geografia e graduado em História pela Universidade Federal de Rondônia (Unir). Estudou nas Yeshivot Naar Israel, em Milão, Yeshivah Ghedolah, do Gueto de Veneza, Mayanot, em Jerusalém, e HaMataviv, em Telaviv. É pesquisador do Núcleo de Pesquisas em Religião (Nupper), trabalhando com religião judaica, islamismo, religiosidades indígenas, religiões afro-brasileiras e espacialidades religiosas. É professor de História, Geografia, Religião e ministra palestras e cursos sobre *Kabbalah*.

Impressão:
Setembro/2019

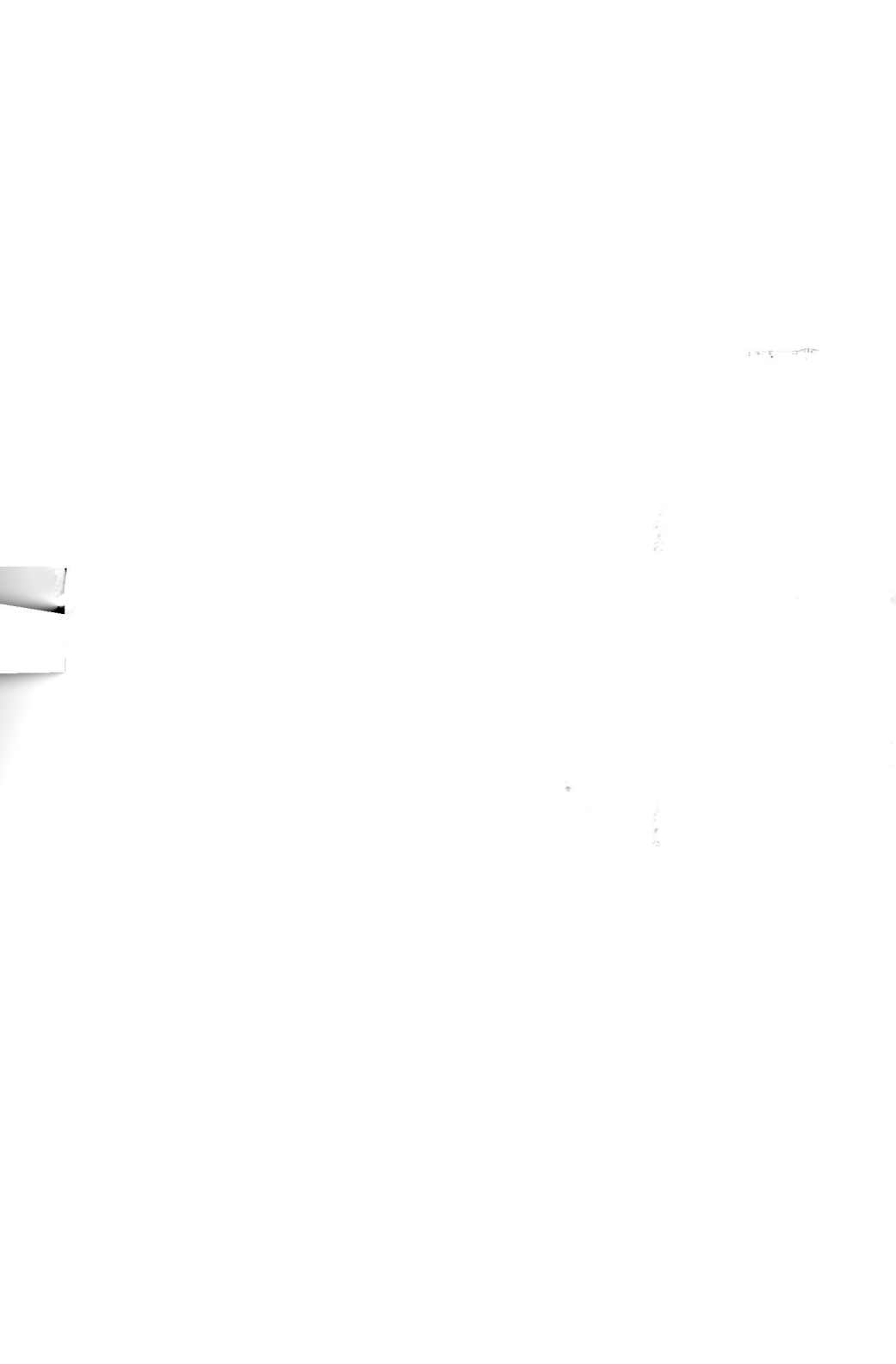